Auf Niagara marschieren

oder Die Soldatenjungen der alten Grenze

Edward Stratemeyer

Writat

Diese Ausgabe erschien im Jahr 2024

ISBN: 9789359946757

Herausgegeben von
Writat
E-Mail: info@writat.com

Inhalt

VORWORT

„ MARCHING ON NIAGARA " ist eine vollständige Geschichte für sich, bildet jedoch den zweiten von mehreren Bänden, die unter dem allgemeinen Titel „Colonial Series" bekannt sind.

Im ersten Band dieser Reihe mit dem Titel „ MIT WASHINGTON IM WESTEN " verfolgten wir die Schicksale von David Morris, dem Sohn eines zähen Pioniers, der sich zunächst in Will's Creek (heute die Stadt Cumberland, Virginia) und später niederließ gründete einen Handelsposten an einem der Nebenflüsse des Ohio River. Dies geschah kurz vor dem Ausbruch des Krieges zwischen Frankreich und England, als die französischen und englischen Siedler in Amerika, insbesondere an den Orten, an denen der Handel mit den Indianern profitabel war, erbitterte Feinde waren. David lernt Washington gut kennen, während dieser Landvermesser ist, und als Braddock in Amerika ankommt und gegen Fort Duquesne marschiert, schultert der junge Pionier eine Muskete und schließt sich den Virginia Rangers unter Major Washington an, um loszumarschieren und an Braddocks bitterer Niederlage teilzunehmen Washingtons meisterhafter Versuch, den Rest der Armee vor der völligen Vernichtung zu bewahren.

Nach der Niederlage der britischen Streitkräfte war dieser Teil der englischen Kolonien sowohl den Franzosen als auch ihren grausamen indischen Verbündeten ausgeliefert, und trotz allem, was Washington und andere Kolonialführer tun konnten, blieben zwei Jahre lang jede isolierte Hütte und jede kleine Siedlung im Westen von Winchester war in ständiger Gefahr, und es wurden zahlreiche Überfälle durchgeführt, die äußerst grausam und brutal waren, und diese wurden bis zur Ankunft von General Forbes aufrechterhalten, der mit Unterstützung Washingtons und anderer die Franzosen schließlich zwang, Fort Duquesne aufzugeben, und Auf diese Weise wurden Frieden und Ordnung an einer Grenze über eine Entfernung von mehreren hundert Meilen wiederhergestellt.

Auf den Erfolg von General Forbes in Fort Duquesne (heute die unternehmungslustige Stadt Pittsburg) folgten englische Erfolge in anderen Bereichen, nicht zuletzt die Einnahme von Fort Niagara am Ostufer des Niagara River, wo dieser Fluss mündet Ontariosee. Diese Festung war für die Franzosen von großer Bedeutung, denn sie schützte den Weg durch die Seen und den mächtigen Mississippi hinunter zu ihrem Territorium in Louisiana. An der Expedition gegen Fort Niagara nehmen sowohl David als auch Henry Morris aktiv teil und bemühen sich als tapfere junge Soldaten , ihre Pflicht voll und ganz furchtlos zu erfüllen.

Bei der Aufbereitung der historischen Teile dieses Werkes hat der Autor versucht, so genau wie möglich zu sein. Dies war keine leichte Aufgabe, denn in vielen Punkten waren die Aussagen amerikanischer, englischer und französischer Historiker sehr unterschiedlich. Es besteht jedoch die Hoffnung, dass die Geschichte mindestens so genau ist wie die durchschnittliche Geschichte, da sie Aussagen von allen Seiten enthält.

noch einmal bei den vielen Lesern bedanken, die sich für meine früheren Werke so interessiert haben, und lege diesen Band in ihre Hände, in der Hoffnung, dass sie ihn nicht nur unterhaltsam, sondern auch voller Anleitung und Inspiration finden werden.

EDWARD STRATEMEYER .

Unabhängigkeitstag, 1902.

KAPITEL I

IM WALD

„Glaubst du, wir werden heute ein Reh erlegen, Henry?"

„Das erzähle ich dir besser, wenn wir auf dem Heimweg sind, Dave. Ich habe heute Morgen auf jeden Fall die Hufabdrücke unten an der Salzlecke gesehen. Das beweist, dass sie nicht weit entfernt sein können. Das ist zumindest meine Idee Drei Hirsche sind direkt hinter dem unteren Bach, obwohl ich mich vielleicht irre."

sie schießen . Ich habe kein Reh erlegt, seit wir die Armee verlassen haben."

„Nun, ich schätze, wir hatten genug Schüsse in der Armee, um eine Weile durchzuhalten", erwiderte Henry Morris grimmig. „Ich weiß, ich habe alles bekommen, was ich wollte, und du hast noch viel mehr bekommen."

„Aber es war nicht die richtige Art des Schießens, Henry. Ich habe es immer gehasst, daran zu denken, auf einen anderen Menschen zu schießen, nicht wahr?"

„Oh, es machte mir nichts aus, auf die Indianer zu schießen – einige von ihnen scheinen sowieso nicht mehr als halb menschlich zu sein. Aber ich muss sagen, es war anders, als es darum ging, einen Franzosen in seiner blitzsauberen Uniform zu Fall zu bringen." . Aber die Franzosen hatten kein Recht, uns zu belästigen und deinen Vater aus seinem Handelsposten zu vertreiben."

„Ich fürchte, die Niederlage von General Braddock wird uns in Zukunft viel Ärger bereiten. Mr. Risley erzählte mir, dass er gehört hatte, dass die Indianer drüben im Plum Valley so unverschämt waren, wie sie nur sein konnten. Er sagte, ein halbes Dutzend davon zwang einen Siedler namens Hochstein, ihnen alles zu essen und zu trinken zu geben, was sie wollten, und als der Deutsche etwas auszusetzen hatte , zückten sie ihre Tomahawks und sagten ihm, dass alle Siedler, außer den Franzosen, Squaws seien und dass er besser den Mund halten sollte, sonst würden sie ihn skalpieren und brenne seine Hütte nieder.

„Ja, Sam Barringford hat auch etwas darüber erzählt und gesagt, er wäre nicht überrascht, wenn er jemals von einem Indianeraufstand hören würde. Sehen Sie, die Franzosen unterstützen die Rothäute in allem, und das macht sie mutig." Wenn es nach mir ginge, würde ich Colonel Washington dazu bringen, eine Armee von drei- oder viertausend Mann aufzustellen – die besten Grenzsoldaten, die es gibt – und ich würde jeden unverschämten Franzosen aus dem Land vertreiben. Bis dahin werden wir keinen Frieden haben „Das ist erledigt, merken Sie sich meine Worte", schloss Henry Morris mit Nachdruck.

David und Henry Morris waren Cousins und lebten mit ihren Eltern auf einer Lichtung unweit des damaligen Will's Creek, der heutigen Stadt Cumberland, Virginia. Die beiden Familien bestanden aus Dave und seinem Vater, Mr. James Morris, der Witwer war, und Mr. Joseph Morris, seiner Frau Lucy und drei Kindern, Rodney, dem ältesten, der etwas verkrüppelt war, und Henry, der verkrüppelt war gerade vorgestellt worden, und die kleine Nell, der Sonnenschein des ganzen Hauses.

In einem früheren Band dieser Reihe mit dem Titel „Mit Washington im Westen" habe ich die Einzelheiten darüber erzählt, wie sich die beiden Morris-Familien in Will's Creek niederließen und wie James Morris nach dem Verlust seiner Frau nach Westen wanderte und eine gründete Handelsposten am Kinotah , einem der zahlreichen Seitenarme des Ohio River. In der Zwischenzeit schloss sich Dave, sein Sohn, George Washington an, als der zukünftige Präsident Landvermesser war, und der Jugendliche half bei der Vermessung vieler Landstriche im wunderschönen Shenandoah-Tal.

Zu dieser Zeit hatten die Kolonien Englands und Frankreichs in Amerika große Probleme untereinander und mit den Indianern. Kurz gesagt, sowohl England als auch Frankreich beanspruchten das gesamte vom Ohio und anderen nahe gelegenen Flüssen entwässerte Gebiet, und die Franzosen versuchten auf jede erdenkliche Weise, englische Händler zu vertreiben, die nach Westen vordrangen.

Die Vertreibung der englischen Händler brachte James Morris bald in Schwierigkeiten, und nachdem er von einer Indianerbande angegriffen worden war, wurde ihm von den Franzosen die Mitteilung zugestellt, dass er seinen Handelsposten innerhalb von drei Monaten oder weniger verlassen sollte. Da Mr. Morris nicht bereit war, ein lukratives Geschäft aufzugeben, und halb im Verdacht, dass es sich bei der Bekanntmachung um die Erfindung eines schurkischen französischen Händlers namens Jean Bevoir und nicht um ein offizielles Dokument handelte, schickte er Dave zurück nach Winchester, damit sie den Rat von Colonel Washington einholen könnten und andere Beamte darüber, was am besten zu tun sei.

Als Dave nach Hause kam , stellte er fest, dass zwischen den Franzosen und den Engländern praktisch Kriegszustand herrschte. Washington bereitete sich darauf vor, gegen den Feind zu marschieren, und die Rückkehr zum Handelsposten ohne Hilfe kam für die Jugend nicht in Frage. Da dies der Fall war, schloss sich Dave den Virginia Rangers unter Washington an, und mit ihm ging sein Cousin Henry, und beide kämpften tapfer bei der Verteidigung von Fort Necessity, wo Henry schwer verwundet wurde.

Der Niederlage der Engländer bei Fort Necessity folgten bittere Nachrichten für die Morrises . Sam Barringford , ein bekannter alter Fallensteller dieser Gegend und ein guter Freund der Jungen, kam eines Tages völlig erschöpft und mit der Information, dass der Handelsposten dem gemeinsamen Angriff einiger Franzosen unter der Führung von Jean Bevoir zum Opfer gefallen sei und einige Indianer, angeführt von einem Schurken namens Fox Head, der Bevoirs Werkzeug war. James Morris war gefangen genommen worden und was aus dem Händler geworden war, konnte Barringford nicht sagen.

Der arme Dave war tief getroffen und wollte sofort nach seinem Vater suchen, und seine Verwandten und Sam Barringford waren ebenso eifrig dabei. Aber der Handelsposten war meilenweit entfernt – durch den dichten Wald und über die wilden Berge – und das Gebiet war nun in den Händen des Feindes. Unter solchen Umständen mussten alle den strengen Winter und den folgenden Frühling über warten, eine Zeit, die dem Jungen wie eine Ewigkeit vorkam.

General Braddock war aus England entsandt worden, um die Angelegenheiten gegen die Franzosen zu leiten, und bald wurde eine Expedition organisiert, deren Ziel die Verkleinerung von Fort Duquesne war, das an der Stelle errichtet wurde, an der sich heute die Stadt Pittsburg befindet. Die Expedition bestand aus englischen Grenadieren, die von Braddock herübergebracht wurden, und mehreren hundert Virginia Rangers unter Washington. Bei den Rangern waren Dave und Barringford . Henry wollte gehen, war aber noch zu schwach, und man hatte das Gefühl, dass Joseph Morris nicht vom Gehöft verschont bleiben konnte.

Braddocks bittere Niederlage in der Nähe von Fort Duquesne war ein großer Schock für alle englischen Kolonien, und nur durch Colonel Washingtons Taktgefühl und Tapferkeit sowie den Mut der ihm unterstellten Ranger konnte die sich zurückziehende Armee vor der völligen Vernichtung bewahrt werden oder erfassen. Während dieser Schlacht wurde Dave erschossen und gefangen genommen, aber seine Feinde ließen ihn bald darauf im Wald zurück, und während er umherirrte, traf er, mehr tot als lebendig, auf White Buffalo, einen freundlichen Indianerhäuptling, und später auf Barringford und andere sein Vater, der seit dem Fall des Handelspostens in französischer Gefangenschaft war.

Die Heimkehr von Dave und seinem Vater wurde von Joseph Morris und seiner Familie mit großer Zufriedenheit gesehen und sie taten alles in ihrer Macht Stehende, um es den beiden Leidenden bequem zu machen. Von Herrn Morris erfuhr man, dass die im Handelsposten gelagerten Felle durch die Freundlichkeit eines anderen englischen Händlers gerettet worden waren, so dass der Franzose Jean Bevoir und sein Indianerwerkzeug Fox Head durch den Überfall nicht viel gewonnen hatten.

„Ich bin sicher, dass die Razzia nicht das Werk der französischen Behörden war“, sagte James Morris. „Aber jetzt, da der Krieg im Gange ist, werden sie sich natürlich für alles einsetzen, was Jean Bevoir und seine Anhänger getan haben. Dennoch bleibe ich dabei, dass der Handelsposten und das um ihn herum abgesteckte Land mir gehört, und eines Tages werde ich es auch tun.“ Anspruch darauf erheben.

„Du hast recht, Bruder“, kam von Joseph Morris. „Und soweit es mir möglich ist, werde ich Sie in der Klage unterstützen. Aber ich fürchte, dass die Lage noch viel schlimmer wird, bevor sie besser wird.“

„Oh, daran besteht kein Zweifel. Dieser Sieg wird die Franzosen glauben lassen, sie könnten direkt über uns hinweggehen.“

„Ja, und es wird noch mehr bewirken“, warf Rodney ein, der mittlerweile ein junger Mann war. „Viele Indianer haben geschwankt, ob sie sich auf unsere Seite oder auf die Seite des Feindes stellen wollen. Jetzt werden viele von ihnen ihr Vermögen auf die Seite der Sieger setzen – das ist der übliche Weg.“ Er streckte sich auf seinem Stuhl aus und seufzte. „Ich wünschte, ich wäre etwas stärker, ich würde der Armee beitreten und gegen sie kämpfen .“

„Wir haben jetzt keine nennenswerte Armee“, resümierte James Morris. „Als ich das letzte Mal in Winchester war, hatte Colonel Washington nur eine Handvoll Soldaten – alle anderen waren nach Hause gegangen, um sich um ihre Farmen und Plantagen zu kümmern – und drüben im Will's Creek Fort war es nicht besser. Der Lohn, der den Soldaten geboten wurde, ist so arm, dass es niemandem gefällt, in den Reihen zu bleiben. Der Patriotismus scheint auf einem Tiefpunkt angelangt zu sein.“

„Es ist kein solcher Mangel an Patriotismus“, sagte Joseph Morris. „Keiner unserer Heimatsoldaten mochte die Art der Truppen aus England, und es machte sie wütend, als ihre Offiziere zurückgedrängt und Braddocks Untergebene hochgestuft wurden. Sogar Washington musste Einwände erheben, obwohl sie mir sagten, er sei bereit zu kämpfen, egal was passiert Position, die sie ihm gegeben haben. Und im Norden läuft es nicht besser. Entweder müssen England und unsere Kolonien aufwachen, oder ehe wir es merken, wird alles an die Franzosen und ihre indischen Verbündeten verloren sein.

„Was ist mit den Indianern?“ Setzen Sie Mrs. Morris ein. „Sind diejenigen unter White Buffalo zu den Franzosen übergegangen?“

„Die Tapferen von White Buffalo haben das nicht getan“, antwortete ihr Mann. „Aber der Stamm ist stark gespalten, und White Buffalo selbst ist fast verrückt nach der Sache. Er sagt, einige der alten Häuptlinge schwören auf die Franzosen, während die jüngeren Krieger alle an Washington festhalten.

White Buffalo sagt, dass er selbst niemals einen heben wird Tomahawk gegen die Engländer – und ich bin sicher, dass er es ernst meint."

„White Buffalo ist ein wirklich netter Indianer", sagte die kleine Nell, die spielend auf der Türschwelle saß. „Hat er mir nicht diese Puppe gemacht? Wenn sie alle so gut wären wie er , hätte ich kein bisschen Angst." Und sie drückte die grobe Holzfigur an ihre Brust, den „haufengroßen Pappoose ", mit dem White Buffalo ihr kindliches Selbstvertrauen gewonnen hatte.

„Ich hätte auch keine Angst", kam von Mrs. Morris. „Aber nicht alle Indianer sind so freundlich und treu wie White Buffalo, und wenn sie sich jemals auf den Kriegspfad begeben und diesen Weg gehen sollten …" Sie beendete ihre Rede nicht, sondern schüttelte traurig den Kopf.

hierher kommen, werden wir unser Bestes tun, um sie abzuwehren", sagte James Morris. „Aber lasst uns hoffen, dass es nie so weit kommt. Das Gemetzel am Handelsposten hat ausgereicht, ich würde mir nicht wünschen, solche Vorkommnisse rund um unser Gehöft zu sehen."

KAPITEL II

Hirsche und Indianer

Dave und Henry waren eine Stunde zuvor von zu Hause weggegangen, in der Hoffnung, mindestens ein Reh, wenn nicht sogar zwei, mitzubringen. Henry war ein großartiger Jäger, der viele Vögel auf dem Flügel und Eichhörnchen auf der Flucht erlegt hatte, und er wusste, dass das Wild ihm gehören würde, wenn er nur einen guten Anblick auf ein Reh ergattern könnte. Wie alte Leser wissen, war Dave ebenfalls ein guter Schütze, daher war es wahrscheinlich, dass die Jugendlichen etwas zurückbringen würden, wenn sich ein Spiel zeigte.

Es war ein kühler, klarer Tag mit nur einem Hauch Schnee auf dem Boden, ideales Wetter zum Jagen, und als die Jungen weiterzogen, fühlten sich alle trotz des Geredes über die Indianer bester Laune. Soweit sie wussten, gab es im Umkreis von Meilen um sie herum keine Indianersiedlung, und im Umkreis einer halben Tagesreise gab es auch keine wandernden Rothäute.

„Hallo, da ist ein halbes Dutzend Kaninchen!" rief Dave plötzlich und deutete durch eine kleine Lichtung nach links.

„Nicht schießen!" rief sein Cousin, obwohl Dave seine Steinschlossmuskete nicht erhoben hatte. „Wenn Sie das tun, werden Sie die Hirsche sicher erschrecken – wenn sie in Hörweite sind."

„Ich wollte nicht schießen, Henry. Aber sieh dir nur die Bettler an, die da sitzen und uns ansehen! Ich schätze, sie wissen, dass sie in Sicherheit sind."

„Seit den Kämpfen mit den Franzosen wurde hier nicht mehr viel gejagt, und daher ist das Wild ziemlich zahm. Aber sie werden nicht lange ausharren – da sind sie jetzt. Komm."

Das Paar setzte seine Reise durch den Wald fort, wobei Henry voranging, da er diesen Pfad bereits mehrere Male zuvor zurückgelegt hatte. Es gab zahlreiche Vögel, und sie hätten ihre Segeltuchtasche problemlos füllen können, wenn sie Lust gehabt hätten. Aber die Gedanken beider waren bei dem Hirsch, und für Henry war es zumindest ein Spiel oder nichts, obwohl Dave sich vielleicht mit etwas Kleinerem zufrieden gegeben hätte. Doch beide wussten, dass Mrs. Morris sich mit Freude darauf freuen würde, frisches Wildbret auf ihren Tisch zu bekommen.

Schließlich erreichte das Paar den unteren Bach, den Henry erwähnt hatte. Hier teilte sich der Bach, der am Morris-Gehöft vorbeifloss, in mehrere Arme, von denen einer durch eine weite Lichtung floss und die anderen in den Wald mündeten und eine Reihe rauer Felsen und eine fast fünfzig Fuß hohe Klippe umrundeten. Zu diesem Zeitpunkt hatte der Wald noch nie das Gewicht der Axt des weißen Mannes gespürt, und die Bäume standen dort, bis sie durch den Sturm oder die Last der Jahre umgestürzt wurden.

„Gehen Sie jetzt langsam", flüsterte Henry, als er seinen Cousin am Arm packte. „Wenn sie uns hören, ist das Spiel vorbei."

„Der Wind ist mit uns", erwiderte Dave. Dennoch verlangsamte er wie gewünscht das Tempo, und dann gingen die beiden mit äußerster Vorsicht voran, da jeder dafür gesorgt hatte, dass seine Waffe sofort einsatzbereit war.

Plötzlich blieb Henry stehen und fiel fast flach hinter einen Felsen, und Dave folgte ihm sofort. Als sie um eine kurze Biegung herumkamen, erblickten sie vier Hirsche, die huftief im Wasser standen und tranken. Alle Köpfe waren gesenkt, aber als die Jugendlichen in die Richtung schauten, kam mit einem Ruck ein alter Bock hoch und schnupperte misstrauisch in der Luft.

„Nehmen Sie den nächstgelegenen", flüsterte Henry leise und schnell. "Bereit?"

„Ja", war die leise Antwort.

Es herrschte eine Sekunde Stille, dann sprachen die beiden Kanonen wie aus einem Guss, und die Berichte hallten immer wieder durch den mächtigen Wald und entlang der Klippe. Der Hirsch, auf den Henry gezielt hatte, fiel ins Wasser und stürzte wild in seinem Todeskampf, während der von Dave getroffene Hirsch unter Schmerzen das Ufer hinauf humpelte. Die anderen, darunter auch der alte Bock, drehten um und rasten mit der Schnelligkeit des Windes davon.

„Huzza! Wir haben sie !" schrie Henry. "Aufleuchten!" und er sprang auf, Dave an seiner Seite. Nicht weit entfernt lag auf der anderen Seite des Baches ein abgestorbener Baum, auf den sie schnell kletterten, um nicht nasse Füße zu bekommen. Als sie die Stelle erreichten, an der das Reh getrunken hatte, fanden sie Henrys Beute völlig tot vor. Der Hirsch, den Dave geschlagen hatte, zappelte im Unterholz herum.

„Ich schätze, er wird noch einen Schuss wollen", sagte Dave und lud seine Waffe mit aller Geschwindigkeit nach. Dann machte er sich bereit und näherte sich dem Reh, aber bevor er abdrücken konnte, hielt Henry ihn auf.

„Er braucht es nicht ", kam der ältere Jugendliche. „Heben Sie Ihr Pulver und Ihre Kugel auf. Ich werde ihn reparieren."

Henry reichte Dave seine Waffe und rannte hinter den Hirsch, während er gleichzeitig das lange Jagdmesser zog, das er seit Kurzem zu tragen gewohnt war. Er nutzte seine Chance und rammte dem Hirsch das Messer in die

Kehle. Der Schlag ging wahr und bald hatte das Biest seinen letzten Atemzug getan.

„Gut für dich", rief Dave begeistert. „Es hat keinen Sinn zu reden, Henry, du bist wie geschaffen für einen Jäger. Du wirst genauso gut sein wie Sam Barringford , wenn du weitermachst."

„Oh, du hast es ungefähr so gut gemacht wie ich, Dave", war die bescheidene Erwiderung. „Aber das ist eine erstklassige Beute, es nützt nichts zu reden. Mutter wird zu Tode gekitzelt."

„Ich schätze, wir werden alle zufrieden sein – wir haben seit einiger Zeit kein Hirschfleisch mehr gegessen. Aber wir werden noch einiges an Arbeit haben, um diese beiden Kadaver nach Hause zu bringen. Es hat keinen Sinn, zu versuchen, diese anderen Hirsche zu bekommen, oder?"

„Benutzen? Nicht viel! Warum muss dieser alte Bock zu diesem Zeitpunkt etwa zwei oder drei Meilen entfernt sein? Sag mal, er war ein großer Kerl, nicht wahr? Ich hätte diese Hörner gerne gehabt, aber ich wusste, dass es keine gab Es wäre nützlich, ihn herunterzuholen – sein Fleisch wäre zu zäh und stark."

„Ich denke, das Beste, was wir tun können, ist, für jedes Reh eine Schleppe zu machen und jeder seine eigene Ladung nach Hause zu ziehen", fuhr Dave fort. „Wenn wir einen hier lassen, werden die Wölfe und Füchse das Fleisch bald auffressen."

„Ja, das ist der einzige Weg. Und wir können uns auch beeilen, denn es wird spät und wir werden mit solchen Ladungen gut drei Stunden brauchen, um zurückzukommen."

Bald machten sie sich an die Arbeit, Henry mit seinem Jagdmesser und Dave mit seiner Taschenklinge, und schnitten langes, biegsames Reisig ab, das sich hervorragend als Schlepper für beide Ladungen eignen würde. Ihr Glück versetzte beide in gute Laune, und während er arbeitete, konnte Dave sich das Pfeifen nicht verkneifen. Seine Lieblingsmelodien waren wie immer „Lucy Locket Lost Her Pocket" und „The Pirate's Lady, O!".

Als sie das Unterholz durchschnitten, verloren sie keine Zeit damit, ihre Lasten festzubinden, und dann ging Henry den Weg entlang des Wasserlaufs voran, ohne auf den Pfad zu wechseln, den sie zuvor verfolgt hatten.

„Auf dieser Seite ist es fast so nah wie auf der anderen", sagte er. „Und ich gehe davon aus, dass das Ziehen etwas einfacher sein wird."

„Nun, mach es so einfach wie möglich, Henry. Es ist keine leichte Ladung, das kann ich dir sagen. Sam Barringford hat mir einmal erzählt, wie er drei

Hirsche aus Plum Valley über den Schnee zu Risleys neuem Zuhause geschleppt hat . Ich verstehe nicht, wie er es gemacht hat.

„Oh, es ist einfach, wenn die Schneekruste hart genug ist – der Zug bewegt sich wie ein Schlitten. Aber ich gebe zu, dass Sam ein wunderbar kraftvoller Mann ist."

„ In der Tat ist er das. Es war ein sehenswerter Anblick – die Art und Weise, wie er kämpfte, als Rotfuchs und seine Anhänger den Handelsposten angriffen. Er war ein ganzer Heer für sich."

Innerhalb einer Viertelstunde hatten sie eine Flussbiegung erreicht, und nun verließ Henry den Wasserlauf und ging über einen niedrigen Hügel weiter, der von einer Reihe von Felsen gestützt wurde.

„Es wird ein leichter Anstieg bergauf sein", sagte er. „Aber dadurch sparen wir fast eine halbe Meile. Wenn wir oben angekommen sind, können wir uns ein paar Minuten ausruhen. Wenn wir dort oben ankommen , zeige ich Ihnen die Stelle, an der ich diese vier Bären vor drei Jahren gesehen habe."

„Ich weiß es nicht, da ich gerade vier Bären treffen möchte."

„Oh, der Ort ist nicht auf diesem Hügel – er liegt auf dem Hügel links. Pow-wow Hill Sam Barringford nannte ihn. Er sagte, es sei ein großartiger Indianer-Resort gewesen, als die Miamies in dieser Gegend waren. Aber die Redskins von Shunrum kamen und vertrieben sie .

Nachdem wir die Spitze der Anhöhe erreicht hatten, war Dave froh, sich ausruhen zu können, und beide setzten sich auf den Stamm eines gefallenen Monarchen des Waldes, der nun die Heimat einiger Streifenhörnchen war, die bei ihrer Annäherung schnell die Flucht ergriffen.

„Da ist die Stelle, wo ich die Bären gesehen habe", sagte Henry und zeigte mit der Hand auf eine Baumgruppe auf dem nächsten Hügel, ziemlich weit entfernt. „Sie waren in einem Haufen darunter – Hallo! Was kann das bedeuten?" Er brach kurz ab. „Hinten hinter dem Baum, Dave! Schnell!"

Der plötzliche Alarmton war Dave nicht entgangen und im Handumdrehen kauerten die beiden jungen Jäger hinter dem umgestürzten Baum. Dave nahm seine Waffe und legte die Hand auf den Abzug, aber Henry drückte den Lauf der Waffe nach unten.

"Was hast du gesehen?" kam von den Jüngeren der Jugendlichen.

„Indianer!" war die kurze Antwort. Henry blickte vorsichtig hinaus. „Ja, Sir, Inder, so sicher, wie Sie geboren sind. Überzeugen Sie sich selbst."

„Beim König, aber du hast recht!" rief Dave aufgeregt aus. „Zwei, drei – ich sehe vier davon."

„Ich glaube, ich habe einen fünften gesehen – hinter dem Felsen rechts. Ja, da ist er.“

„Können Sie erkennen, was sie sind?“

„Nein, außer dass sie nicht zum Stamm der Weißen Büffel gehören.“

„Wenn sie nicht in diese Nachbarschaft gehören, sind sie umsonst hier“, sagte Dave entschieden.

„Da stimme ich dir zu, Dave. Möglicherweise sind sie auf der Jagd. Aber warum sollten sie hierher kommen, wenn es weiter westlich besseres Wild gibt?“

„Wenn sie auf der Jagd sind , dann nicht für wilde Tiere“, kam Dave bezeichnenderweise. „Haben sie ihre Kriegsbemalung aufgetragen?“

„Dafür kann ich sie nicht deutlich genug sehen.“

Einige Minuten lang schwiegen beide Jugendlichen und beobachteten die entfernten Indianer, die umhergingen. Offensichtlich hatten sie ein wildes Tier getötet, obwohl die Beobachter nicht erkennen konnten, um welches Tier es sich handelte.

„Wenn sie irgendetwas erschossen haben, muss es gewesen sein, bevor wir diese Gegend erreicht haben“, sagte Henry plötzlich. „Ich habe keine Berichte gehört.“

„Ich auch nicht. Aber egal. Was sollen wir tun?“

„Ich weiß es nicht, außer dass wir mit unserem Spiel nach Hause gehen und es ihnen melden. Es ist mir doch egal, dass sie uns sehen, oder?“

„Nicht, wenn sie Feinde sind, und ich denke, das sind sie.“

„Glauben Sie, dass sie uns entdeckt haben?“

„Ich denke nicht – obwohl man es nie sagen kann, sind sie so süß. Möglicherweise arbeitet sich in diesem Moment ein Spion hierher.“

„Dann lasst uns unverzüglich weitermachen.“

Es war leicht, das zu sagen, aber es war ein Problem, unbemerkt vorzugehen. Henrys Hirsch lag hinter dem umgestürzten Baum, aber Daves Hirsch lag vorne und der jüngere Jäger wollte sein Wild nicht zurücklassen.

„Ich werde es riskieren“, sagte Dave und kroch vorsichtig um das Ende des umgestürzten Baums herum, streckte die Hand aus und fing eines der Enden der Bremse auf. Aber die Aufgabe war schwierig und als er zog, rutschte das Reh zu Boden und das Ende des Astes wurde plötzlich hoch in die Luft gehoben.

„Lass es fallen“, schrie Henry und Dave tat es. „Das müssen sie gesehen haben, Dave. Sehen Sie, zwei von ihnen schauen in diese Richtung. Wir sollten besser verschwinden und schnell sein.“

„Ich werde dieses Reh haben“, erwiderte der jüngere Jäger, packte das Wild an den Hinterbeinen und zog es hinter den Baum. Dann eilten beide Jungen mit voller Geschwindigkeit die gegenüberliegende Seite des Hügels hinunter. Hier setzten sie beide Hirsche auf die einzige Schleppe und setzten mit größtmöglicher Geschwindigkeit ihren Heimweg fort.

KAPITEL III

ENTDECKUNG UND VERFOLGUNG

Man muss zugeben, dass beide Jugendlichen zutiefst beunruhigt waren, und das aus gutem Grund. Seit Braddocks Niederlage hatten sie vom Aufstand der Indianer in Nancoke , Lusher's Run, Willowbury und mehreren anderen kleinen Siedlungen gehört und hatten von der Ermordung mehrerer deutscher Familien 25 Meilen nördlich der Festung Will's Creek gehört Ermordung von Lee Cass, seiner Frau und seinen vier Kindern, dreißig Meilen talabwärts. Die Ausbrüche waren nicht auf gemeinsame Anstrengungen der Indianer zurückzuführen, aber es war nicht abzusehen, wie bald die verschiedenen Stämme das Kriegsbeil ausgraben und mit Gewalt und gleichzeitig über alle Grenzsiedlungen herfallen würden.

Von der Spitze des Hügels hatte Henry erwartet, direkt nach Hause zu gehen, aber dieser Weg würde die Überquerung einer Lichtung von einer Viertelmeile Länge erfordern und er hielt es nun für unklug, einen solchen Weg einzuschlagen.

„Wenn sie uns verfolgen, wird es für sie kinderleicht sein, uns im Freien zu entdecken", sagte er. „Wir bleiben besser im Wald. Natürlich können sie der Spur der Schleppe leicht folgen, aber ich hasse den Gedanken daran, so viel Fleisch aufzugeben – nachdem wir eine so lange Reise hinter uns hatten, um es einzufangen."

„Lass uns noch nicht aufgeben", flehte Dave. Das Reh war das größte, das er bisher erlegt hatte, und entsprechend stolz war er auf die Vorstellung. „Vielleicht sind sie gar nicht hinter uns her."

Sie gingen weiter und reisten so schnell, wie es ihre etwas müden Glieder zuließen. Es gab eine weitere Anhöhe zu überqueren, hinter der sich ein Wasserlauf befand, der zur Rückseite ihres Gehöfts führte.

„Ich glaube, ich weiß, wo ein grobes Floß zu finden ist", sagte Henry. „Und wenn ich es finde, können wir das Reh darauf platzieren und es nach Hause schleppen. Es kann sein, dass wir nass werden, aber die Arbeit wird einfacher und wir kommen schneller voran als über dem Boden."

„Du hast recht, Henry, und denk dran, Wasser hinterlässt keine Spuren", antwortete Dave.

Sie befanden sich bald am Ufer des Baches, der zu diesem Zeitpunkt mehrere Fuß tief und fünf bis zehn Meter breit war. Die Ufer waren dicht mit Büschen überwuchert, jetzt jedoch ohne Blätter. An einer Stelle befand sich eine Bucht, und hier zeigte Henry auf das Floß, das er erwähnt hatte, ein grobes

Gebilde aus vier kurzen Baumstämmen, die mit Weidenruten zusammengebunden waren.

„Das können wir problemlos hinbekommen", sagte Dave, während er die Angelegenheit überblickte. „Kommt, lasst uns die Hirsche sofort an Bord werfen. Wir können am Ufer entlang waten und ——."

Er brach ab und umklammerte den Arm seines Cousins. Sein Blick war flussaufwärts zu einer mehrere Ruten entfernten Biegung geschweift und dort hatte er den Bug eines Indianerkanus und die Kopfbedeckungen mehrerer bemalter Krieger gesehen.

„Von Ingwer! Noch mehr Indianer!" rief Henry, und beide fielen flach auf ihr totes Wild. „Wie viele hast du gesehen, Dave?"

„Drei oder vier – und es sind noch einige mehr!"

„Ja, und sie tragen ihre Kriegsbemalung! Dave, weißt du, was ich denke?"

„Dass sie auf dem Kriegspfad sind? Oh, Henry, wenn das so ist--." Dave war noch nicht fertig, sondern sah seinen Cousin besorgt an.

„Wenn das so ist, bedeutet das, dass jedes Gehöft im Umkreis von Meilen in Gefahr ist. Und wir haben keinen einzigen Soldaten im Umkreis von fünfzig Meilen!" fügte der ältere Jugendliche fast stöhnend hinzu.

Während sie redeten , behielten sie die Indianer im Auge, und jetzt sahen sie, wie die Redmen auf den Bach hinauskamen und auf die Seite gingen, die sie besetzten. Dann stießen die Krieger plötzlich einen Schrei aus, der ihnen Angst und Schrecken einjagen sollte.

„Sie haben uns entdeckt! Sie sind hinter uns her!" platzte aus Daves Lippen. "Was sollen wir tun?"

„Wir müssen rennen", war Henrys Antwort. „Beeil dich, bevor es zu spät ist."

„Aber das Reh-——."

„Wir müssen sie gehen lassen. Komm!"

Seite an Seite stürmten sie in den Wald hinter dem Wasserlauf und bahnten sich mit größtmöglicher Geschwindigkeit ihren Weg zwischen Büschen, Bäumen und Felsen. Es gab keine Spur und keiner wusste genau, wohin er ging. Einmal stolperte Dave über Wurzeln und warf sich kopfüber, aber er rappelte sich schnell wieder auf und machte keuchend weiter wie zuvor.

Der Rückzug der beiden jungen Jäger erfolgte nicht allzu schnell, denn kaum hatten sie den Schutz des Waldes erreicht, als mehrere der Indianer ihre Pfeile abfeuerten, von denen einer Henry beinahe die Schulter traf. Dadurch wurde die Situation endgültig geklärt.

„Sie sind auf Kriegskurs, sonst würden sie nicht auf uns schießen", sagte Dave. „Bist du geflügelt?"

„Nein, aber es war ein ziemlich knappes Ziel. Wer können das sein?"

„Ich glaube, sie gehören zur schmutzigen Bande von Fox Head. Wenn sie uns erwischen , werden sie uns meiner Meinung nach umbringen."

„Oder lassen Sie uns foltern", antwortete der ältere Jugendliche. „Aber sie werden uns nicht fangen, wenn ich es verhindern kann – und ich denke, ich kann es."

Während die beiden redeten, rasten sie immer weiter, immer tiefer in den Wald hinein. Beide wollten in Richtung Heimat abbiegen, wagten es aber nicht, weil sie befürchteten, die Indianer würden darauf warten, sie abzuwehren .

Zu Beginn hatten die Rufe ihrer Verfolger unangenehm nah geklungen, doch nun verstummten sie völlig. Aber ob die Rothäute die Verfolgung aufgegeben hatten oder schweigend näherkamen, konnten sie nicht sagen.

„Ich glaube nicht, dass sie so schnell aufgeben werden", war Henrys Kommentar, während sie ein paar Sekunden innehielten, um zu Atem zu kommen. „Ich schätze, sie haben herausgefunden, dass es sich nicht lohnt, zu schreien. Bevor wir es merken, bekommen wir vielleicht eine weitere Pfeilsalve."

Noch einmal gingen sie weiter. Ihr Kurs verlief nun in einem weiten Halbkreis, der darauf ausgelegt war, sie auf die Lichtung an der Ostseite ihres Gehöfts zu bringen.

„Wir kommen an Uriah Risleys neuer Hütte vorbei", sagte Dave. „Es ist unsere Pflicht, ihn vor dieser Gefahr zu warnen. Er ist kein großer Indianerjäger, und wenn die Rothäute hierher kommen , sind er und seine Frau ihrer Gnade ausgeliefert."

Uriah Risley war ein Engländer, der sich einige Jahre zuvor mit seiner Frau in der Nähe niedergelassen hatte. Als Dave einmal mit seinem Onkel auf einer Reise nach Annapolis war, hatten die beiden bei Risley zu Hause Halt gemacht und waren angenehm bewirtet worden. Seitdem war der Engländer, der sich immer mehr an das Pionierleben gewöhnt hatte, weiter nach Westen gezogen und hatte sich eine Hütte gebaut, die doppelt so groß war wie die zuvor bewohnte. Aber obwohl der Mann ein guter Bauer und Holzfäller war, war er ein schlechter Schütze und Jäger, und sowohl er als auch seine Frau lebten in Angst vor großen wilden Tieren und unfreundlichen Indianern.

Wie bereits erwähnt, brach die Nacht herein und unter den hohen Bäumen war es dunkel. Sie mussten nun vorsichtig ihren Weg wählen, aus Angst, in ein gefährliches Loch zu fallen. Eine weitere halbe Meile war zurückgelegt, als Henry anhielt. Dave war darüber froh, denn kurz zuvor war er auf einen losen Stein getreten und hatte sich dabei den Knöchel böse verdreht.

„Ich frage mich, welcher der direkteste Weg zu Risley ist ", sagte der ältere Jugendliche.

„Ich glaube, das ist die Richtung", antwortete Dave und zeigte mit der Hand.

„Ich schätze, du hast Recht, Dave. Und wie weit, schätzen Sie, sind wir von seiner Hütte entfernt?"

„Der beste Teil einer Meile."

„Ich stimme noch einmal zu. Lasst uns einen direkten Kurs einschlagen. Die Indianer müssen weit hinten sein – wenn sie die Verfolgung nicht ganz aufgegeben haben."

Ein paar Minuten später bahnten sie sich erneut ihren Weg durch den Wald, der hier so dicht war, dass sie kaum hindurchkamen. Über ihnen wehte eine leichte Brise, aber sie spürten kaum etwas davon. Weit im Westen versank die Sonne langsam hinter den Bergen und warf lange Schatten auf die Baumwipfel. Hier und da stimmten die Nachtvögel zu, aber ansonsten war alles so ruhig wie auf einem Friedhof.

Der Einbruch der Nacht und der Ernst ihrer Lage machten die Jungen nachdenklich, und lange Zeit wurde kein Wort gesprochen. Henry dachte an seine Eltern, seine Schwester und seinen Bruder und fragte sich, ob sie schon in Gefahr waren, während Daves Gedanken zu seinem Vater wanderten, der am Morgen gesagt hatte, dass er geschäftlich nach Will's Creek Fort fahren wollte. Waren seine Eltern in der Festung und würden die Soldaten dort Neuigkeiten über den bevorstehenden Indianerangriff erfahren?

Beide jungen Jäger waren tief in Gedanken versunken, als Henry direkt vor ihnen ein Licht erblickte. Sie waren gerade über eine Anhöhe gekommen und fanden das Licht in einer Mulde zwischen mehreren Felsen. Es war ein Indianerlager, und um das Feuer herum saßen etwa zwanzig Krieger, rauchten ihre langen Pfeifen und lauschten der Rede eines großen Häuptlings, der in ihrer Mitte stand.

„Mehr Indianer!" murmelte Henry und warf sich flach. „Die Nachbarschaft scheint voll davon zu sein. Dave, das bedeutet einen schrecklichen Aufstand! Wir müssen so schnell wie möglich zurückkommen und alle warnen!"

„Ich habe einige dieser Indianer schon einmal gesehen", flüsterte der jüngere Jugendliche. „Sie gehörten zu der Bande, die den Handelsposten angegriffen hat, während Vater hierher kam. Sie gehören zu Fox Heads Bande, und ich glaube, dass Fox Head selbst sie anspricht, denn über seiner Schulter hing ein Fuchskopf und dazwischen ein Fuchsbusch seine Kopffedern. Ich würde ihn gerne dort erschießen, wo er steht. Er hat es verdient – für alles, was er getan hat, um uns zu verletzen." Und Dave drückte seine Waffe plötzlich fest, was sehr suggestiv war.

„Nein! Nein!" warf sein Cousin dazwischen. „Wenn du ihn fallen ließest, wäre das ganze Rudel auf uns los wie so viele Wölfe. Das Einzige, was wir tun können, ist wegzukommen und Warnung zu geben. Lass uns zurück auf die andere Seite der Anhöhe kriechen und umhergehen."

Ohne Verzögerung begannen sie zu tun, was Henry geraten hatte. Es war keine leichte Sache, denn das Unterholz war dicht und die Felsen scharf und uneben. Sie hatten noch keine fünfzig Fuß zurückgelegt, als Henry auf einen losen Stein traf und ihn über ein Dutzend andere zu Boden schleuderte.

Sofort sprang ein halbes Dutzend Indianer auf und die Rede des führenden Indianers endete plötzlich.

„Das Spiel ist aus!" rief Dave. „Lass uns rennen!" Und sie rannten, so schnell es die Dunkelheit und die Beschaffenheit des Bodens erlaubten. Die Indianer folgten ihnen, forderten sie zum Anhalten auf und schickten dann mehrere Pfeile und einen Schuss ab, die jedoch keine Wirkung zeigten.

„Jetzt sind wir dran!" keuchte Dave, als sie auf einer kleinen Lichtung anhielten, die von allen Seiten von Felsen und dichtem Dickicht umgeben war. „Ich bin mir sicher, dass ich nicht weiß, wie ich mich umdrehen soll, oder?"

„Wenn es zum Schlimmsten kommt, können wir gegen diese Felsen Stellung beziehen", antwortete sein Cousin grimmig. „Aber kommen Sie, ich glaube, ich sehe eine Öffnung."

Er ging zu den Felsen und trat vorsichtig in die Dunkelheit. Es gab eine Öffnung, die sie vorher nicht bemerkt hatten, einen mehrere Fuß breiten Spalt, der sowohl tief als auch lang war. Er drückte sich hinein und Dave folgte ihm. Sie drängten sich über eine Strecke von zehn Metern zwischen toten Ranken, Blättern und Unrat voran und hielten dann in einer kleinen Höhle an, wenn es nicht an der Spitze eine Öffnung gegeben hätte. Mit angehaltenem Atem warteten sie, während ihre Verfolger allmählich näher kamen.

KAPITEL IV

VERBRENNUNG DER KABINE

Es dauerte nicht lange, bis die beiden jungen Jäger die Indianer deutlich hörten. Offensichtlich hielten es die Rotmänner nicht für nötig, mit mehr als gewöhnlicher Vorsicht vorzugehen, denn sie unterhielten sich in leisem Ton miteinander, was Dave und Henry interessiert zuhörten, obwohl sie kaum etwas von dem verstanden, was gesagt wurde.

Plötzlich bezog ein Krieger eine Position vor der Spalte und nicht mehr als fünf Meter von der Stelle entfernt, wo die Jugendlichen versteckt lagen. Offensichtlich lauschte er auf Geräusche von ihnen, und sie wagten kaum zu atmen. Wie zu erwarten war, verspürte Dave in diesem Moment einen starken Drang zu niesen, aber er unterdrückte den Wunsch, obwohl dadurch fast ein Blutgefäß platzte.

Bald kam ein weiterer Indianer und dann ein dritter. Es folgte ein mehrminütiges Gespräch, und ein Krieger begann, eine Fackel anzuzünden. Aber die anderen hielten davon ab, weil sie befürchteten, es könnte das Feuer der Weißen auf sich ziehen. Dann bewegte sich ein Redman nach rechts, ein anderer nach links, während ein dritter über die Felsen und durch die Büsche kroch, die über der Öffnung wuchsen.

Als die Indianer außer Hörweite waren und es wagten, freier zu atmen, hatte sich die Dunkelheit der Nacht schwer gelegt und hoch über ihnen lugten die Sterne einer nach dem anderen hervor. Sie warteten noch etwas, dann packte Henry Dave am Arm.

"Was denken Sie?" er flüsterte. „Sind sie weg?"

„Ich denke schon", erwiderte der jüngere Junge. „Aber es ist nicht abzusehen, wann sie zurückkommen werden. Dennoch denke ich, dass wir besser von hier verschwinden sollten."

„Ich stimme zu. Aber wir können den Kurs, den wir eingeschlagen haben, nicht weiterverfolgen. Ich denke, das Beste, was wir tun können, ist, uns weiter nach links zu drehen und Risley's von Westen her anzugreifen", fügte Henry hinzu.

Dave war bereit und so vorsichtig wie möglich kletterten sie auf dem Weg, den sie gekommen waren, wieder aus der Felsspalte. Gerade als Dave die Lichtung betreten wollte, ließ ihn ein plötzlicher Lärm zurückschrecken.

"Was ist das?" kam schnell von seinem Cousin.

„Irgendein wildes Tier", war die Antwort nach einer Pause.

„Hat es dich angegriffen?"

„Nein, aber es kam ziemlich nahe. Ich dachte zuerst, es wäre ein Indianer, der aus dem Gras springt."

Sie zogen Seite an Seite los, jeder mit einsatzbereiter Waffe. Da Henry der Jäger der Familie Morris war und den Wald besser kannte als jeder andere, erlaubte Dave ihm, die nötigen Führungen zu übernehmen. Sie setzten ihren Kurs über eine Anhöhe und dann über eine andere fort und folgten dann den Windungen eines kleinen Baches, der laut Henry bis in Schussweite des Risley- Gehöfts verlief.

Sie machten gerade eine Biegung um den Wasserlauf, als ein weiteres wildes Tier direkt unter Henrys Füßen auftauchte. Es war ein Fuchs, der in einem hohlen Baumstamm ruhte, und in seiner Angst, wegzukommen, schlug das Tier gegen Daves Beine und brachte ihn aus der Fassung.

"Oh!" rief Dave, als er zu Boden ging. „Hilfe! Erschieß ihn!"

„Es ist ein Fuchs!" rief Henry, und als das Tier an ihm vorbeischoss, machte er einen Sturzflug und fing das Tier am Gebüsch. Der Fuchs knurrte und versuchte, ihn zu beißen, aber bevor der Kopf herumkam, schwang der junge Jäger den Fuchs im Kreis und ließ ihn mit einem dumpfen Knall auf den Baumstamm fallen. Dem ersten Schlag folgte ein weiterer, der den Schädel des Tieres zerschmetterte, als wäre er eine Eierschale.

„Da! Er wird nie wieder jemanden belästigen", sagte Henry, als er das Biest zu Boden warf. „Ich wünschte, ich hätte Zeit, ihn zu häuten. Aber wir sollten besser keine Minute verlieren."

„Henry, du bist ein Wunder von einem Jäger!" platzte Dave heraus. „Ich glaube nicht, dass ich das hätte tun können. Es war viel besser, als ihn zu erschießen, denn es sparte Pulver und ersparte auch den Lärm."

„Sam Barringford hat mir diesen Trick beigebracht – allerdings nicht an einem Fuchs. Ich habe einmal gesehen, wie er auf diese Weise einem hinkenden Wolf das Leben aus dem Leib schlug, und oft packt er Schlangen am Schwanz und bricht ihnen auf Peitschenart die Köpfe ab."

Sie ließen den Fuchs dort zurück, wo er hingefallen war, und setzten ihren Weg am Bach entlang fort, bis sie eine kleine Lichtung erreichten. Dahinter befand sich ein Gürtel aus hohem und schwerem Holz, der auf der gegenüberliegenden Seite die Grenze von Uriah Risleys neuem Landanspruch markierte, den er durch Colonel Washington vom alten Lord Fairfax erhalten hatte, der immer noch in Greenway Court residierte.

„Ich sehe ein Licht!" sagte Dave, als sie am Rand des Holzes anhielten. "Sehen!"

Heinrich tat es. Offenbar handelte es sich um ein kleines Feuer, und zwar in der Richtung, in der Risleys Hütte stand .

„Kann das ein indianisches Lagerfeuer sein?" ging der jüngere Jäger weiter.

„Das glaube ich nicht, Dave. Es ist schlimmer."

„Schlimmer noch? Oh, Henry, denkst du, es ist Risleys Hütte, die brennt?"

„Genau das, was ich denke. Sehen Sie, die Flamme wird heller. Entweder ist es die Hütte oder der Viehstall, den er gebaut hat. Komm schon, wir werden es bald erfahren."

Henry machte sich nun auf den Weg durch das Waldstück und suchte sich mit der ganzen Geschicklichkeit eines alten Grenzgängers den Weg. Dave blieb dicht hinter seinem Cousin. Als sie näher kamen , sahen sie das Feuer deutlicher und sahen, wie es sich ausbreitete und weiter in den Himmel stieg. Es handelte sich zweifellos um die Hütte von Uriah Risley , und nun hatte sich auch der neue Viehstall gefangen und wurde ebenfalls von dem verschlingenden Element verzehrt.

„Das ist das Werk der Rothäute", keuchte Henry, als sie über raue Felsen sprangen und sich einen Weg durch eine Baumgruppe bahnten. „Und es beweist zweifelsohne, dass sie auf dem Kriegspfad sind."

Während er sprach, ertönte aus großer Entfernung ein Schuss. Es folgte ein weiterer Bericht und dann wurde es wieder so still wie zuvor.

„Das muss Risley oder jemand anderes sein, der die Indianer abwehrt", sagte Dave. „Wir müssen vorsichtig sein, sonst laufen wir in eine Falle."

„Bleib im Holz", antwortete Henry. „Soweit wir wissen, könnten sich in dieser Gegend hundert Rothäute aufhalten. Horch! Sie sind tatsächlich in der Nähe der Hütte."

Sie lauschten und inmitten des Knisterns der Flammen hörten sie nun das Jubeln und Schreien von zwanzig Indianern, während das flackernde Licht ihnen die dunklen Gestalten zeigte, die sich in die eine und andere Richtung bewegten. Einige der Indianer hatten eine Flasche Schnaps gefunden, die dem Engländer gehörte, und stürzten sie voller Freude hinunter, während andere mit verschiedenen Kriegsbeute in den Händen umhermarschierten.

ihnen gerne eine Chance geben – sie haben es verdient", murmelte Dave.

„Tu es nicht", warf Henry hastig ein. „Sie würden wie ein Windstoß über uns herfallen."

Risley und seiner Frau geworden ?"

„Der Himmel allein weiß es, Dave. Ich vertraue darauf, dass sie entkommen sind."

„Wenn Mr. Risley geschossen hat, nehmen Sie dann an, dass seine Frau bei ihm ist?"

„Man kann es nicht sagen. Vielleicht war er nicht zu Hause, als die Indianer herkamen. Wenn das so ist, dann ist Mrs. Risley entweder tot oder eine Gefangene."

„War sie allein?"

„Ich denke schon – zumindest habe ich in letzter Zeit nichts davon gehört, dass jemand rübergekommen ist."

„Ich frage mich, ob wir nicht ein bisschen näher kommen können, ohne gesehen zu werden? Vielleicht können wir etwas zu unserem Vorteil lernen."

„Wir könnten das Holz ein wenig umrunden. Aber seien Sie vorsichtig, und wenn die Indianer uns holen, sollten wir besser rennen, ohne anzuhalten, um zu schießen – es sei denn natürlich, sie kommen zu nahe", fügte Henry hinzu.

Erneut ging er langsam und vorsichtig voran und huschte in absoluter Stille von einem Baum zum anderen . Das Feuer hatte jetzt seinen Höhepunkt erreicht und erhellte den Himmel über weite Strecken. Die Funken wehten in ihre Richtung, aber der leichte Schneefall hatte die Bäume und das Unterholz nass gemacht, sodass kein Schaden entstand.

Plötzlich befanden sie sich wieder in der Nähe des Baches, der an dieser Stelle ein Gartenstück durchquerte, das Uriah Risley in der vergangenen Saison in Form gebracht hatte. Am Ufer des Baches befand sich ein grob gebautes Milchhaus, dessen Wände aus großen Steinen und als Dach aus unbehauenen Balken bestanden. Dahinter hockten sich die Jungen, um einen anderen Blick auf das Geschehen in der Mitte der Lichtung zu werfen.

Die Indianer, die aus der Korbflasche getrunken hatten, wurden immer ausgelassener und ihr wildes Geschrei war weithin zu hören. Zu Beginn des Brandes waren einige Möbel herausgeschleppt worden, eine Kommode und eine Kommode, und nun machten sich einige der Rotmänner daran, beide Gegenstände aufzubrechen, um zu sehen, was sie enthielten.

„Sie haben es auf alles Wertvolle abgesehen, das sie in die Finger bekommen können", murmelte Dave. „Was für eine Schande! Sehen Sie irgendetwas von——?"

Der junge Jäger brach ab, denn in diesem Augenblick erklang ein leises, schmerzerfülltes Stöhnen aus dem Inneren des Milchhauses.

„Seid ihr – ihr Weißen!" kam keuchend. „Wenn ja, um Himmels willen – sa – rette mich!"

„Es ist Frau Risley !" platzte Dave heraus, denn er erinnerte sich gut an diese Stimme. Er hob seinen Kopf bis zu einem Spalt in der rauen Planke. „Frau Risley , sind Sie allein?" er fragte. „Ich, Dave Morris, bin es, der spricht."

„Dave Morris!" Es folgte ein Stöhnen. „Oh, Davy, Junge, rette mich, nicht wahr? Ich bin fast tot!"

„Ich werde für Sie tun, was ich kann, Mrs. Risley . Mein Cousin Henry ist bei mir. Wir waren auf der Jagd, als die Indianer uns fast gefangen genommen hätten. Der Wald ist voll von ihnen. Ist Mr. Risley in der Nähe?"

„Nein, er ging geschäftlich nach Will's Creek. Ich sah die Indianer kommen und versuchte wegzulaufen. Aber sie schossen mit ihren Pfeilen auf mich und einer durchschlug meine linke Schulter. Dann tat ich so, als würde ich ins Haus gehen und mich verstecken. Und als sie hereinkamen , sprang ich durch ein Hinterfenster und rannte zu diesem Ort. Ich stieg bis zu meinen Schultern ins Wasser und zog ein Stück Brett über meinen Kopf, um außer Sichtweite zu bleiben. Sie kamen hierher und ich dachte nach Sicherlich würden sie mich finden, aber das taten sie nicht. Aber ich bin durch die Kälte fast umgekommen, und die Wunde vom Pfeil hat mich sehr ohnmächtig gemacht. Du wirst mir helfen, nicht wahr?"

„Natürlich werden wir Ihnen helfen", warf Henry ein. „Aber alles, was wir im Moment tun können, ist, Sie in den Wald zu führen, und Sie können meine trockene Jacke haben, wenn Sie sie wollen. Wir sollten uns besser direkt auf den Weg zu unserem Haus machen."

„Ich sehe den Schein eines Feuers. Haben sie – sie –?" Die arme Frau konnte nicht fertig werden.

„Ja, es tut mir leid, sagen zu müssen, dass die Hütte fast abgebrannt ist", sagte Dave. „Aber kommen Sie, wenn Ihr Mann nicht da ist, sollten wir hier besser keine Zeit verschwenden. Vielleicht werden wir zu Hause gebraucht. Dort kann es genauso schlimm sein, wissen Sie."

Die beiden jungen Jäger krochen um die Tür des Milchhauses herum und gingen hinein. Das Brett wurde schnell angehoben und sie halfen Mrs. Risley aus dem Wasserloch, in dem sie mit dem Kinn auf den Knien gehockt hatte. Sie war so durchgefroren und steif und von ihrer Wunde so geschwächt, dass sie kaum stehen konnte, und sie mussten sie buchstäblich in das Holz tragen, aus dem sie gekommen waren.

KAPITEL V

AUFSTAND DER INDIANER

hielten Mrs. Risley zwischen sich und hielten erst inne, als sie fünf oder sechs Stäbe weit in das Holz hineingeschritten waren. Sie hatten den Bach noch einmal überquert und erreichten nun eine kleine Anhöhe, von der aus sie die Hütte sehen konnten, die immer noch brannte, obwohl das Dach und eine Seite eingestürzt waren.

Sie konnten die Hütte sehen, die immer noch brannte.

Das schwache Licht der Feuersbrunst, das durch die kahlen Äste der Bäume drang, war das einzige Licht, das sie hatten, und so setzten sie die Leidende ab und machten es ihr so bequem wie möglich. Wie es der Zufall wollte, trug

Dave zwei Jacken, beide etwas dünn. Eines davon schenkte er Henry, der wiederum seine dicke Jacke an Mrs. Risley schenkte .

„Du – bist du ganz sicher, dass du es entbehren kannst?" Sie fragte.

„Ja, ja", antwortete Henry. „Es tut mir leid, dass ich dir nichts geben kann, was du über dein Kleid ziehen kannst, aber ich habe nichts. Bevor du die Jacke anziehst, lass mich die Pfeilwunde verbinden."

Jetzt war keine Zeit mehr, sich auf eine Zeremonie einzulassen, und sie erlaubte ihm, die Wunde mit all seiner Geschicklichkeit zu verbinden, während Dave in der Zwischenzeit Wache hielt, damit die Indianer sie nicht überraschten. Glücklicherweise wusste Henry, der selbst ähnlich gelitten hatte, was zu tun war, und nachdem er fertig war, verkündete Mrs. Risley , dass sich die schmerzende Stelle deutlich gelindert fühlte.

„Aber ich weiß nicht, wie ich weit reisen kann", sagte sie und versuchte aufzustehen. „Meine Glieder zittern alle unter mir."

„Wir werden Ihnen weiterhelfen", sagte Henry mitfühlend und Dave wiederholte die Worte.

Mit der verwundeten Frau zwischen ihnen war es nicht leicht, sich durch den Schwarzwald zu kämpfen, und mehr als einmal stolperte der eine oder andere über eine Baumwurzel oder in ein Loch. Als sie zurückblickten, sahen sie, dass das Feuer nun erloschen war. Auch das Jubelgeschrei der Rotmänner wurde schwächer und verstummte schließlich ganz.

„Ich weiß, dass Sie nach Hause wollen", keuchte Mrs. Risley . „Aber – aber – ich kann nicht gehen – noch einen Schritt weitergehen!" Und mit diesen Worten warf sie sich nach vorn und wäre zusammengebrochen, wenn ihre starken, jugendlichen Arme sie nicht gestützt hätten.

„Sie ist ohnmächtig geworden", sagte Henry, „und das ist kein Wunder. Komm, hier ist so etwas wie ein Unterschlupf zwischen den Felsen und den Bäumen. Wir können sie genauso gut dort ruhen lassen, denn wir können sie nicht ganz tragen." Der Weg nach Hause."

„Aber die Verzögerung …", begann Dave.

„Sicherlich willst du sie nicht ihrem Schicksal überlassen, Dave?"

„Nein! Nein! Du kennst mich besser, Henry, aber ich habe an diejenigen gedacht, die zu Hause geblieben sind. Sie könnten auch in Schwierigkeiten sein, und wenn ja, werden sie uns brauchen."

„Ich habe über einen Plan nachgedacht. Ich bin stärker als du und vielleicht kann ich sie alleine zurechtkommen, wenn sie sich erholt hat. Kannst du das Haus von hier aus finden?"

„Ich denke, ich kann. Der Bach liegt gleich hinter dem nächsten Stück Wald, nicht wahr?"

„Ja, in diese Richtung." Henry zeigte mit der Hand. „Wenn du alles in Ordnung findest, holst du vielleicht Vater zurück, um ihm zu helfen – wenn er keine Angst hat, dass die Indianer in der Zwischenzeit eintreffen."

So wurde es arrangiert, und ohne einen weiteren Moment zu verlieren, machte sich Dave auf den Weg durch den düsteren Wald, der jetzt so still wie das Grab war, denn der Wind hatte nachgelassen und die letzten Nachtvögel hatten ihre letzten Rufe gegeben.

Unter normalen Umständen wäre Dave schläfrig gewesen, denn das Trampeln des Tages hatte ausgereicht, um jeden zu ermüden, aber jetzt war jeder Gedanke an Ruhe verbannt und er war so wachsam wie eh und je, als er sich vorwärts schlich, die Waffe vor sich, und sein Blick wanderte von einem zum nächsten dunklen Gegenstand zu einem anderen, auf der Suche nach einem möglichen Feind.

Dave befand sich mitten im nächsten Waldstück – einige wunderschöne Walnüsse und Kastanien –, als er weit links von sich etwas durch die Dunkelheit schimmern sah. Er war sofort interessiert und fragte sich, was das Licht sein könnte. Er blieb stehen und blickte aufmerksam in die Richtung.

„Es muss ein indianisches Lagerfeuer sein", überlegte er. „Wie viele Rothäute muss es in dieser Gegend geben!"

Er wollte gerade weitergehen und einen großen Bogen um das Feuer machen, als ihn etwas dazu veranlasste, sich dorthin umzudrehen, um sicherzustellen, dass es sich nicht um das Lager von Freunden handelte. Möglicherweise handelte es sich um Barringford oder einen anderen Fallensteller im Wald, und wenn ja, wäre es alles andere als klug, an ihm vorbeizugehen, da eine solche Person möglicherweise in der Lage wäre, sich genau die benötigte Hilfe zu leisten.

Dave achtete auf jeden Schritt und näherte sich allmählich dem Lagerfeuer. Es gab eine kleine, trockene Lichtung, die von einer Reihe niedriger Felsen gesäumt war, und hinter diesen Felsen kauerte der junge Jäger. Der Anblick, der sich seinem Blick bot, faszinierte ihn.

Das Lagerfeuer in der Mitte der Lichtung war in zwei Teile geteilt, einen im Osten und einen im Westen. Das im Osten war mit scharfen Pflöcken besetzt, während sein Gegenstück zum Kochen benutzt wurde.

Um beide Lagerfeuer herum befanden sich jeweils etwa dreißig Indianer; Alle sind mit ihren Klecksen aus roter, blauer und gelber Kriegsbemalung und ihren Kronen aus bunten Federn und Schnüren aus Tierzähnen und menschlichen Skalps mehr als gewöhnlich abscheulich. Die Rotmänner waren um die Lagerfeuer herummarschiert, aber jetzt blieben sie stehen und sanken alle im Schneidersitz auf den Boden.

Plötzlich, nach einer Sekunde des Schweigens, sprang ein großer und aufrechter Indianer auf und streckte die Arme in voller Länge aus, bevor er begann, seinen Körper hin und her zu schaukeln. Dann rannte er zu einem der Feuer und zog einen scharfen Stock aus seinem Platz im Boden und schlug ihm mit der brennenden Spitze auf die Brust.

„Das ist die Angst, die Spotted Wolf vor den Engländern hat", rief er in seiner Muttersprache. „So wie er diesen Pfahl aus der Erde gezogen hat, so wird er die Engländer aus ihren Hütten ziehen und sie auf dem Scheiterhaufen verbrennen. Die Engländer werden beim Klang seines Kriegsgeschreis fliehen, und die Kinder der Engländer werden vor Angst sterben, wenn Er kommt näher. Die Franzosen sind unsere Freunde, aber die Engländer werden unsere Feinde sein, solange einer von ihnen am Leben bleibt. Ich werde vorwärts gehen, um zu töten! Spotted Wolf hat gesprochen.

Er setzte sich, und sofort sprang ein anderer Krieger auf und führte mit einem weiteren brennenden Stock die gleiche Tat durch. „Ich werde Black Eagle genannt", rief er, „weil ich Augen habe, die niemals schlafen, und weil ich eine Kraft habe, die mir von Elk Heart, meinem Vater, und Janassarion , meinem Großvater, der den mächtigen Little Thunder der Delaware erschlug, vererbt wurde." Unsere Medizinmänner haben gesprochen und die Engländer müssen wie Wölfe im Winter vertrieben werden. Wenn wir ihnen dieses Land und den Franzosen das Land im Norden und Westen überlassen, wo wird der Indianer sein Jagdrevier finden, wenn er jagen möchte? Und wo soll sein Wigwam stehen, wenn er sich bei seiner Squaw und seinen Kindern ausruhen würde? Auch ich werde töten und verbrennen, bis unser Land sie nicht mehr kennt! Ich habe die Kraft von zehn weißen Männern und ich werde sie nutzen. Black Eagle hat sie gesprochen."

Er war noch nicht fertig, als zwei andere aufsprangen, gefolgt von anderen, bis fast alle wieder auf den Beinen waren, über ihr angebliches Unrecht redeten, sich ihrer Stärke rühmten und einander versprachen, alles in ihrer Macht stehende zu tun, um alle Engländer auszulöschen Siedler westlich der Blue Ridge Mountains. Die Prahlerei war oft lächerlich, doch es war leicht zu erkennen, dass die Indianer sich in einen Zustand steigerten, in dem sie vor nichts zurückschreckten, um ihr Ziel zu erreichen.

Dave konnte nur wenige Worte von dem verstehen, was gesagt wurde, doch nachdem ihm sein Vater und Sam Barringford solche Szenen beschrieben hatten , wusste er, dass es sich um ein „großes Kriegsgespräch" handelte, wie White Buffalo es nannte. Einmal glaubte er , den Namen seines Onkels Joe gehört zu haben, und sein Herz hörte fast auf zu schlagen. Sicherlich planen sie einen Angriff auf sein Haus, und das schon sehr bald!

„Ich muss zurückkommen und die Warnung aussprechen!" sagte er sich. „Henry wird bei Mrs. Risley sein Bestes geben müssen . Wenn sie in die Hütte kommen und Onkel Joe töten, was wird dann aus Rodney, Tante Lucy und der kleinen Nell? Oh, ich muss zurück!"

Er drehte sich um, kroch vorsichtig von der Stelle, und als er wieder im Wald war, begann er zu rennen, wobei er die Waffe über die Schulter gehängt und die Hände vor sich ausgestreckt hatte, um nicht auf ein Hindernis zu stoßen. Mehr als einmal prallte er gegen einen Baum oder fiel über freiliegende Wurzeln und raubte ihm den Wind. Aber er rappelte sich immer wieder auf und ging mit unverminderter Geschwindigkeit weiter. Tatsächlich wurde seine Angst, dass in seiner Abwesenheit etwas passiert sein könnte, umso größer, je näher er seinem Zuhause kam, und schließlich flog er, als er vertrautes Terrain erreichte.

„Hallo! Wer geht da hin?"

Es war ein Ruf aus nächster Nähe, der Dave zusammenzucken ließ, als wäre er von einer Schlange gestochen worden. Er wirbelte herum und erblickte hinter einem Baum einen Mann mit einer gezielten Waffe in der Hand.

„Nicht schießen!" rief er, denn er glaubte, die Stimme zu kennen. „Sind Sie das, Mr. Risley ?"

„Ja. Dave Morris, nicht wahr?"

"Ja." Dave rannte dem Engländer entgegen. „Sag mir schnell, ist bei uns zu Hause alles in Ordnung?"

„Als ich vor etwa einer Stunde ging, war alles in Ordnung, Junge. Aber dein Onkel hatte mit Hans Lomann gesprochen und gesagt, der Deutsche hätte von einem Indianeraufstand gehört."

Daraufhin seufzte Dave erleichtert. Aber sofort sank sein Herz bei dem Gedanken an die Neuigkeiten, die er seinem Freund mitteilen musste.

„Überall in diesem Teil des Landes erheben sich die Indianer. Sie haben Ihre Hütte angegriffen."

„Meine Hütte!" Der Engländer konnte die Worte kaum aussprechen. „Davy, ist es die Wahrheit? Und was ist mit meiner Frau – sag es mir schnell!"

„Ihre Frau ist in Sicherheit, obwohl sie einen Pfeil durch die Schulter bekommen hat. Die Rothäute haben die Hütte angegriffen und in Brand gesteckt. Sie ist aus einem Heckfenster gesprungen und hat sich im Milchhaus versteckt. Henry und ich kamen gerade rechtzeitig herauf." Bring sie in den Wald. Wir rannten so weit wir konnten, und dann wurde sie ohnmächtig. Henry sagte, er würde bei ihr bleiben und sagte mir, ich solle herkommen und Alarm schlagen. Wir hatten Angst, dass die Indianer unser Haus angegriffen hätten, obwohl wir es nicht taten Ich habe weder Schüsse gehört noch Feuer gesehen.

„Dann ist die Hütte zerstört? Aber egal. Sind Sie sicher, dass die Wunde nicht tödlich war?“

„Ganz sicher, denn Henry hat es angezogen, so gut er konnte. Aber sie war sehr geschwächt, weil sie so lange im Wasser unter dem Boden des Milchhauses gelegen hatte.“

„Und wo sind sie jetzt?“

„Etwa eine Meile oder mehr von hier entfernt – in diese Richtung. Aber Sie sollten vorsichtig sein. Hier sind überall Indianer – eine Bande drüben hält eine Kriegsrede – und ich bin sicher, sie werden Ihnen keine Gnade zeigen, wenn …“ Sie fangen dich.

Der Engländer nickte ein halbes Dutzend Mal. „Ich weiß es, Junge, ich weiß es. Sie sind eine blutrünstige Gruppe. Manchmal tut es mir leid, dass ich in dieses Land gekommen bin, um mich unter ihnen niederzulassen. Aber die Zeiten waren schlecht bei uns im alten England und wir mussten etwas tun. Aber du.“ „Du wirst mich zu meiner Frau bringen, nicht wahr? Das ist doch ein mutiger Junge.“

„Ich – ich weiß nicht“, stockte Dave. Er konnte es immer noch kaum erwarten, nach Hause zu gehen. „Vielleicht kannst du sie alleine finden.“

„Ich bin dem nicht gewachsen, Junge – der Wald ist für mich fast so ein Geheimnis wie an dem Tag, als ich hier gelandet bin. Komm doch, dann können wir alle so schnell wie möglich zu deinem Zuhause zurückkehren.“

Der junge Jäger konnte sehen, dass Uriah Risley zutiefst verzweifelt war, und da er nicht bereit war, das Elend des Mannes noch zu vergrößern, stimmte er zu, umzukehren, obwohl er wusste, dass der Weg voller immer größer werdender Gefahren war. Bald waren sie unterwegs, und so müde er auch war, legte Dave ein Tempo fest, das den Siedler dazu veranlasste, zu schnaufen und zu blasen, um mit ihm Schritt zu halten.

KAPITEL VI

DAS VERSCHWINDEN VON HEINRICH

Man muss zugeben, dass Daves Herz alles andere als leicht war, obwohl er schnell ging. So sehr er das Thema auch drehte, er spürte es „in seinen Knochen", wie er später erklärte, dass ein großer Aufstand unmittelbar bevorstand und dass dies die Auslöschung aller Pioniere im Umkreis von Dutzenden Meilen bedeuten könnte.

„Die Soldaten im Will's Creek Fort und in Winchester sollten davon wissen", bemerkte er gegenüber Uriah Risley . „Jemand muss die Nachricht überbringen."

„Vielleicht hat das schon jemand gemacht", war die Antwort des Engländers. Er seufzte. „ Die Hütte liegt also auf dem Boden. Pech! Es war ein trauriger Tag, als ich mich nach vorne drängte, anstatt in der Nähe von Winchester Boden zu gewinnen, wie die gute Hausfrau es wollte." Und er schüttelte traurig den Kopf.

Als er sich der Stelle näherte, an der er Henry und Mrs. Risley zurückgelassen hatte , achtete Dave sorgfältig darauf, den Lagerfeuern der verschiedenen Indianer, denen er begegnet war, auszuweichen. Das war keine leichte Aufgabe und mehr als einmal waren sie beinahe in ein „Hornissennest" geraten, wie er es nannte.

Einmal stieß Uriah Risley einen Alarmschrei aus und war kurz davor, seine Schusswaffe abzufeuern. Ein Wolf war ihnen in der Dunkelheit über den Weg geschlichen und der Engländer nahm die Gestalt eines schleichenden Indianers an.

„Ein Rothäuter! Er wird uns skalpieren!" schrie er und wollte gerade abdrücken, als Dave ihn aufhielt.

„Nein! Nein! Es ist nur ein Wolf!" rief der Jüngling. „Verschwenden Sie nicht Ihr Pulver und Ihre Kugel. Außerdem wird ein Schuss jeden Indianer im Umkreis von einer Viertelmeile erregen."

„Ein Wolf? So muss es gewesen sein." Uriah Risley holte tief Luft und senkte seine Muskete. „Er hat mir einen großen Schrecken eingejagt, das muss ich schwören."

„Still! Es geht nicht, so laut zu reden ", fuhr der Junge fort. „Soweit wir wissen, könnten die Indianer uns verfolgen und jederzeit bereit sein, sich auf uns zu stürzen."

Diese Worte veranlassten den Engländer, besorgt zurückzublicken und schneller als je zuvor weiterzueilen. „Es ist ein scheußlicher Wald ", sagte er. „Ich wünschte, wir wären da raus."

„Hier sind wir sicherer als auf einer Lichtung", lautete die Antwort. „Kommen Sie dicht hinter mich und bleiben Sie ruhig, dann sind wir sicher."

Sie gingen immer weiter. Daves untere Gliedmaßen schmerzten und zitterten unter ihm, denn er war mittlerweile fast erschöpft und nur seine Willenskraft hielt ihn aufrecht. Langsam erklommen sie die letzte Anhöhe. In der Ferne glühte die erlöschende Glut eines Lagerfeuers.

„Da ist ein Nest der Rothäute", sagte der Junge, während er einen Moment innehielt. „Aber es sieht so aus, als hätten sie den Ort verlassen."

„Dann müssen wir doppelt vorsichtig sein, Junge. Sie könnten in dieser Gegend verstreut sein."

„Du hast Recht. Aber ich hoffe nicht, denn wir sind jetzt nahe an dem Ort, an dem ich deine Frau und Henry zurückgelassen habe."

Mit erhöhter Vorsicht kroch Dave noch ein paar hundert Fuß vorwärts. Dann blieb er stehen und spähte verwirrt um sich.

„Was ist los, Junge?"

"Sie sind weg!"

"Gegangen?"

„Ja, weg."

„Sind Sie sicher, dass dies der richtige Ort ist?"

„Das bin ich. Ich weiß es gut, an diesem umgestürzten Baum und diesem Felsen. Sie sind in ein anderes Viertel gezogen – sonst –"

„Oder die Rothäute haben sie angegriffen und verschleppt", schloss Uriah Risley . Er stöhnte. „Oh, Junge, was soll man jetzt am besten tun? Sag es mir, denn du kennst dich mit solchen Dingen besser aus als ich."

„Ich – ich weiß nicht, was ich tun soll", stockte der junge Jäger und starrte zuerst auf den hilflosen Mann vor ihm und dann auf die düstere Umgebung. „Warte einen Moment und behalte deine Waffe in der Hand. Aber erschieße mich, Henry oder deine Frau nicht aus Versehen."

ließ Risley in der Mitte der kleinen Öffnung zurück und begann, in einem weiten Kreis herumzulaufen. Er tat dies mit äußerster Vorsicht, senkte den Kopf dicht über den Boden und beobachtete mit den Augen jede Wurzel und jeden Stein, der seinen Weg versperrte. Dann machte er einen weiteren, noch größeren Kreis und kam schließlich dorthin zurück, wo sein Begleiter stand, das Bild des Elends und der Verzweiflung.

„Ich habe nichts gefunden", antwortete er auf die Frage des Engländers. „Sie sind weg, und ich glaube nicht, dass es in unserer Nähe noch Indianer gibt. Ich werde ein Feuer machen und es riskieren."

Er holte seinen Feuerstein und Zunder hervor und hatte bald ein kleines Licht, das er auf einige trockene Blätter und dann auf einen Holzstab, der mit Kiefernpech gefüllt war, anbrachte. Letzterer war eine recht gute Taschenlampe, die er nahe am Boden hielt und mit der Suche fortsetzte.

Plötzlich stieß er einen Schreckensschrei aus. Er war an eine Stelle gekommen, wo der Boden von vielen Fußspuren zerrissen war. Ganz in der Nähe stand eine weiße Birke und auf ihrer Rinde waren mehrere tiefrote Flecken.

„Es hat einen Kampf gegeben", sagte er, als Uriah Risley näher kam. „Sehen Sie, wie sie gekämpft haben. Auf dem Baum klebt Blut und ein Stück Stoff ist von Henrys Jacke gerissen – oder besser gesagt, der Jacke, die ich ihm hinterlassen habe." Dave schauderte tief. „Ich – ich frage mich, ob Henry tot ist?"

„Meine Frau, mein armer, armer Caddy!" stöhnte Uriah Risley und bedeckte für einen Moment sein Gesicht mit seinen Händen. „Oh, Junge, das ist ungeheuerlich, ungeheuerlich! Der Himmel stehe ihr bei, wenn sie in der Macht solcher Wilden ist!"

„Ja, der Himmel stehe ihnen beiden bei", erwiderte Dave.

Mit der Fackel in der Hand folgte der Junge einer blutigen Spur durch den Wald, bis sie plötzlich an einem der zahlreichen Bäche in der Umgebung endete. Hier blieb er stehen, und als Risley zu ihm zurückkehrte, starrten sich beide ausdruckslos an.

"Also?" sagte der Engländer.

„Sie sind flussaufwärts oder flussabwärts gegangen", antwortete Dave. „Aber in welche Richtung, kann ich nicht sagen. Aber eines ist sicher: Keiner von ihnen wurde getötet."

"Wie kannst du das Wissen?"

„Wenn sie es wären, hätten wir ihre Leichen finden sollen. Die Indianer hätten sich nicht die Mühe gemacht, sie wegzutragen. Sie würden sie einfach skalpieren und es dabei belassen."

„Vielleicht haben sie die – die Leichen ins Wasser geworfen."

Dave schüttelte den Kopf. „Nein, ich bin mir ziemlich sicher, dass sie sie als Gefangene verschleppt haben."

Es entstand eine unangenehme Pause und in Daves Hals entstand so etwas wie ein Kloß. Wenn Henry ein Gefangener war und die Indianer sich auf dem Kriegspfad befanden, konnte dies für den Jugendlichen nur eines bedeuten: Verbrennung auf dem Scheiterhaufen oder ähnliche Folter. Das Schweigen wurde von Uriah Risley gebrochen .

„Es ist eine brennende Schande, Junge, eine Empörung. Aber was können wir jetzt tun?"

„Ich weiß nicht, was ich tun soll, außer nach Hause zu gehen und Alarm zu schlagen. Es nützt nichts, hier zu bleiben. Die Indianer könnten mit einem halben Hundert Mann über uns herfallen – genau wie sie höchstwahrscheinlich über Henry und Sie hergefallen sind Gattin."

„Aber – aber ich kann meine arme Frau, meine geliebte Caddy, nicht im Stich lassen. Sie bedeutet mir alles auf der Welt. Ich würde lieber selbst sterben, als zu sehen, wie ihr ein Haar am Kopf verletzt wird."

ihnen anschließen, erzählen Sie Henry, wie die Dinge stehen. Aber, Mr. Risley , ich möchte Sie warnen , nicht voreilig zu sein, wenn Sie Mrs. Risley in den Händen der Rothäute. Wenn du ihnen die Chance gibst, werden sie dich auf dem Scheiterhaufen verbrennen – und es wird ihr auch kein bisschen helfen."

„Ich werde versuchen, vorsichtig zu sein, Junge. Ich hasse es, wenn du gehst, aber ich nehme an, es ist doch das Beste. Tu, was du kannst, um Mrs. Morris und die kleine Nell und die anderen zu retten. Überlass mir die Fackel. Ich Ich werde ein wenig den Bach hinauf und hinunter gehen und nachforschen.

Noch eine Minute, dann hatten sie sich getrennt und schüttelten sich auf eine Art und Weise die Hand, die viel bedeutete. Vielleicht würden sie sich auf dieser Welt nie wieder begegnen. Dave wandte sich ab und stahl sich schweigend davon, seine Augen starrten geradeaus und sein Hals krampfte sich krampfhaft zusammen. Ach, wie wenig wissen die Jungen von heute, die in ihren komfortablen Häusern leben und von jeglichem Luxus und Komfort umgeben sind, wie viel ihre Urgroßväter von damals in Form von Entbehrungen und Gefahren ertragen mussten!

Dave war so müde, dass er kaum einen Ast nach dem anderen ziehen konnte, und setzte seinen Weg durch den Wald fort. Glücklicherweise war seine „Ortsbeule" gut entwickelt und die Gefahr, dass er sich völlig verirrte, war gering, auch wenn er mehr oder weniger in die Irre gehen könnte. Jetzt fing es wieder an zu schneien, aber es war so warm, dass die weißen Partikel sofort schmolzen, als sie fielen. Nirgends war ein Stern zu sehen und der Weg war schwärzer als je zuvor.

Als er die erste Anhöhe des Geländes erreichte, verspürte der Junge den Drang, sich auszuruhen, und warf sich mit der Muskete auf den Knien zum Fuß eines großen Baumes, bereit zum Einsatz, falls er überrascht werden sollte. Ein- oder zweimal schlossen sich seine Augen, obwohl er sich bemühte, sie offen zu halten. Aber er richtete sich stets auf, entschlossen, unter allen Umständen wach zu bleiben.

„Ich werde nicht ruhen, bis ich weiß, dass alle zu Hause in Sicherheit sind", sagte er sich. „Ich muss irgendwie klarkommen." Und er taumelte auf und setzte seinen Lauf fort.

Er war noch nicht über eine Rute hinweggegangen, als er sah, wie sich etwas Dunkles vor ihm bewegte. Das Objekt sah aus wie ein Indianerpaar, das langsam auf ihn zukam, und sein Herz schlug ihm bis zum Hals. Er hob seine Waffe und zielte darauf.

Doch bevor er zum Schießen aufgefordert wurde, sah er das Objekt deutlicher und stieß einen Freudenschrei aus, senkte seine Waffe und stürmte vorwärts.

„Widgeon!" platzte es aus seinen Lippen, und einen Augenblick später hatte er die Mähne eines von Uriah Risleys Pferden gepackt – eines Tieres, das den Indianern entkommen war, als der Schuppen in Brand gesteckt wurde. „Wo kommst du her? Wie glücklich ich bin, dich zu finden!"

Das Pferd schien Dave zu erkennen, denn er wieherte leise und rieb seine kalte Nase am Jackenärmel des Jungen. An seinem Hals baumelte ein gebrochenes Halfter, aber er besaß weder Sattel noch Zaumzeug. Er war mit kalter Feuchtigkeit bedeckt, was zeigte, dass er nach dem Ausbrechen erheblich gerannt war.

Nachdem er das Pferd gefunden hatte, hellte sich Daves Stimmung ein wenig auf. Er führte das Tier vorwärts und machte sich auf den Weg zu einem neuen Heimweg, der länger war als der, den er eingeschlagen hatte, aber frei von Dickicht und Fallstricken. Sobald er es für sicher hielt, sprang er auf Widgeons Rücken, sprach mit dem Pferd und begann einen gemütlichen Trab, den er später, als der Boden vertrauter wurde, zu einem Galopp steigerte.

Einmal glaubte Dave , die Verfolgung durch Indianer zu hören, hielt sich mit einer Hand an Widgeons Mähne fest und zog mit der anderen seine Waffe. Doch in der Ferne verstummten die Geräusche, und danach kam kein Alarm mehr. Endlich kam er in Sichtweite des Hauses und stellte zu seiner Freude fest , dass es noch so war, wie er es verlassen hatte, ungestört.

Kapitel VII

EINE DOPPELTE WARNUNG

Wie meine alten Leser wissen, befand sich die Hütte der Familie Morris auf einer weiten Lichtung, zwischen einem mittelgroßen Bach und einem Bach, der in den größeren Bach mündete. Als wir es zuvor sahen, war es ein langes, niedriges, aber komfortables Gebäude mit vier Räumen im Erdgeschoss und einem Dachboden unter dem schrägen Dach, der hauptsächlich zur Lagerung von Wintervorräten diente.

Im vergangenen Sommer hatte Herr Joseph Morris die Hütte erweitert, indem er an der Stelle angebaut hatte, an der sich die Küche befand. Dies war jetzt eine neue Küche, während die alte Küche zum allgemeinen Wohnzimmer geworden war. Das sogenannte alte Wohnzimmer war in zwei Schlafzimmer unterteilt worden, sodass das Haus nun nicht nur für die normale Familie, sondern auch für gelegentliche Besucher, die hierher kamen, groß genug war.

Der Einbruch der Nacht machte alle zu Hause gespannt auf die Rückkehr der beiden jungen Jäger. Da sie spürte, dass beide sehr hungrig sein würden, hatte Mrs. Morris ein großzügiges Abendessen zubereitet, von dem alle in der Kabine nach einer Stunde Wartezeit ihren Anteil gegessen hatten. Der Rest köchelte nun im Topf und Kessel, der über dem großen offenen Feuer hing, während Mrs. Morris unruhig umherging, das schmutzige Geschirr wegräumte und hin und wieder aus der Tür in die Richtung blickte, in die es ihrer Meinung nach kommen musste.

„Es ist seltsam, was sie festhält", sagte sie zu den anderen. „Ich vertraue darauf, dass sie nicht in Schwierigkeiten geraten sind."

„Vielleicht haben sie mehr Hirsche erlegt, als sie erwartet hatten", antwortete ihr Mann, der gerade mit einem Eimer Wasser aus dem Brunnen hereingekommen war. „Henry sagte, er sei sich sicher, dass er etwas einpacken würde – und er macht sich selten etwas vor, wenn es um Wild geht. Sie kommen wahrscheinlich mit allem, was sie tragen können."

„Ich wünschte, sie würden Mama noch ein Bärenfell bringen", warf die kleine Nell ein. „Wäre es nicht wunderschön – wenn es zu dem passen würde, das Mr. Washington seinem Cousin Dave überlassen hat?"

„Nein! Nein! Ein Bär könnte ihnen etwas antun!" setzte Mrs. Morris hastig ein. „Es ist eine schlechte Jahreszeit, um gegen solche Biester vorzugehen, das habe ich von Sam Barringford sagen hören."

„Du lässt Henry und Dave in Ruhe, wenn es um jedes Spiel geht", kam von Rodney, der in seinem Sessel in der Nähe des prasselnden Feuers saß. „Na ja, das schlimmste Spiel, dem sie begegnen könnten, wäre nicht halb so schlimm wie die Indianer und Franzosen, denen sie gegenüberstanden, als sie in den Krieg zogen. Du vergisst, Mutter, was für großartige Schützen die beiden sind."

Doch die Mutter wandte sich ab und schüttelte zweifelnd den Kopf. Vielleicht sagte ihr ihr Instinkt, was für ein ernstes Problem ihr bevorstand. Sie schaute noch einmal aus der Tür und sprach mit ihrem Mann.

„Hat James gesagt, wann er zurück sein sollte?"

„Er konnte es nicht sagen, weil er nicht wusste, ob er sein Geschäft sofort abschließen konnte oder ob er auf bestimmte Partys warten musste. Er wird wahrscheinlich erst morgen oder an diesem Tag zurückkommen Danach. Er wusste, dass es keinen Grund zur Eile gab. Wir können im Moment nicht viel auf der Farm tun.

Da sogar selbstgemachte Kerzen knapp waren, verzichtete die Familie auf jegliches Licht, mit Ausnahme des Feuers im großen Schornstein, dessen angenehmes Licht fantastische Schatten auf die Wände warf. Die kleine Nell mochte diese Schatten nicht besonders und bat daher um Erlaubnis, auf Rodneys Schoß klettern zu dürfen.

„Warum natürlich", sagte der Krüppel und nahm sie sofort hoch. Dann bestand sie darauf, dass er eine Geschichte erzählte, „aber nicht über Bären, Wölfe oder Indianer, sondern über eine Fee und eine Prinzessin und ein Schloss voller Gold", und Rodney tat sein Bestes, um die wunderbarste Geschichte seines Gehirns zu erzählen erfinden könnte. Doch lange bevor die gute Fee der Prinzessin einen wunderschönen Prinzen zum Ehemann und dazu noch das Schloss voller Gold geschenkt hatte, schlief die kleine Nell tief und fest, sodass die Geschichte nie zu Ende war.

Als die Nacht voranschritt, begann sogar Mr. Morris seine Besorgnis zu zeigen, und ohne ein Wort zu sagen, holte er seine Muskete über dem Kaminsims hervor und holte sein Pulverhorn und seine kleine Tüte mit selbstgemachten Kugeln hervor.

„Du gehst ihnen nach?" fragte Frau Morris.

„Ich werde noch etwas warten", antwortete er. „Aber ich dachte, ich wäre vorbereitet, für den Fall, dass etwas schiefgehen sollte."

Nachdem sie die kleine Nell ins Bett gebracht hatte, brachte Mrs. Morris ihr Strickzeug zum Vorschein, und eine Zeit lang unterbrach nur das Klicken der polierten Nadeln die Stille. Dann erwachte Rodney, der mit dem Kinn in den Händen dagesessen und die brennenden Holzscheite beobachtet hatte.

„Ich glaube nicht, dass es einen Sinn hat, oben zu bleiben", sagte er. „Meinem Rücken geht es nicht mehr ganz so gut wie gestern. Ich gehe ins Bett", und er schlurfte in das Schlafzimmer, in dem er sich befand. Dieses war der Küche am nächsten auf der Südseite und wurde dem Krüppel gegeben, weil es im Winter wärmer war als die anderen.

Sich selbst überlassen, schien die Zeit für Mr. und Mrs. Morris schwerer denn je zu werden. Alle Gedanken waren auf ihren Sohn Henry und ihren Neffen David gerichtet. Was könnte das Paar halten?

„Sie müssen einen Unfall gehabt haben", sagte der Pionier schließlich. „Vielleicht ist einer von ihnen in ein Loch gefallen und hat sich ein Bein gebrochen. Ich weiß, dass es in der Nähe der Salzlecke mehrere schlimme Fallstricke gibt. Ich denke, ich sollte besser rausgehen und nach ihnen suchen."

Joseph Morris war bald bereit für die Reise und versprach, innerhalb von zwei Stunden zurück zu sein, ob er sie nun antraf oder nicht. Er ritt zu Pferd und ritt Fanny, Daves Lieblingsstute, das Tier, das einst gestohlen und so glücklicherweise wiedergefunden worden war.

Sich selbst überlassen, strickte Mrs. Morris schneller als je zuvor. Aber selbst die fliegenden Nadeln konnten ihre Angst nicht stoppen, und mehr als einmal warf sie die Arbeit nieder, ging zur Tür und blickte ernst in alle Richtungen. Wie dunkel und einsam der mächtige Wald aussah. Irgendetwas ließ sie wider Willen zittern. Sie hörte aufmerksam zu.

Was war das? Ein Geräusch aus großer Entfernung. Als es näher kam , hörte sie die Hufschläge eines Pferdes im Galopp. Sie rannte in die Hütte und bewaffnete sich in echter Pioniermanier mit einer Muskete, bereit, jeden Neuankömmling als Feind zu betrachten, bis er sich als Freund erwies. Schnell kam das Pferd näher und sie erkannte nun einen Jungen, der schwer über dem Hals des Tieres hing.

„Dave! Bist du es?"

„Ja, Tante Lucy", war die Antwort. Der Junge ritt heran und fiel schwer zu Boden. „Seid ihr alle in Sicherheit?"

„In Sicherheit? Natürlich sind wir. Was ist passiert? Wo ist Henry?"

„Ich weiß nicht, wo Henry ist – gerade jetzt. Ich habe ihn im Wald zurückgelassen und für Mrs. Risley getan, was er konnte . Die Indianer umzingelten ihre Hütte und brannten sie nieder, und Mrs. Risley floh zum Milchhaus. Wir rettete sie aus ihrem Versteck im Wasser und brachte sie in den Wald. Dann machte ich mich auf den Heimweg, traf aber Mr. Risley und musste ihn dorthin zurückbringen, wo ich Henry und Mrs. Risley zurückgelassen hatte . Wir konnten ihn nicht finden Einer von ihnen, und es sah so aus, als hätten sie sich gestritten. Mr. Risley blieb, um Nachforschungen anzustellen, und ich kam so schnell ich konnte nach Hause, um Alarm zu schlagen. Die Indianer erheben sich überall und werden jeden massakrieren, den sie finden können Hands on."

Während er redete, taumelte Dave in die Küche und ließ sich schwerfällig auf eine Bank fallen.

„Gnade mit uns, Dave, du meinst es nicht wirklich ernst! Die Risley- Hütte ist niedergebrannt und die Indianer auf dem Kriegspfad! Na, wir werden alle ermordet!"

„Wir werden es schaffen, wenn wir nicht die Mittel ergreifen, uns zu verteidigen, Tante Lucy. Wo sind Vater und Onkel Joe?"

„Dein Vater ist nach Winchester gegangen und wird erst morgen oder übernächsten Tag zurück sein. Dein Onkel ist vor einiger Zeit aufgebrochen, um nach dir und Henry zu suchen. Kommen die Indianer hierher? Erzähl mir von Henry."

So besorgt sie auch war, die gute Frau sah, dass ihr Neffe nicht nur müde, sondern auch hungrig war, und während sie redete, lief sie geschäftig umher und bereitete ihm an der Ecke des Tisches, die dem Feuer am nächsten war, sein Essen zu. Dave verschlang sein Abendessen in kurzer Zeit und erzählte dabei alles, was er zu erzählen hatte. Es erübrigt sich zu erwähnen, dass Frau Morris sehr beunruhigt war. Das laute Reden der beiden erregte Rodney, der aus dem Schlafzimmer anrief, um zu erfahren, was los sei, und als der Krüppel davon erfuhr, verlor er keine Zeit, sich anzuziehen.

„Wenn sie hierher kommen , müssen wir uns so gut wir können verteidigen", sagte Rodney. „Ich kann nicht rennen, aber ich kann ziemlich direkt schießen, und wenn Mutter für uns lädt , können wir ihnen wohl ein paar ziemlich gute Aufnahmen machen. Was wir als Erstes tun wollen, ist, alle Fensterläden fest zu schließen und reinzukommen." so viel Wasser, wie wir können – zum Trinken und zum Löschen von Bränden. Es ist ein Glücksfall, dass Vater diese Bullaugen in das Dach geschnitten hat. Sie werden genau die richtigen Stellen sein, um Indianer zu erlegen."

„Mein Junge, das kannst du nicht!" rief Mrs. Morris in zunehmender Besorgnis. „Selbst wenn dein Vater zurückkommt, was können drei gegen eine Horde Rothäute ausrichten? Sie werden die Hütte in Brand setzen und dich erschießen, sobald du von den Flammen vertrieben wirst."

„Nun, ich halte nichts davon, den Schurken unsere Hütte und unsere Habseligkeiten zu überlassen", erwiderte Rodney hartnäckig. „Ich bin nur ein Krüppel, aber ich bin bereit, bis zum Letzten zu kämpfen. Wie viel können wir mitnehmen, wenn wir davonlaufen? Nicht viel, das kann ich dir sagen."

„Ja, aber unser Leben ist uns wertvoller als unsere Sachen hier", sagte seine Mutter. „Und denken Sie an Nell, Rodney. Wenn sie den Indianern in die Hände fiele –" Mrs. Morris beendete ihre Worte nicht, aber ihre Brust hob sich, und zwei große Tränen traten aus ihren Augen und liefen über ihre Wangen.

„Na ja, du würdest doch nicht gehen wollen, bevor Vater zurückkommt, oder?" fragte Rodney nach einer Pause.

„Er kommt jetzt – zumindest höre ich jemanden zu Pferd!" rief Dave. „Vielleicht ist es ein Indianer", und er griff nach seiner Waffe, die er mitgebracht und neben die Tür gestellt hatte.

Er ging hinaus, und hinter ihm kamen Mrs. Morris und Rodney, jeder mit irgendeiner Schusswaffe. Als der Reiter näher kam , sahen sie, dass es sich tatsächlich um einen Indianer handelte. Aber die weißen Federn und die allgemeine Haltung des Neuankömmlings beruhigten sie bald.

„Weißer Büffel!" rief Dave an und rannte los, um den Indianerhäuptling zu treffen, der seit so vielen Jahren der Freund der Familie war.

"Wie wie!" gab der Indianer zurück und kam direkt zur Kabinentür. „Wo sind mein weißer Bruder Joseph und mein weißer Bruder James?" fragte er besorgt.

„Vater ist in Winchester", antwortete Dave. „Onkel Joseph ist vor einiger Zeit losgezogen , um nach Henry und mir zu suchen. Wir waren auf der Jagd, haben aber herausgefunden, dass die Indianer aufstehen. Weißt du davon, White Buffalo?"

„ Also kennt der weiße Junge die Neuigkeit schon?" White Buffalos Miene verdüsterte sich ein wenig, denn er hatte gehofft, der Erste zu sein, der Informationen überbrachte. „Ja, es ist wahr, sie haben das Kriegsbeil ausgegraben und bereits viele Menschen ermordet. Ich bin gekommen, um Ihnen zu helfen, und ich überbringe eine Nachricht von Kapitän Tanner."

„Und Ihr Stamm – werden sie sich denen anschließen, die sich gegen die Engländer erheben?" fragte Rodney.

Für einen Moment ließ White Buffalo seinen Kopf an die Brust hängen. Dann richtete er sich mit Mühe auf. „Einige der Delawaren sind Narren – sie hören nicht auf White Buffalo, sondern auf Skunk Tail und trinken das Feuerwasser, das ihnen die Franzosen geben. Wir hatten ein Pow-Wow und einige gingen zu den Franzosen und andere zu den Engländern." . Bei Big Tree habe ich achtzehn Tapfere zurückgelassen, die mir folgen und für die Engländer kämpfen werden. Die anderen haben sich Skunk Tail und Fox Head der Miamis sowie den Stämmen unter Rolling Thunder und Canshanran angeschlossen und werden für sich selbst und für die Franzosen kämpfen. Sie denken nicht an Recht oder Ehre, sondern werden verbrennen, morden und stehlen, was sie können. Ein schwarzer Tag und eine schwarze Nacht kommen, und wie sie enden wird, kann nur Er sagen, der das glückliche Jagdrevier regiert.

KAPITEL VIII

ABFAHRT VON ZUHAUSE

Erst als White Buffalo ins Licht des Küchenfeuers kam, sahen sie, dass er verwundet war. Blut tropfte aus einem Pfeil, der in die linke Schulter geschossen wurde. Bei diesem Anblick stieß Mrs. Morris einen leichten Schrei aus.

„Du bist verwundet, Weißer Büffel! Warum hast du das nicht schon früher gesagt? Lass mich es für dich verbinden."

„Kein großer Haufen hat wehgetan", antwortete der Indianer. „Nur wenig hat ihn verletzt." Dennoch war er froh, dass die Dame der Hütte ihn band, woraufhin er sagte, dass es sich besser anfühlte.

White Buffalo hatte dem bereits Erzählten nur wenig hinzuzufügen, außer dass er, als er zur Hütte kam, um eine Warnung auszusprechen, mit einigen rivalisierenden Indianern in Konflikt geraten war, von denen drei versucht hatten, ihn aufzuhalten. Es kam zu einem Nahkampf, und White Buffalo hatte einen Mann durch einen Schlag seines Tomahawks zu Boden geschleudert und über einen zweiten so geritten, dass sich der Feind danach nicht mehr gerührt hatte. Die Pfeilwunde war schon vorher eingetreten, aber der Häuptling hatte sie erst einige Zeit später bemerkt.

Das fortgesetzte Reden hatte die kleine Nell aufgeweckt und nun kam sie in ihrem weißen Gewand aus dem Schlafzimmer gerannt und bettelte, was los sei. Sie schrie auf, als sie den Indianer sah, erholte sich aber schnell, als sie den Weißen Büffel erkannte.

„Ich dachte, es wäre einer der bösen Indianer", sagte sie auf ihre einfache Art. „Ich habe keine Angst vor dir, White Buffalo, oder?"

„Weißer Büffel bin froh, dass das nicht der Fall ist", antwortete der Häuptling und nahm sie bei der Hand. „Der Weiße Büffel würde der kleinen Nell kein einziges Haar krümmen", und er streichelte liebevoll den Lockenkopf.

„Sie sagten, Sie hätten eine Nachricht überbracht", warf Rodney plötzlich ein. "Wo ist es?"

Aus seinen Federn zog White Buffalo ein einzelnes Blatt Papier hervor. Es war mit einem hastigen Gekritzel bedeckt, das wie folgt lautete:

> „ FREUND MORRIS : Die Indianer erheben sich. Ich halte es
> für das Beste, dass sich alle Siedler in dieser Umgebung in

Fort Lawrence versammeln, um sich in Sicherheit zu bringen Es heißt, dass auch Risleys Hütte brennt.

„ JOHN SMITH TANNER. "

„Captain Tanner möchte, dass wir uns aus Sicherheitsgründen in Fort Lawrence versammeln", sagte Dave, nachdem er der Lesung seines Cousins zugehört hatte. „Ich glaube, Tante Lucy, er hat recht. Der Aufstand ist so weit verbreitet, dass es tollkühn wäre, hier zu bleiben. Wir könnten –"

Der Junge brach ab und rannte zur Tür. Aber White Buffalo war ihm voraus. Beide hatten das Herannahen eines Pferdes gehört. Es war Joseph Morris, der zurückkam, und er war allein.

„Gott sei Dank bist du in Sicherheit!" rief der Pionier, als er zu Boden sprang und in die Kabine kam. „Ich hatte Angst, dass ihr alle ermordet werdet. Also ist Dave hier. Wo ist Henry?"

„Weg", antwortete Dave. „Sie haben nichts von ihm oder von Mrs. Risley oder ihrem Mann gesehen?"

„Das habe ich nicht. Aber ich habe Indianer gesehen – Hunderte von ihnen. Sie sind auf dem Kriegspfad. Wir müssen hier raus. Wir haben keinen Moment zu verlieren."

„Oh, Vater!" Der Schrei kam von Mrs. Morris und sie klammerte sich eng an ihren Mann, während die kleine Nell wild schluchzte. „Müssen wir alles – alles zurücklassen?"

„Alles außer dem, was wir bequem zu Pferd transportieren können , Lucy. Ich glaube, die Rothäute werden innerhalb einer Stunde hier sein."

Es vergingen nur noch ein paar hastige Worte, und Joseph Morris warf einen Blick auf die Notiz, die White Buffalo mitgebracht hatte. Der Indianer sah sehr ernst aus.

„Mein weißer Bruder Joseph wird nach Fort Lawrence gehen?" er fragte.

„Ja. Ich sehe keinen anderen Weg. Ich würde lieber zum Fort bei Will's Creek gehen, aber die Indianer verdecken diese Spur bereits. Du wirst uns treu bleiben, White Buffalo, nicht wahr?"

"Zum Tod."

Der Pionier ergriff herzlich die Hand des Häuptlings. „Ich wusste, dass ich mich auf dich verlassen kann. Wo sind die Mutigen unter dir?"

„Zwei Meilen von hier entfernt – am Großen Baum. Sagen Sie mir, wo ich Sie treffen werde und ob White Buffalo dazu in der Lage ist. " Es soll getan werden."

„Wir werden über den Bach nach Fort Lawrence gehen – vorbei an der Stelle, an der Sie und ich vor zwei Wintern die Bärin und ihre beiden Jungen erschossen haben. Treffen Sie mich auf diesem Weg. Beeilen Sie sich, denn wir brauchen Sie vielleicht dringend."

Ohne ein Wort sprang White Buffalo aus der Hütte und einen Moment später hörten sie, wie er mit der höchsten Geschwindigkeit, die sein Pferd erreichen konnte, davonritt.

In der Kabine herrschte nun große Verwirrung. Da sie wusste, dass sie wirklich gehen musste, machte sich Mrs. Morris daran, ihre wertvollsten Sachen in mehreren Bündeln zusammenzupacken, die sie zu Pferd tragen konnte. So gut er konnte, half Rodney ihr, und auch die kleine Nell half ihr, um die wenigen kostbaren Spielsachen zu retten, die sie besaß, darunter auch die Puppe, die White Buffalo für sie angefertigt hatte. Der guten Frau schmerzte das Herz, als sie erkannte, wie wenig sie tragen konnte und wie viel von allem, was ihr lieb war, zurückgelassen werden musste, damit die Indianer es verbrennen oder plündern konnten.

Während dies in der Hütte geschah, rannte Dave zum Nebengebäude, wo er die verschiedenen Pferde hervorholte und sie sattelte und zügelte. Dann ließ er das Vieh raus und trieb die Kühe in den Wald, damit sie sich selbst bewegen konnten. Er wollte die Kühe mitnehmen, aber sein Onkel bezweifelte, dass dafür Zeit wäre.

Während die anderen arbeiteten, überprüfte Joseph Morris alle Schusswaffen und machte sie einsatzbereit. Dann ritt er um die Lichtung herum, um herauszufinden, ob der Weg, den er White Buffalo erwähnt hatte, noch benutzt werden konnte.

„Komm, wir müssen gehen!" er weinte plötzlich. „Hork, hörst du nicht das ferne Kriegsgeschrei? Die Indianer rücken vor. Wenn wir noch fünf Minuten warten, sind wir vielleicht verloren!"

Aus der Hütte kamen Mrs. Morris, Rodney und die kleine Nell mit den verschiedenen Bündeln, die sie zusammengestellt hatten. Die kleine Nell weinte kläglich und die stillen Tränen liefen über Mrs. Morris' Wangen.

Glücklicherweise gab es für alle Pferde und für einige der Bündel ein zusätzliches Tier. Letztere wurden in aller Eile justiert und befestigt.

„Nun, Dave, geh voran", sagte Joseph Morris. „Ich werde die Dinge in Ordnung bringen, damit die Rothäute getäuscht werden, wenn sie auftauchen."

„In Ordnung, Onkel Joe. Aber bleib nicht zu lange zurück", war die Antwort des Jungen.

Auf seiner Lieblingsstute Fanny führte Dave die stille Prozession über die Lichtung und in den Wald. Sobald es möglich war, schlug er in den Bach ein, damit ihre Spur vom Wasser verdeckt würde. Er kannte diesen Weg gut, also gab es kein Zögern. Hinter ihm kamen Mrs. Morris und die kleine Nell, und Rodney bildete mit dem zusätzlichen Pferd die Nachhut. Jeder trug alles, was möglich war, aber die Jugendlichen hatten ihre Bündel umgeschnallt, damit sie freie Hände für ihre Waffen hatten, falls sie die Waffen benutzen wollten.

Sich selbst überlassen, schloss Joseph Morris die Fensterläden der Hütte und dämpfte das Feuer mit Asche. Dann rannte er auf den Dachboden, öffnete eines der Bullaugen im Dach und legte den glänzenden Lauf einer alten Muskete hinein, die ihre besten Tage schon längst hinter sich hatte. Hinter der Muskete stellte er ein Kissen aufrecht und darauf einen alten Hut.

Als er die Hütte verließ und wegging, warf er einen Blick zurück auf seine Puppe und ein Lächeln erhellte sein gebräuntes Gesicht. Aus der Ferne sah es genauso aus wie jemand, der Wache hielt.

eine Weile täuschen ", war sein geistiger Kommentar. „Und auch ein bisschen Zeit ist besser als nichts", und er ritt schnell hinter den anderen her.

Er war bald bei ihnen, denn aufgrund der Bündel und Rodneys Zustand konnten sie nicht so gut vorankommen, wie sie es sich gewünscht hatten. Fort Lawrence war gut zwölf Meilen entfernt, und obwohl es wünschenswert war, diesen Ort vor Tagesanbruch zu erreichen, war es fraglich, ob sie die Entfernung schaffen würden.

„Wenn wir die Festung nicht bis fünf Uhr erreichen können , bleiben wir am besten im Wald, bis es wieder dunkel wird", sagte Mr. Morris. „Denn bis zum Morgen wird die Festung höchstwahrscheinlich umzingelt sein, selbst wenn die Rothäute im Versteck bleiben."

„Ich frage mich, was Vater tun wird", kam von Dave.

„Oh, er wird genug wissen, um auf sich selbst aufzupassen, Dave. Denken Sie daran, er ist der beste Grenzgänger in der ganzen Familie."

„Ja, Onkel Joe, das stimmt, aber wenn er denkt, wir seien in der Hütte und in Gefahr, könnte er etwas Unüberlegtes tun, um uns zu retten."

„Sobald Sie in der Festung in Sicherheit sind , werde ich sehen, was getan werden kann, nicht nur für ihn, sondern auch für Henry und die Risleys . Ich fürchte, Henry hatte ernsthafte Probleme. Vielleicht ist er tot", und Joseph Morris schüttelte seine Hand Kopf traurig.

So leise wie möglich drängten sie bis zu dem Punkt vor, an dem White Buffalo versprochen hatte, ihnen mit seinen Tapferen entgegenzutreten. Zu müde, um wach zu bleiben, war die kleine Nell in den Armen ihrer Mutter eingeschlafen, aber die anderen waren hellwach.

Plötzlich traf ein entfernter Gewehrschuss ihre Ohren. Ein weiterer folgte, und dann ertönte ein wildes Jubeln und Schreien, das zehn Minuten oder länger anhielt. Als es anfing, rief Joseph Morris Halt, forderte die anderen jedoch bald auf, weiterzumachen.

„Sie haben die Hütte angegriffen", sagte er traurig. „Diese Schüsse waren wahrscheinlich auf die Attrappe gerichtet, die ich aufgestellt habe. Sie werden wegen der List fürchterlich wütend sein und zweifellos ihr Bestes tun, um uns zu folgen. Wir dürfen unterwegs keine Zeit verlieren."

„Werden sie nicht wissen, dass wir nach Fort Lawrence unterwegs sind, und versuchen, uns aufzuhalten?" fragte Rodney.

„Das lässt sich nicht sagen, mein Sohn. Wir müssen uns auf das Glück und unsere Fähigkeit verlassen, ihnen zu entgehen."

Es dauerte nicht lange, bis in der Richtung, in der sich die Hütte befand, ein roter Glanz am Himmel erschien. Alle wussten, was das bedeutete, aber niemand sagte ein Wort, aus Angst, zusammenzubrechen. Aber Joseph Morris biss die Zähne auf eine Weise zusammen, die nur allzu deutlich zeigte, was in seinem Kopf vorging. Wenn er die Chance dazu hätte, würde er die Indianer teuer für die Zerstörung seines Eigentums bezahlen lassen.

Plötzlich zog Dave die Zügel an und richtete seine Waffe auf eine Gestalt, die unter einem Baum vor ihm stand. Aber die Gestalt hob einen Arm und wedelte vertraut damit, und die Waffe fiel auf die Seite des Jungen. White Buffalo erwartete sie mit elf seiner besten Krieger. Die anderen Mitglieder des Stammes waren zum Feind übergelaufen.

„Meine weißen Freunde kamen nur langsam hoch", sagte der Häuptling. „Sie haben wertvolle Zeit verloren. Der Feind ist auf allen Seiten. Es wird keine leichte Aufgabe für White Buffalo sein, seine Freunde zur Festung zu führen."

„Wir haben uns so beeilt, wie wir konnten", sagte Rodney. Der raue Ritt machte sich langsam bemerkbar und er war fast bereit, vor lauter Schwäche aus dem Sattel zu steigen.

Es folgten noch ein paar Worte, und der Weg durch den Wald wurde wieder aufgenommen, wobei einige der Indianer vorausgingen und andere, darunter White Buffalo, die Nachhut bildeten, um den Vormarsch derjenigen aufzuhalten, die der brennenden Hütte folgen könnten.

Sie waren noch zwei Meilen von der Festung entfernt, als einige der Indianer an der Spitze einen Warnton ertönen ließen. Aber das war nicht nötig, denn

eine Minute später trafen sie auf einen Nachbarn, der ebenfalls auf dem Weg
zur Festung war. Dieser Nachbar hatte seine beiden Söhne, zwei Töchter
und seine kranke Frau bei sich, die sie auf einer Sänfte trugen.

„Noch keine Indianer hier", sagte der Nachbar, dessen Name Larkwell war .
„Aber sie kommen so schnell sie können. Wir können die Festung nicht so
früh erreichen."

KAPITEL IX

VERSAMMLUNG IN FORT LAWRENCE

Fort Lawrence war nur dem Namen nach kaum mehr als eine Festung. Es handelte sich um einen von den Morrises und anderen Bewohnern in einem Umkreis von ein bis zweiundzwanzig Meilen ausgewählten Ort, an dem sie sich jederzeit aus Sicherheitsgründen versammeln konnten, wenn der Weg nach Will's Creek oder Winchester abgeschnitten sein sollte.

Die Festung befand sich an einer Stelle, an der zwei kleine Bäche zusammenflossen. Hier waren Reisig und Bäume auf einer Strecke von etwas mehr als einem Hektar abgeholzt worden. Einige Bäume, die im Halbkreis von einem Bach zum anderen liefen, waren stehen geblieben, und dazwischen war ein grober Zaun aus Baumstämmen gepflanzt worden, zehn bis zwölf Fuß hoch und an der Spitze spitz. Entlang der beiden Wasserläufe befanden sich eine Reihe rauer Felsen, auf die andere Felsen gelegt worden waren, wodurch eine Barriere entstand, die fast so hoch war wie die gegenüberliegende hölzerne Barriere. In der hölzernen Umzäunung und zwischen den Felsen waren Bullaugen angebracht, damit die Bewohner mit ihren Schusswaffen jeden Zugangsweg kontrollieren konnten. Zu dem Ganzen gab es ein grobes Tor, aber bis jetzt gab es kein Tor, das weiter entfernt war als ein schweres Reisig, das bequem in der Nähe aufgestapelt war – Dornengestrüpp, das alle Indianer verachteten.

Bisher hatten sich in der Festung sechs Familien versammelt, bestehend aus acht Männern und sieben Frauen, mit fünfzehn Kindern jeden Alters, von Jungen und Mädchen in Daves Größe bis hin zu Säuglingen im Arm. Diese Pioniere hatten alle irdischen Besitztümer mitgebracht, die sie oder ihre Lasttiere tragen konnten, und diese Güter waren nun hoch in der Mitte des Palisadenzauns aufgetürmt, wo sich zwischen den Felsen so etwas wie eine Mulde befand. Hinter diesem Haufen befand sich eine zweite Mulde, grob mit Ästen gedeckt, und hier versammelten sich die Frauen und die kleineren Kinder, wobei die Kleinen entweder tief und fest schliefen oder schrill nach den Annehmlichkeiten riefen, an die sie gewöhnt waren.

Unter den Männern war Kapitän John Smith Tanner, ein Virginianer mit gemischtem englischen und deutschen Blut. Kapitän Tanner hatte bei Braddocks Niederlage unter Washington gekämpft und auch bei mehreren Indianeraufständen gute Arbeit geleistet, was ihm den militärischen Titel eingebracht hatte, der jedoch nicht den Truppen des Königs, sondern der örtlichen Miliz verliehen wurde. Der Kapitän war ein durch und durch Hinterwäldler, Junggeselle und ein Mann, der bei fast allen, die ihn kannten, sehr beliebt war.

Wie wir wissen, war es Kapitän Tanner, der die Nachricht über White Buffalo an Joseph Morris' Haus geschickt hatte, und nun warteten er und mehrere andere Siedler gespannt auf das Erscheinen nicht nur dieser Freunde, sondern auch von fünf anderen Pionieren, darunter Uriah Risley . Acht Männer, die sowohl die Palisaden als auch die Felsen verteidigten, waren nicht viele, und der Kapitän war der Meinung, dass es schnell zu einer Krise mit den Weißen kommen würde, wenn der Feind in großer Zahl auftauchen würde.

„ Irgendwer, Kumpel „ Komm !“, rief plötzlich einer der Beobachter. „Ein Indianer!“

„Können Sie ihn erkennen?“ fragte den Kapitän, aber bevor die Frage ganz beendet war, fuhr der Beobachter fort:

„Es ist White Buffalo und ein paar Weiße bei ihm.“

Einen Augenblick später kamen die Morrises und Larkwells in Sicht, und das Dornengestrüpp wurde beiseite gezogen, damit sie das Gehege betreten konnten. Die Gruppe ritt einer nach dem anderen herein, Joseph Morris war der letzte, der eintrat. Rodney war so müde und erschöpft, dass er nicht stehen konnte, und Dave führte ihn zu einem Sitz auf einem Baumstumpf und half dann seiner Tante und der kleinen Nell beim Aussteigen.

„Oh mein Gott! Wo sind wir?“ rief das kleine Mädchen, das gerade aufgewacht war. „Ich dachte, ich wäre zu Hause im Bett!“

„Du bist bei Mama in Sicherheit, Liebes“, antwortete Mrs. Morris und umarmte sie fest. „Wir sind zur Festung gekommen, um den bösen Indianern zu entkommen.“

„Und ich habe die ganze Zeit geschlafen? Wie lustig!“ Die kleine Nell starrte um sich. „Oh, da sind Mary Lee und Martha Brownley!“ sie ejakulierte. „Ich werde Gesellschaft haben, nicht wahr?“

„Ja“, antwortete ihre Mutter und sie schlossen sich ihren Nachbarn an – wenn man die Meilen entfernt lebenden Menschen als solche bezeichnen könnte.

Die Frau auf der Sänfte, um die sich gekümmert wurde, versammelten sich alle „Männer“, darunter auch einige, die kaum mehr als Jungen waren, um einen Aktionsplan auszuarbeiten und zu entscheiden, was mit White Buffalo und seinen Kriegern geschehen sollte. Der Indianerhäuptling war bereit, ihnen so viel zu helfen, wie es in seiner Macht stand, wollte aber die Palisaden nicht betreten und zog es vor, im Schutz des dahinter liegenden Waldes zu kämpfen.

„Es ist die Art des Roten Mannes ", sagte White Buffalo, „ebenso wie es die Art der Wildkatze ist, in der Dunkelheit zu kämpfen. White Buffalo kann von außen mehr tun als von innerhalb der Festung."

„Ich denke, Sie haben Recht, Injun", antwortete Kapitän Tanner. „Aber jetzt, da Sie eine Botschaft für uns überbracht haben, wünschte ich mir lieber, Sie würden eine andere überbringen."

„White Buffalo wird das Beste für seine weißen Brüder tun."

„Ich möchte Winchester, Colonel Washington, eine Nachricht schicken und ihm mitteilen, wie unsere Lage hier aussieht." Der Kapitän wandte sich an die Menschen um ihn herum. „Ist das nicht ein guter Plan?"

„Das ist es", sagte einer, „aber diese Indianer können uns viel Hilfe leisten — wenn der Feind in großer Zahl über uns herfällt. Sie sollten nicht alle gehen."

Die Angelegenheit wurde besprochen, und schließlich wurde beschlossen, White Buffalo mit zwei seiner Tapferen nach Winchester aufbrechen zu lassen, während die anderen Redmen sich durch die Wälder zerstreuen und bei der Annäherung des Feindes Alarm schlagen konnten. Ein Brief wurde eilig nach Washington geschrieben, und White Buffalo machte sich gerade auf den Weg, als sich im Osten die ersten Morgendämmerungen zu zeigen begannen.

Zum Glück für die Anwesenden hatten einige der Pioniere große Vorräte an Proviant mitgebracht, so dass im Falle einer Belagerung durch die Indianer noch lange niemand hungern musste. Auch Wasser war in ausreichender Menge vorhanden, was sowohl zum Trinken als auch im Brandfall wünschenswert war.

Als der Tag anbrach, atmeten die Bewohner der Festung freier auf, denn sie wussten, dass sie, selbst wenn der Feind auftauchen würde, wahrscheinlich keinen Angriff starten würden, bis sich die Dunkelheit wieder gelegt hätte. In der Zwischenzeit ging die Arbeit zur Verstärkung der Verteidigung stetig weiter, und ein Arbeiter gab erst auf, als er es für notwendig hielt, sich für ein paar Stunden Schlaf hinzulegen.

Die Indianer waren ausgezogen, das Dornengestrüpp war hoch im Tor aufgetürmt, und vorerst schien den Pionieren nichts anderes übrig zu bleiben, als sich hinzusetzen und die Entwicklung abzuwarten. Mehrere Lagerfeuer brannten und darüber wurde eine Morgenmahlzeit gekocht, die allen bis auf ein oder zwei Invaliden reichlich zuteil wurde. Die Versammlung teilte sich in ein halbes Dutzend Gruppen auf, von denen jede mit leiser Stimme über die Interessenten sprach.

Die Morrises waren hauptsächlich um das Schicksal Heinrichs besorgt. Als sie daran dachte, dass ihr Junge vielleicht ermordet und skalpiert worden war, liefen ihr bittere Tränen der Qual über die Wangen, und das Wenige, was die anderen tun konnten, um sie aufzuheitern, war nutzlos.

„Nach dem, was Dave sagt, muss es einen heftigen Kampf gegeben haben", stöhnte sie. „Und höchstwahrscheinlich hat unser armer lieber Henry das Schlimmste davongetragen. Wir werden den tapferen Jungen nie wieder sehen!" Und ihre Tränen brachen erneut hervor.

„Ich würde mich auf die Jagd nach ihm machen, aber ich weiß, dass es so gut wie nutzlos wäre", entgegnete ihr Mann. „Außerdem habe ich in einer Zeit wie dieser das Gefühl, dass mein Platz an deiner Seite ist, und zwar an der Seite von Nell, Rodney und Dave." Und sie musste zugeben, dass das stimmte.

Langsam verging der Morgen. Es hatte aufgehört zu schneien und kein Laut durchbrach die Stille, außer dem sanften Rauschen der Bäche, die sich zwischen den Felsen trafen, und dem Gesang der Vögel im Wald. Kein Hauch von Luft bewegte sich, und als Dave auf einen der Gehölzbäume kletterte, um die Situation zu überblicken, sah es so aus, als ob sich keine Indianer im Umkreis von Meilen um sie herum befanden. Er wusste jedoch, dass dies nicht wahr war, da die Krieger des Weißen Büffels nicht weit entfernt sein konnten und der Feind sicherlich auf dem Weg dorthin war.

„Ich glaube, es ist die Ruhe vor dem Sturm", sagte er zu Rodney, der sich nach mehreren Stunden Ruhe viel stärker fühlte. „Wir werden es umso schlimmer erwischen, wenn es soweit ist."

„Wenn ich nur nicht verkrüppelt wäre", seufzte Rodney. „Ich würde genauso hart kämpfen wie jeder andere . "

„Daran habe ich keinen Zweifel, Rodney. Nun ja, wenn die Zeit gekommen ist, wirst du vielleicht wie jeder von uns deinen Anteil an der Schießerei haben. Du kannst von einem Bullauge aus zusehen, auch wenn du dich dazu hinsetzen musst." Es."

„Ja, ich habe Captain Tanner bereits gesagt, dass ich heute Abend einen dieser Orte am North Brook haben möchte. Ich habe nicht vor, euch die Arbeit machen zu lassen, während ich schlafe. Die Frauen und die Kinder sind die die einzigen, die es ruhig angehen lassen.

„Selbst die Frauen werden alle Hände voll zu tun haben – für uns zu laden – , wenn der eigentliche Angriff beginnt. Die ersten zehn Minuten sind das, was zählt. So war es auch, als die Indianer den Handelsposten meines Vaters angriffen. Wenn wir es nicht getan hätten …" Sie waren von der ersten Minute an heiß, wir hätten sie nie zurückgeschlagen.

Am Nachmittag war alles erledigt, was getan werden konnte, und dann bestand Kapitän Tanner darauf, dass sich die meisten Männer und Jungen zum Ausruhen hinlegen sollten.

„Heute Nacht wirst du nicht schlafen können, also nutze deine Zeit jetzt optimal", waren seine Worte. Dann kletterte er auf den höchsten Baum in der Nähe, um sich lange und sorgfältig umzusehen. Aber diese Umfrage brachte nichts Neues ans Licht.

Es war gerade Sonnenuntergang, als der erste Alarm ertönte. Ein Indianer mit einer weißen Feder wurde gesehen, wie er sich an das Gehege heranschlich. Als der Kapitän sah, dass es sich um einen von White Buffalos Anhängern handelte, schickte er Joseph Morris los, um ihn zu interviewen.

„Die Indianer, die auf der Seite der Franzosen stehen, kommen", verkündete der Krieger. „Sie kommen auf dem Weg, den wir zurückgelegt haben, und auf dem Weg dort drüben", und zeigte mit der Hand. „Sie sind in vier Gruppen, und Grey Tail hat gehört, dass sie heute Nacht zuschlagen werden, wenn die Dunkelheit das Land bedeckt."

Das war alles, was der Indianer sagen konnte, aber es reichte, und Joseph Morris rannte zurück, um Kapitän Tanner und die anderen zu informieren. Die Schlafenden wurden geweckt und jeder Mann und Junge wurde seinem Dienstort zugewiesen.

Wie er es gewünscht hatte, wurde Rodney in die Nähe eines der Bäche gebracht. Der Vater des jungen Mannes stand in einiger Entfernung über ihm und Dave in gleicher Entfernung darunter. Neben Dave kam ein Pionier namens Ike Lee, und die anderen folgten und vervollständigten den Kreis um die Festung. Dann warteten alle gespannt auf das erste Zeichen des vorrückenden Feindes, jeder mit aufs Äußerste angestrengtem Blick und mit dem Finger am Abzug seiner Waffe.

KAPITEL X

Wie es Henry erging

Kehren wir nun zu Henry Morris zurück und finden heraus, was dem jungen Jäger und Mrs. Risley widerfuhr , unmittelbar nachdem Dave den Ruheplatz im Wald verlassen hatte.

Wie wir wissen, war die müde Frau vor Erschöpfung ohnmächtig geworden, und zehn Minuten lang hatte Henry alles getan, um sie wieder zu Bewusstsein zu bringen. Er rieb kräftig ihre Hände und Handgelenke, fächelte ihr Gesicht mit seiner Mütze zu und hatte schließlich die Genugtuung, zu sehen, wie sie die Augen öffnete.

"Oh!" sie murmelte. „Ich – ich – was ist passiert? Bin ich – ich gefallen?"

„Du bist ohnmächtig geworden, schätze ich", antwortete der junge Jäger freundlich. „Der Spaziergang war zu viel für dich."

„Ja – ich hatte das Gefühl, ich könnte keinen Schritt mehr gehen, Henry. Wie ich sehe, sind wir immer noch im Wald. Sind die Indianer in der Nähe?"

„Das glaube ich nicht – zumindest haben wir nichts von ihnen gesehen."

„Wo ist Dave?"

„Er ist weitergegangen, um zu sehen, ob zu Hause alles in Ordnung ist, und ob es Hilfe bringen soll."

„Ich würde mein Bestes geben, um in Ihrer Hütte zu sein", sagte die arme Frau mit einem Seufzer. Sie versuchte aufzustehen, sank dann aber schwer zurück. „Ich – ich – weiß nicht, wie ich gehen soll."

„Sie sollten sich besser noch etwas ausruhen, Mrs. Risley . Es gibt keine große Eile. Es könnte sich lohnen, langsam zu gehen – da so viele Rothäute herumlungern. Sie könnten –"

Henry brach ab und da er glaubte, seine Begleiterin würde gleich etwas sagen, schlug er ihr die Hand auf den Mund. Durch die Stille des Waldes hatte er Geräusche wahrgenommen, die nur eines bedeuten konnten – die Annäherung mehrerer Männer. Einen Augenblick später erhaschte er flüchtige Blicke auf ein flackerndes Licht, das sich näherte.

„Wir müssen uns verstecken!" flüsterte er in Mrs. Risleys Ohr. „Komm, es gibt keine Sekunde zu verlieren!"

„Aber wohin sollen wir gehen?" Sie keuchte und ihr Herz schlug bis zum Hals. „Ich kann keinen Schritt laufen – das bringt mich um!"

Der junge Jäger sah sich ratlos um. Rechts von ihnen wuchs etwas Reisig zwischen einigen spitzen Steinen. Er ergriff die Hand seiner Begleiterin und zerrte sie fast in diese Richtung. Auf den Felsen rutschte Mrs. Risleys Fuß aus und sie stieß einen Schmerzensschrei aus.

„Mein Knöchel – ich habe ihn stark verdreht!"

„Still! Sie werden es hören!" antwortete er, und als er sah, dass sie nicht weitergehen konnte, nahm er sie in seine jugendlichen Arme und trug sie vorwärts. Inmitten einer Büsche legte er sie nieder und warf sich flach neben sie, wobei er gleichzeitig etwas Reisig darüber hielt.

Zu diesem Zeitpunkt war der Lichtschimmer näher gekommen. Es war eine Fackel, die ein großer Indianer in den Händen hielt, der mit großer Sorgfalt die Spur der Weißen verfolgte. Der Indianer hatte sechs Gefährten bei sich, alle entweder mit Gewehren oder Pfeil und Bogen bewaffnet und jeder in seiner Kriegsbemalung abscheulich.

Henry wagte kaum zu atmen und wartete auf ihre Annäherung, während er mit der linken Hand die Büsche festhielt und mit der rechten seine Waffe hielt. Bald waren die Krieger an der Stelle, an der Mrs. Risley ohnmächtig geworden war. Hier blieben sie stehen und begannen leise zu reden.

Es war ein Moment großer Angst, und man muss zugeben, dass Henrys Herz fast aufgehört hatte zu schlagen. Der Krieger mit der Fackel hielt das Licht hoch, und alle in der Gruppe blickten sich mit Augen um, die so durchdringend waren wie die einiger wilder Tiere.

Der Krieger mit der Fackel hielt das Licht hoch.

Einen Augenblick später geschah etwas, das die Schicksalstabelle veränderte. Da sie den Schmerz ihres verdrehten Knöchels nicht ertragen konnte, atmete Mrs. Risley scharf und röchelnd ein, und das Geräusch erreichte die Ohren eines der Indianer. Sofort trat er in diese Richtung und sprach mit der Fackel zu dem Krieger. Drei aus der Bande traten mit schnellen Schritten und gezielten Pfeilen vor. Ein Schrei erklang durch die Luft und verkündete, dass die Versteckten entdeckt wurden.

Als Henry erkannte, dass es sinnlos war, auf dem Boden zu bleiben, sprang er auf. Ein Pfeil zischte an seiner Schulter vorbei und hätte ihn mitten in die Brust getroffen, wenn er nicht zur Seite gesprungen wäre.

Auch er feuerte ab und sah, wie der führende Indianer zu Boden ging, mit einem Schuss in die Brust, einer schweren, wenn nicht sogar tödlichen Wunde. Dann zog er Mrs. Risley auf die Füße.

"Laufen!" er weinte. „Lauf! Das ist deine einzige Chance. Versteck dich im Wald!"

Sie humpelte davon, aber bevor sie ein Dutzend Schritte zurückgelegt hatte, waren zwei der Krieger hinter ihr her und sie wurde gefangen genommen. In der Zwischenzeit zog sich Heinrich in eine Birkengruppe zurück und leistete dort Widerstand gegen die verbliebenen Indianer.

Der Kampf, der nur wenige Minuten dauerte, war ungleich. Ein weiterer Pfeil wurde abgefeuert und streifte seine linke Hand, wodurch das Blut frei floss und die Flecken entstanden, die Dave später entdeckte. Dann kam einer der roten Männer hinter die Bäume und schlug ihn mit der flachen Seite eines Tomahawks. Henry versuchte, sich umzudrehen und sich mit seinem Angreifer auseinanderzusetzen, aber plötzlich verließen ihn seine Sinne und er wusste nichts mehr.

„Es ist einer aus der Familie Morris", sagte der Indianer mit der Fackel in seiner Muttersprache. Er machte eine Untersuchung. „Er ist nicht tot."

„Eine gute Aufnahme", sagte ein anderer. „Wir müssen ihn mitnehmen. Gonawak , du musst helfen, ihn zu tragen."

„Und was ist mit der Frau?" fragte der als Gonawak angesprochene Krieger , der in diesem Gebiet für seine extreme Grausamkeit bekannt ist.

„Talking Deer wird sich um sie kümmern", war die Antwort. „Er soll sich um sie alle kümmern, bis dieser Überfall vorbei ist."

Aber es wurde kaum mehr gesagt, und ein paar Minuten später wurde die bewusstlose Gestalt des jungen Jägers hochgehoben und durch den Wald in Richtung des nächsten Baches getragen. Wie gesagt, Wasser hinterlässt keine Spuren, und aus diesem Grund nutzten die Rotmänner den flachen Bach instinktiv als Fahrbahn.

Als Henry wieder zu sich kam, befand er sich auf dem Rücken eines Pferdes festgeschnallt und bewegte sich langsam westwärts durch den Wald. Die Wunde an seiner Hand hatte ausbluten dürfen. Er fühlte sich sowohl schwach als auch steif und hatte einen dumpfen Schmerz im Kopf, wo der Tomahawk gelandet war und eine große Beule gebildet hatte.

Anhand einer Flamme am Hals des Tieres erkannte Henry, dass das Pferd, auf dem er ritt, einem in der Nähe lebenden Pionier gehörte. Er war in Begleitung von neun Redmen , von denen vier auf gestohlenen Pferden saßen. Daraus schloss er, dass die Risley- Hütte nicht die einzige war, die in dieser tödlichen Nacht angegriffen worden war.

Er sah sich um, konnte aber weder Mrs. Risley noch andere Gefangene entdecken. Er war allein mit den wilden Kriegern, und es war nicht abzusehen, was sie mit ihm vorhatten. Aber er hatte gute Gründe zu der Annahme, dass ihm ein schreckliches Schicksal bevorstand.

„Ich muss weg, wenn ich kann", dachte er. „Sie können nichts anderes tun, als mich zu erschießen, wenn ich versuche zu fliehen, und selbst das wäre besser, als auf dem Scheiterhaufen verbrannt zu werden."

Die Indianer bemerkten nun, dass er das Bewusstsein wiedererlangt hatte, und einer von ihnen ritt näher und sagte scharf:

„Der weiße Jägerjunge muss still bleiben. Wenn ihn ein Schrei trifft!" Und er schwenkte drohend seinen Tomahawk.

"Wo bringst du mich hin?" fragte Henry. Aber der Indianer antwortete nicht und sagte ihm nur, er solle schweigen.

Es wurde schon Morgen, als die kleine Gruppe am Ufer eines breiten Baches anhielt, wo es zwischen den Felsen eine Reihe von Stromschnellen gab. Henry wurde losgelassen und zum Absteigen aufgefordert. Dann wurde er zu einem nahe gelegenen Baum geführt und erneut gefesselt.

„Gibst du mir etwas zu trinken?" fragte er einen der Indianer, aber als Antwort gab ihm der Redman einen scharfen Schlag auf den Mund und sagte ihm, er solle den Mund halten.

Henry litt sehr unter Durst und unter der Wunde an seiner linken Hand, die inzwischen anzuschwellen begann, und beobachtete die Indianer, wie sie eine frühmorgendliche Mahlzeit zubereiteten, denn im Osten zeigte sich jetzt das Licht der Morgendämmerung. Ein Feuer aus sehr trockenem Holz, das wenig Rauch erzeugen würde, wurde angezündet und darüber bereiteten zwei der Rotmänner etwas Hirschfleisch zu, das sie getragen hatten. Der Geruch des gekochten Wildbrets war für Henry verlockend, aber er wusste es besser, als nach einer Portion der Mahlzeit zu fragen. Ein- oder zweimal kamen die Indianer auf ihn zu, aber nur, um ihn zu verspotten und ihn mit ihren Gewehren oder Bögen zu stechen, während einer mit seinem Jagdmesser eine Bewegung machte, als wollte er dem jungen Jäger das Herz herausschneiden.

Während die Indianer mit dem Essen beschäftigt waren, zerrte Henry mit aller Kraft, die er aufbringen konnte, an seinen Fesseln. Aber er war zu schwach, und die Krieger hatten die Rohhäute zu fest gebunden, als dass der Junge sie hätte bewegen können. Er ließ seine Wunde nur erneut aufbrechen und musste dann, fast erschöpft von der Anstrengung, aufhören.

„Entkommen kommt nicht in Frage", dachte er und ein schwerer Seufzer kam über seine Lippen. „Sie werden ein scharfes Auge auf mich haben, bis sie in ihr Dorf zurückkommen, und dann werden sie große Freude daran haben, mich auf jede nur erdenkliche Weise zu foltern. Oh, was für Wilde sie alle sind, jeder einzelne von ihnen!"

Nachdenklich beobachtete Henry die Indianer beim Essen. Als sie fertig waren, kam ein Krieger mit einigen Resten und einem Becher voll schmutzigem Wasser zu ihm.

„Weißer Jägerjunge kann essen", sagte der Indianer und band eine seiner Hände los. Es war alles andere als eine appetitliche Mahlzeit und war ausgesprochen dürftig. Aber es war besser als nichts, und da Heinrich nicht verhungern wollte, aß er alles, was ihm angeboten wurde, und trank das Wasser bis zum letzten Tropfen. Dann wurde seine lose Hand wieder hinter ihm befestigt.

Die Indianer hielten nun eine Beratung ab, saßen dicht an der erlöschenden Glut des Feuers und rauchten ihre langstieligen Pfeifen. Doch wenig von dem, was gesagt wurde, erreichte Henrys Ohren, dennoch verstand er die Worte „großes Fest" und „brennen auf dem Scheiterhaufen", die in der indischen Sprache gesprochen wurden. Dabei musste er trotz aller Bemühungen, seine Gefühle unter Kontrolle zu bringen, schaudern.

„Ich muss weg!" er dachte. „Ich muss! Ich werde nicht zulassen, dass sie mich auf dem Scheiterhaufen verbrennen! Es ist schrecklich. Ich habe alles über den alten Sol Harper und Dick Waterbury gehört und wie sie gelitten haben. Ich würde lieber erschossen werden. Sie werden." -Oh!"

Seine Gedanken fanden ein jähes Ende, und für einen Moment hatte er das Gefühl, er müsse träumen. Sein Blick war zu den Büschen am gegenüberliegenden Bachufer gewandert. Eine weiße Hand wurde warnend erhoben und die Büsche teilten sich langsam und zeigten das Gesicht seines alten Freundes Sam Barringford . Henry nickte, um zu zeigen, dass er den alten Grenzgänger gesehen hatte. Dann schlossen sich die Büsche wieder und Sam Barringford verschwand.

KAPITEL XI

SAM BARRINGFORDS List

Das Erscheinen seines alten Grenzfreundes steigerte Henrys Hoffnungen. Er hatte das Gefühl, dass er sich darauf verlassen konnte, dass Sam Barringford sein Möglichstes für ihn tun würde, um seine Freilassung zu erreichen. Er war sich ebenso sicher, dass Barringford die Band schon seit einiger Zeit verfolgte und versuchte, eine Chance zu bekommen, sich zu stürzen und sich von ihnen zu lösen.

Es stimmte, dass Barringford nur eins gegen neun war und in einem offenen Kampf kaum eine Chance gegen sie gehabt hätte, aber Henry kannte den alten Grenzgänger zu gut, um sich vorzustellen, dass Barringford sich dadurch einem Fehlschuss aussetzen würde, der ihn töten könnte. Sein Freund hatte den Wert eines „Abwartspiels" gelernt und würde nichts Überstürztes tun, es sei denn, der Anlass erforderte es tatsächlich.

Der größte Teil einer halben Stunde verging, und die Indianer blieben noch immer am Lagerfeuer, rauchten und besprachen die Situation. Gelegentlich blickte man zu Henry und hob vielleicht drohend einen Tomahawk, was bedeutete, dass ein Fluchtversuch mit dem Tod bestraft werden würde. Henry schenkte diesen Bewegungen keine Beachtung.

Die Ohren des jungen Jägers waren auf der Hut, denn er rechnete halb damit, dass Barringford hinter ihm auftauchen und seine Fesseln durchtrennen würde. Endlich hörte er seinen Namen mit leiser, zurückhaltender Stimme:

"Henry!"

„Sam", erwiderte er, ohne offenbar seine Lippen zu bewegen.

„Ich bin direkt hinter dir, Junge. Tu, was ich dir sage, und es wird dir leicht fallen , wegzukommen. Ich schneide dir die Rohhäute ab, aber versuch nicht, dich zu bewegen, bis du ein Geräusch im Wald hörst und die Indianer fliehen." Gehen Sie zur Stelle. Dann stauben Sie direkt zurück, und ich werde Sie so schnell wie möglich beschimpfen . Verstehen Sie?"

„Ja", antwortete Henry so leise wie zuvor.

„In Ordnung. Sag mir jetzt, wann diese mickrigen Kreaturen es nicht sind." Blick in '. Ich kann sie von hier aus nicht sehen .

Danach herrschte einige Minuten Stille. Henry beobachtete die neun Redmen wie nie zuvor. Mehrere standen ihm gegenüber, doch nun wandten sie sich für einen Moment ab und er teilte dies Sam Barringford mit .

Sofort glitt eine Hand um die Seite des Baumes und ein scharfes Jagdmesser glitt über die Rohhäute, die die Hände und Füße des Jugendlichen fesselten. Die Fesseln um den Baum waren bereits durchtrennt.

gehe ich ", flüsterte Barringford . „Lauf nicht, bis sie dich nicht mehr bemerken – es sei denn natürlich, sie kommen direkt auf dich zu."

So lautlos er gekommen war, zog sich Sam Barringford zurück und behielt den Baum und etwas Reisig zwischen sich und dem Feind. Wieder einmal wurde Henry allein gelassen, und wieder vergingen viele bange Minuten.

Plötzlich ertönte aus der Ferne flussaufwärts ein Schuss, gefolgt von einem weiteren und dann dem wohlbekannten Kriegsschrei der Indianer. Man hörte die Stimme eines weißen Mannes, der laut rief, gefolgt von einem weiteren Kriegsschrei und dem Krachen und Splittern eines Astes.

Alle Indianer rund um das Lagerfeuer warfen ihre Pfeifen weg, sprangen auf und griffen nach ihren Waffen. Einmütig sprangen sie den Bach hinauf, um zu erfahren, was die bevorstehende Begegnung bedeuten könnte. Der verwendete Kriegsschrei war ihr eigener. Einige Mitglieder ihres eigenen Stammes müssen einen Angriff durchführen oder in Gefahr sein.

Kaum hatten sich die Indianer umgedreht, um ihn zu verlassen, ließ Henry seine Fesseln fallen und sprang hinter den Baum. Mit aller möglichen Geschwindigkeit stürmte er direkt in den Wald. Während er vorankam , sprang er von einem Felsen zum anderen, wo dies möglich war, um eine möglichst unvollkommene Spur zu hinterlassen.

Er hatte das Gefühl, dass die Schüsse, die Schreie und das Kriegsgeschrei zusammen mit dem Krachen des Astes Teil der List waren, die Sam Barringford anwandte , um die Indianer dazu zu bringen, ihre Gefangenen zu verlassen, und darin täuschte er sich nicht. Die Indianer waren auf einen Mann losgegangen, und als er sich nun vorerst sicher fühlte, bedauerte Henry, dass er nicht lange genug angehalten hatte, um in den Besitz seiner Waffe zu gelangen.

„Ich kann jetzt nicht zurück", murmelte er. „Sie werden bald zurückkehren – oder ein oder zwei zurückschicken, um auf mich aufzupassen." Er hörte eine Sekunde lang zu. „Hallo! Einige von ihnen sind schon zurück! Jetzt machen sie es mir warm, wenn sie können!"

Er ging weiter, bis er ein leises, aber deutliches Pfeifen hörte, das dem Geräusch bestimmter Nachtvögel dieser Gegend nicht unähnlich war. Er pfiff als Antwort und sah bald in der Ferne die Gestalt eines Mannes, der ihm mit dem Arm zuwinkte, er solle heraufkommen.

„Habe sie schön zum Narren gehalten, nicht wahr?“ kicherte Sam Barringford . „Sie haben sofort aufgehört, als sie den Kriegsschrei hörten, nicht wahr?“

„Das haben sie“, antwortete Henry. „Aber einige von ihnen sind zurück, also dürfen wir keine Zeit verlieren, um wegzukommen.“

„Du hast recht, Junge – es reicht nicht aus, sie zu sehr zu täuschen – es ist zu sehr, als würde man mit den Zähnen einer Wildkatze spielen , jetzt streichen sie ihre Kriegsbemalung auf. Natürlich weißt du Das Riz des Rumpflandes , nicht wahr?“

„Ja, und Risleys Hütte ist niedergebrannt und Mrs. Risley ist eine Gefangene, fürchte ich.“

„Ich habe Angst um deine eigenen Leute, Henry. Die Indianer sind auf dem Weg in diese Richtung, scheint mir.“

Während sie durch den Wald eilten und auf das mögliche Auftauchen der zurückgebliebenen Indianer oder anderer lauschten, erzählte Henry seine Geschichte, der der alte Grenzgänger aufmerksam zuhörte. Im Gegenzug erzählte Barringford von seinen eigenen Taten in den letzten achtundvierzig Stunden.

„Ich war oben auf dem Timber Ridge, hinter Silers Haus, und habe nach Rehen gesucht, als ich ein paar der Indianer gesehen habe , die auf dem alten Treffpunkt waren . Ich kam zu dem Schluss, dass sie nichts Gutes im Schilde führten , und so Ich folgte ihnen . Sie hielten ein Treffen mit den Kriegern von Little Horn ab, und einer von ihnen hatte eine Nachricht von dem Schurken Jean Bevoir , der deinem Onkel den Handelsposten am Kinotah geraubt hatte , und in der Nachricht stand, dass du Morris nicht vergessen sollst Hütte im Überfall.

„Unsere Hütte!“ platzte Henry heraus. „Dann werden sie es sicher angreifen.“

„Ja, und das ist ein Scherz, weil Jean Bevoir das will , Henry. Der Schlingel sollte gehängt werden. Meiner Meinung nach ist er ein Weichei und kein Redman .“

„Jedenfalls können wir nicht so schnell nach Hause kommen – zumindest ich nicht, Sam.“

„Ich bin bei dir, Henry. Deine Leute sind meine besten Freunde. Außerdem möchte ich erfahren, was aus Dave geworden ist. Du weißt, was für einen Anblick ich von ihm halte“, schloss Barringford .

Sie gingen vorsichtig voran, bis Henry das Bedürfnis verspürte, sich auszuruhen. Dann setzten sie sich an den Rand eines kleinen Baches und holten sich etwas zu trinken, und der Grenzer wusch und verband Heinrichs verwundete Hand. Schließlich gingen sie noch einmal weiter und machten einen Halbkreis, der sie in Sichtweite der Morris-Hütte brachte.

"Zu spät!" brach es aus Henrys Lippen und sein Herz sank in ihm zusammen. Vor dem frühen Morgenhimmel war eine schwere Rauchwolke zu sehen, die träge aus den Ruinen der Hütte und den Nebengebäuden aufstieg. Rund um die Ruinen streifte ein halbes Dutzend Redmen umher, auf der Suche nach etwas Wertvollem, das ihnen in der Dunkelheit der Nacht vielleicht entgangen war.

„Ja, Junge, wir sind zu spät", antwortete Barringford traurig. „Ich vertraue nur darauf, dass deine Leute entkommen sind."

„Lasst uns – lasst uns näher heranschleichen und sehen, ob da irgendwelche – Leichen herumliegen", stockte der junge Jäger. Er war so aufgeregt, dass er kaum sprechen konnte.

„Seien Sie vorsichtig, was Sie tun", lautete die Warnung. „Folgen Sie mir – ich glaube, ich kenne einen sicheren Aussichtspunkt."

Barringford ging voran, und bald fanden sie sich in einem Büschel Reisig wieder, nicht mehr als zweihundert Fuß von der Hütte entfernt. Das Gestrüpp befand sich auf einer Anhöhe, so dass sie die Lage gut überblicken konnten.

„Nichts in Sicht", sagte Henry nach einer langen und schmerzhaften Pause. „Was sagst du dazu, Sam?"

„Es ist ermutigend , Junge. Es ist wahrscheinlicher, dass dein Vater mit deiner Mutter und den anderen davongekommen ist. Ich sehe keinen von den Idioten in der Nähe. Das ist auch ein gutes Zeichen. Ich glaube, sie sind nach Fort Lawrence aufgebrochen oder Will's Creek – höchstwahrscheinlich das erste, denn auf dem Weg nach Will's Creek wimmelt es nur so von Indianern.

Da sie das Gefühl hatten, dass es nichts bringen würde, in der Nähe zu bleiben, begannen sie, sich in den freundlichen Schutz des Waldes zurückzuziehen. Sie hatten kaum hundert Meter zurückgelegt, als Henry einen warnenden Schrei ausstieß.

„Ein Indianer! Kommt direkt auf uns zu!"

Er hatte recht, und einen Moment später stand ihnen ein bemalter Krieger gegenüber. Auch er war von der Begegnung überrascht, aber blitzschnell hob er den Tomahawk , den er trug, um Barringford niederzustrecken .

Wäre der Schlag wie beabsichtigt gelandet, wäre der Schädel des Grenzgängers in zwei Teile gespalten worden. Aber wenn der Inder schnell war, war Barringford schneller. Er sprang zur Seite, packte den Krieger im Handumdrehen an der Kehle und trug ihn nach hinten. Im selben Moment rückte Heinrich vor.

„Macht nichts – ich habe das verdammte Tier!" rief Barringford , während er den Indianer mit eisernem Griff hielt. „Sehen Sie, ob noch mehr folgen ! "

Henry schaute hin, aber kein weiterer Redman war in Sicht. Derjenige in Barringfords Griff wand sich und kämpfte und zog ein Knie an, um es an die Brust des Grenzgängers zu drücken. Aber auch das brach den tödlichen Griff nicht, und jetzt hing die Zunge des Indianers förmlich aus seinem weit geöffneten Mund. Er umklammerte Barringfords Hals, aber seine Hand wurde zur Seite geschleudert und das Handgelenk nach hinten gedrückt, bis es fast gebrochen war. Dann gab der Indianer einen seltsamen Schluck von sich und brach plötzlich zusammen.

„ Der hat seine Rechnung beglichen", keuchte Barringford , während er davontaumelte. „Und er hatte überhaupt keine Chance, irgendein Geräusch zu machen . Das dient dem Tier doch recht, nicht wahr?" Und er ging erneut voran.

„Ja, es hat ihm recht getan", antwortete Henry, aber noch während er sprach , musste er schaudern und fragte sich, ob der Indianer wirklich tot oder nur teilweise erstickt war.

Barringford beschlossen hatte, in Richtung Fort Lawrence zu ziehen, ging er genau auf dem Weg voran, den Joseph Morris eingeschlagen hatte. Sowohl er als auch Henry waren jetzt von ihrem langen Spaziergang erschöpft, und beide hätten sich ausgeruht, wenn sie nicht so gespannt darauf gewesen wären, zu erfahren, wie die Dinge in der Festung liefen. Sie stolperten weiter, so gut sie konnten. Jeder war hungrig, aber keiner beschwerte sich darüber.

Es war fast Mittag, als sie in der Ferne mehrere Schüsse hörten. Es folgte heftiges Geschrei, und die Schießerei wurde fast eine halbe Stunde lang fortgesetzt.

„Die Indianer haben das Fort angegriffen!" rief Henry. „Es muss ein großer Kampf stattfinden!"

„Ich denke, du hast recht, Henry. Komm", und Barringford machte sich mit erhöhter Geschwindigkeit auf den Weg.

Sie kamen jedoch nicht weit, denn nur kurze Zeit später hörten sie vor sich Stimmengemurmel.

„Ein Indianerlager", flüsterte Barringford . „Komm, wir gehen umher", und er bewegte sich nach links.

Aber auch hier wurde der Weg von Indianern versperrt. Dann machten sie einen weiten Umweg, nur um festzustellen, dass weitere Krieger zwischen ihnen und der Festung ihr Lager aufgeschlagen hatten.

„Der Weg ist versperrt", sagte der Grenzer schließlich. „Die Kreaturen haben die Festung vollständig umzingelt. Wir sind raus und es sieht so aus, als ob wir draußen bleiben müssten."

KAPITEL XII

DUNKLES JAHR DES KRIEGES

Als diese Geschichte beginnt, war George Washington fast zwei Jahre lang mit kaum mehr als einer Handvoll Rangern und Milizen an der Grenze und tat sein Bestes, um einen Teil des Landes zu schützen, der sich über Pennsylvania, Maryland und Virginia erstreckte. Sein Hauptquartier befand sich in Winchester, wo sich die Festung in einem guten Verteidigungszustand befand , aber er war häufig von diesem Ort weg und leitete kleinere Operationen gegen die Indianer, die auf Drängen ihrer französischen Verbündeten ständig isolierte Siedlungen angriffen.

Zu dieser Zeit war der zukünftige Präsident unseres Landes noch ein junger Mann, stark, entschlossen und voller Ehrgeiz. An Unabhängigkeit war damals noch nicht zu denken. Er war ein Untertan des Königs von England und als Untertan bereit, sein Möglichstes zu tun, um die britische Autorität in Amerika aufrechtzuerhalten. Er war bei allen Soldaten unter ihm sehr beliebt, aber man muss zugeben, dass einige dieser Soldaten nicht so bereit waren, in der Armee zu bleiben, wie es wünschenswert wäre.

Der Ärger um die Soldaten ist leicht zu erklären. Erstens lehnten es die Siedler ab, Militärdienst zu leisten, wenn sie aufgefordert wurden, „die zweite Geige" gegenüber den aus England herübergebrachten Soldaten zu spielen, und zweitens war die Bezahlung schlecht und unsicher, und die Pioniere wollten sich verteidigen, so sehr sie auch wollten Sie konnten es sich kaum leisten, ihre Farmen und Ernten zu vernachlässigen.

„Ich würde mich gerne wieder melden", sagte ein alter Pionier in Washington, „aber ich habe eine Frau und vier kleine Kinder zu Hause, und wenn ich mich nicht um sie kümmere , haben sie nichts zu essen. Wissen Sie, Sir, dass ich seit drei Monaten keinen Dollar Lohn erhalten habe. Diese Erklärung war typisch für viele, und obwohl Colonel Washington es bedauerte, dass seine Männer ihn auf diese Weise verlassen hatten, konnte er es ihnen tief in seinem Herzen nicht verübeln, dass sie für diejenigen sorgen wollten, die sie sehr liebten.

Bisher war die Kriegsführung mit Frankreich für England eine Reihe von Katastrophen gewesen, die sich über einen Zeitraum von drei Jahren erstreckten. Auf Braddocks bittere Niederlage im Juli 1755 folgte Shirleys Aufgabe des Plans, Fort Niagara einzunehmen, und nach einer erbitterten Schlacht am Lake George musste Sir William Johnson, von dem wir später noch mehr hören werden, aufgeben seine Hoffnung, nach Crown Point weiterzumachen. Damit waren die Kämpfe des Jahres beendet und die Aussichten für die Kolonien waren wirklich düster.

Der Krieg zwischen Frankreich und England wurde im Mai 1756 offiziell erklärt – nur zwanzig Jahre vor der denkwürdigen Revolution, die die Vereinigten Staaten von England trennte. Der Earl of Loudon wurde ausgesandt, um das Kommando über eine neue Expedition nach Norden zu übernehmen, aber seine Arbeit in diesem Gebiet war nicht siegreicher als die von Johnson, und als Folge davon eroberte der französische Befehlshaber, General Montcalm, Oswego mit allen Waffen und Waffen Im Jahr zuvor hatte Shirley dort Vorräte zurückgelassen, und bei seiner Niederlage musste sich General Webb mit einem großen Teil der britischen Truppen auf Albany zurückziehen.

Zu Beginn des folgenden Jahres trafen die Engländer größere Vorbereitungen als je zuvor, um den Krieg zu einem zufriedenstellenden Ende zu bringen. Loudon segelte mit sechstausend Mann von New York aus und wurde in Halifax von Admiral Holborne mit einer Flotte von elf Kriegsschiffen unterstützt. Das Ziel der Expedition bestand darin, Louisburg anzugreifen, aber als die Engländer in der Nähe dieser französischen Festung ankamen , fanden sie siebzehn feindliche Kriegsschiffe vor, die auf sie warteten, unterstützt durch schwere Landbefestigungen, und ein Angriff auf eine solche Streitmacht wäre tollkühn gewesen; So kehrte Loudon sehr entmutigt nach New York zurück.

In der Zwischenzeit war Montcalm nicht untätig. Während Loudon gegen Louisburg vorrückte, kam der große französische General mit einer starken Streitmacht von Crown Point herab und griff Fort William Henry an. Die Festung wurde zur Kapitulation gezwungen und tat dies unter der Bedingung, dass die Soldaten mit den Ehren des Krieges ausmarschieren durften. Aber die Indianer mit den Franzosen waren damit nicht einverstanden und fielen auf ein gegebenes Signal mit großer Wut über die Engländer her, schlachteten sie rechts und links ab und töteten nicht nur die Soldaten, sondern auch etwa hundert Frauen und Kinder, die in die Engländer geflohen waren Gehäuse für Sicherheit. Die Kasernen wurden dem Erdboden gleichgemacht und niedergebrannt, die Kanonen, Boote und Vorräte wurden weggetragen. Für dieses ungeheuerliche Vorgehen wurde Montcalm verantwortlich gemacht, er behauptete jedoch, dass die Indianer nicht kontrolliert werden könnten.

Die Auswirkungen so vieler Katastrophen auf britische Waffen in anderen Gegenden konnten bei den Indianern, die die Grenze bedrohten, die Washington zu verteidigen versuchte, nur einen einzigen Eindruck hinterlassen. Diese Krieger kamen zu dem Schluss, dass die Engländer zu schwach waren, um sich zu verteidigen, und dass sie daher nach Belieben einmarschieren und töten, brennen und plündern konnten. Sie waren sich bewusst, dass die Franzosen immer noch Fort Duquesne hielten und dass die Franzosen aufstehen würden, wenn die Engländer zu weit nach Westen vorkämen (auf der Jagd nach den Rotmännern), um sie von dort zurückzudrängen, wo sie hergekommen waren. Darüber hinaus gab es unter den Indianern so schurkische Händler wie Jean Bevoir , und diese Männer sagten, um ihre eigenen Interessen zu fördern, den Indianern, sie sollten gegen die Engländer vorgehen und tun, was sie wollten, und die Franzosen würden sich niemals einmischen , egal wie barbarisch der so geführte Krieg war.

Zu dieser Zeit wurde die Bevölkerung von Pennsylvania, Maryland und Virginia auf etwa eine halbe Million Seelen geschätzt , doch aus dieser Zahl konnte Washington nur zweitausend Milizsoldaten und Ranger rekrutieren, und wie bereits erwähnt, nahm diese Zahl ständig ab, ebenso wie eine weitere ein anderer weigerte sich aus bereits genannten Gründen, sich erneut anzumelden. Der junge Kommandant tat alles in seiner Macht stehende, um die zahlreichen Siedlungen vor Angriffen zu schützen, aber es war unter den gegebenen Umständen unmöglich, ein so großes Gebiet abzudecken. Das Beste, was man tun konnte, bestand darin, Teile der Armee in verschiedenen Forts zu stationieren und die Soldaten in Bereitschaft zu halten, in jede Richtung auszumarschieren, von der aus ein Alarm kommen sollte.

Colonel Washington war gerade auf einer langen Inspektionsreise und legte sich gerade für den dringend benötigten Schlaf hin, als ein Sanitäter hereinkam und ihm mitteilte, dass ein indischer Bote mit Neuigkeiten eingetroffen sei.

„Wer ist der Bote?" fragte den Kommandanten, denn damals war es notwendig, sich vor jedem möglichen Verrat zu hüten.

„Ein Unterchef namens White Buffalo, Sir."

Washington kannte White Buffalo ziemlich gut und befahl sofort, den Häuptling herbeizuholen. Dies geschah, und der Krieger übermittelte dem Indianer die von Kapitän Tanner verfasste Nachricht mit der ganzen Zeremonie, die dieser Anlass zu erfordern schien.

„White Buffalo, mein Bruder, hat gut daran getan, diese Botschaft so schnell zu überbringen", sagte Washington. „Fort Lawrence braucht Hilfe und ich werde jede Hilfe geben, die in meiner Macht steht. Sie kennen viele der Indianer, die den Franzosen gegenüber freundlich eingestellt sind. Wie schnell werden sie den Ort angreifen, glauben Sie?"

**„White Buffalo, mein Bruder, hat gut daran getan, diese
Botschaft so schnell zu überbringen.“**

„Das kann White Buffalo seinem Bruder Washington nicht sagen“, war die
Antwort des Häuptlings. „Sie sind begierig auf Plünderungen und werden
sich nur so lange zurückhalten, wie sie denken, dass sie zu schwach sind, um
den Angriff durchzuführen. Aber wenn sie sich stark genug fühlen , werden
sie hineinstürmen, und wenn sie die Festung einnehmen, ist White Buffalo
sicher, dass das Massaker bevorsteht.“ Fort William Henry wird wiederholt.“

Es folgten noch ein paar Worte, und Washington beeilte sich, mehrere seiner
Offiziere über die Ereignisse in Fort Lawrence zu informieren. Eine
Streitmacht von nur sechsunddreißig Mann konnte aus Fort Winchester
entbehrlich gemacht werden, und diese wurden unter das Kommando von

Leutnant Baldwick gestellt , einem alten indianischen Kämpfer. Mit den Weißen gingen neun Indianer, die sich nach einigem Drängen bereit erklärten, unter White Buffalo zu handeln, obwohl sie einem anderen Stamm angehörten. Washington war sehr versucht, selbst das Kommando zu übernehmen, hatte aber das Gefühl, dass er bald auch in anderen Richtungen gebraucht werden würde.

Die für diese Expedition ausgewählten Ranger waren alle zu Pferd, und Leutnant Baldwick machte sich mit ihnen auf den Weg, sobald sie zusammengetrommelt werden konnten und die notwendigen Lebensmittel und Munition verteilt werden konnten. Die Indianer waren zu Fuß unterwegs, aber sie waren alle gute Läufer, und da der Weg für Pferde schwierig war, konnten die Krieger ohne große Schwierigkeiten mithalten.

Die Expedition befand sich noch in Sichtweite von Winchester, als James Morris den Posten betrat, da er sich eine Meile weiter östlich auf einer Geschäftsreise befand. Daves Vater traf Colonel Washington am Eingang des Palisadenzauns und nahm sich die Freiheit zu fragen, was der Abzug der Soldaten bedeute.

„Sie sind auf dem Weg nach Fort Lawrence", lautete die Antwort, und Washington erzählte von der erhaltenen Nachricht und davon, was White Buffalo zu berichten hatte.

"Das ist schlecht!" rief James Morris. „Hat er etwas über meine Leute gesagt, Colonel?"

„Er hat erwähnt, dass Ihr Bruder Joseph bei Captain Tanner ist, aber das ist alles. Ich vertraue aufrichtig darauf, dass Ihre Familie in der Festung und in Sicherheit ist", antwortete Washington.

Daves Vater hatte sich gewünscht, den Kommandanten wegen des Kaufs einer Reihe von Pferden zu sprechen, die die britische Armee benötigte, aber nun geriet die Angelegenheit in Vergessenheit, und der Händler raste ohne Verzögerung auf seinem Ross davon, dem Befehl von Leutnant Baldwick folgend . Sobald er die Expedition erreicht hatte , suchte er White Buffalo auf und erkundigte sich nach Dave.

„Er ist in der Festung", sagte der Indianer. „Und das gilt auch für deinen Bruder Joseph und seine Frau und Rodney und den kleinen Bright-Face", womit Nell gemeint ist.

„Und was ist mit Henry?"

„Er wurde vermisst — aber er könnte in der Festung sein, wenn wir dort ankommen." Und so gut er konnte, erzählte der Krieger, was in Uriah Risleys Hütte und danach passiert war.

Obwohl die Expedition so schnell wie möglich vorankam, war es schon Mittag, bevor die Hälfte der Strecke nach Fort Lawrence zurückgelegt wurde. Das Mittagessen wurde auf dem Marsch eingenommen und der einzige Halt bestand darin, die Pferde zu tränken. Zwei weiße Späher und zwei Indianer gingen als Spione voran und entdeckten eine halbe Stunde später das Lager von vier Indianern, die einen Krieger bei sich hatten, der an einem gebrochenen Bein litt. Es kam zu einem Gefecht, bei dem zwei der Indianer, darunter der Verwundete, getötet und die anderen gefangen genommen wurden. Danach ging die Expedition mit größerer Wachsamkeit als je zuvor weiter.

Es war fast drei Uhr und die Soldaten waren noch eine Meile von der Festung entfernt, als einer der Vorhut einen Ruf ausstieß. Er hatte zwei weiße Männer gesehen, die am Rand einer Schlucht nördlich des Weges entlangkrochen. Es wurde ein Halt angeordnet und eine weitere Gruppe Späher machte sich auf den Weg, um herauszufinden, wer die Weißen sein könnten.

Nun folgte ein kurzes Versteckspiel, bei dem keine Seite wusste, ob die andere ein Freund oder ein Feind war. Doch schließlich ertönte ein Freudenschrei von Sam Barringford , als er seine Waschbärfellmütze in die Luft schwang.

„Ich kenne dich, Dick Hoggerly !" rief er einem der Späher zu. „Lass sie nicht auf uns schießen. Ich habe Henry Morris bei mir."

„Hallo, du bist es also, Sam", war die Antwort. „In Ordnung, das sind wir nicht Ich schieße keine Freunde, wenn wir mithelfen." Und dann wurde die Nachricht weitergegeben und bald waren die beiden Wanderer willkommen, besonders Henry von seinem Onkel James.

Abgesehen von dem, was bereits bekannt ist, hatte das Paar nur wenig zu erzählen. Sie teilten Leutnant Baldwick mit , dass die Indianer Fort Lawrence vollständig umzingelt hätten und dass bereits eine Art Angriff stattgefunden habe. Dies reichte aus, um den Geist selbst der Trägsten zu erwecken, und die Expedition zog erneut durch den Wald, entschlossen, die Festung und ihre Verteidiger zu retten, wenn so etwas möglich wäre.

KAPITEL XIII

Im Kampf gegen die Indianer

„Im Moment sieht es nicht mehr nach einem Angriff aus."

Es war Dave, der sprach, während er sich an die Felsen lehnte und scharf in den Wald blickte, über den winzigen Wasserstrahl hinaus, der neben der improvisierten Festung floss.

„Wenn die Rothäute kommen, werden sie keine Trompete blasen", antwortete Rodney grimmig. „Je brutaler der Angriff, desto leiser werden sie vorgehen. Ist das nicht so, Vater?"

„Da hast du ungefähr recht, mein Sohn", erwiderte Joseph Morris. „Es sollte mich nicht wundern, wenn die Indianer viel näher sind, als wir denken."

„Wenn wir nur wüssten, wo Henry und Vater sind", sagte Dave. „Vielleicht haben die Rothäute sie beide gefangen genommen."

„So leicht kriegen sie deinen Vater nicht, Dave", kam von Joseph Morris. "Sie dürfen--"

Der Pionier brach ab und hob plötzlich sein Gewehr. Er hatte einige kriegerische Federn über einem Reisigsaum zwischen mehreren stattlichen Walnussbäumen schweben sehen. Er zielte sorgfältig und feuerte.

Ein Schrei zerriss die Luft und im Handumdrehen wurde dieser Schrei von einem halben Hundert anderen wiederholt und erfüllte die Luft mit einem plötzlichen Geräusch, das keine Feder beschreiben kann. Wie Dave sagte, war es wirklich „ein Haarsträubchen" und er spürte, wie ihm ein kurzer Schauer über den Rücken lief. Dieser Schrei zeigte nur zu gut, wie erregt die Indianer waren und was sie tun würden, wenn sie die Chance dazu nutzen würden.

Dem Knall von Joseph Morris' Waffe folgte der Schuss von Rodneys Waffe und dann Schüsse von mehreren anderen. Rodney hatte einen Krieger gesehen, der von einem Baum zum anderen rannte, und hatte den Indianer auf halbem Weg zwischen den beiden zu Boden gebracht. Aber der Kerl war nur verwundet und verlor keine Zeit, um in Deckung zu kriechen.

Spucke! gespuckt! Eine Kugel und ein Pfeil trafen die Felsen direkt vor den Morrises und veranlassten Dave, schnell auszuweichen, obwohl die Gefahr, getroffen zu werden, bisher gering war. Dann kamen weitere Schüsse von beiden Seiten und mehrere Minuten lang war die Luft innerhalb und außerhalb der Festung mit Rauch gefüllt.

„Davon gibt es sicher eine ganze Menge“, bemerkte Joseph Morris, während er innehielt, um nachzuladen. „Ich glaube, jeder Indianer im Umkreis von hundertfünfzig Meilen hat sich hier versammelt. Horch!“

Sie lauschten, und aus der Ferne erklangen weitere Schreie, die nach und nach durch den Wald auf die andere Seite der Festung kreisten. Aber dieser Trick täuschte die Menschen darin nicht.

„Es ist ein alter Trick“, bemerkte Joseph Morris. „Sie wollen, dass wir auf dieser Seite nach ihnen suchen, während sie sich auf den Weg machen. Sehen Sie, jetzt kommen sie!“

„Ja, das ist für sie !“ Setzen Sie einen Pionier ein, der in der Nähe steht. Sein Ziel war richtig und ein Krieger ging zu Boden, gerade als er heraussprang, um den Bach zu überqueren.

„Gut für dich, Pasney !“ rief Joseph Morris aus. „Ich habe noch nie in meinem Leben einen treffenderen Schuss gesehen. Du hast ihn direkt ins Herz getroffen.“

„Wall, das ist es , womit ich gerechnet habe “ , antwortete Pasney kühl. Er war ein alter Fallensteller und hatte jahrelang unter freundlichen Indianern gelebt. Bei Schießübungen hatte er oft Preise für seine Treffsicherheit gewonnen.

Da vier ihrer Krieger getötet oder verwundet waren, zogen sich die Indianer vorerst zurück. Bisher war niemand in der Festung berührt worden, so dass die Stimmung aller, auch der Frauen, wiederbelebt wurde.

„Wenn wir so weitermachen, werden wir sie bald entmutigen“, sagte Kapitän Tanner. „Höchstwahrscheinlich bleiben sie bis morgen und stürmen dann los, um zu plündern, was sie können, und in ihr eigenes Territorium zurückzukehren. “

„Wenn sie das tun , sollten wir ihnen folgen“, sagte Dave. „Ihnen sollte eine gute Lektion erteilt werden. Denken Sie nur daran, dass unser schönes Zuhause ohne Grund bis auf die Grundmauern niedergebrannt wurde. Das ist eine Schande!“

Viele der Frauen und Kinder sowie einige der Männer waren sehr müde, aber an Schlaf war für alle, die alt genug waren, um zu begreifen, was vor sich ging, nicht zu denken. Sogar die kleine Nell erwachte schreiend aus ihrem Nickerchen und klammerte sich fester denn je an den Rock ihrer Mutter.

„Oh, Mama, was werden sie mit uns machen?“ Sie fragte. „Werden sie uns skalpieren?“

„Das wollen wir hoffen, mein Lieber“, antwortete Mrs. Morris beruhigend. „Ich denke, dein Papa und die anderen können sie davon abhalten.“

Eine halbe Stunde später kam es zu einem weiteren Angriff. Es war jetzt dunkel und nur ein geschultes Auge konnte erkennen, was in der Schwärze des Waldes rund um die Festung geschah. Um eine bessere Sicht zu haben, kletterte Pasney auf einen der Bäume, die Teil des Palisadenzauns waren.

Kaum hatte er eine günstige Position erreicht, stieß er einen Alarmschrei aus. Dann zischte ein Pfeil durch die kahlen Äste vor ihm und sein Körper stürzte mit einem dumpfen Aufprall knapp innerhalb der Verteidigung zu Boden . Mehrere stürzten auf ihn zu und hoben ihn auf, aber es war zu spät.

"Schuss durch das Herz!" flüsterte Dave, als er entsetzt auf die Leiche blickte. „Er hat genau das bekommen, was er dieser Rothaut vor einiger Zeit gegeben hat." Und er wandte sich ab, kaum in der Lage, seine Gefühle zu kontrollieren.

Wieder ertönte der Kriegsschrei, und erneut stürmten die Indianer los, diesmal griffen sie die Festung von zwei Seiten an. Es gab eine ständige Salve von Schusswaffen und Pfeile flogen ungehindert in das Gehege, einer traf Rodney durch den fleischigen Teil des Arms und ein anderer streifte Daves Gesicht.

„Du bist getroffen, Rodney", rief Dave, als er sah, wie sein verkrüppelter Cousin zurücktaumelte.

„Ich schätze, es ist nicht viel", war die Antwort. „Aber es war knapp", und dann ging Rodney zu seiner Mutter, um die Wunde verbinden zu lassen.

Der Kampf dauerte fast eine Stunde, als die Bewohner der Festung sahen, dass der Feind seine Taktik änderte. Durch die Luft schossen ein Dutzend oder mehr Pfeile, die alle Feuerspuren mit sich führten. Sie stiegen wie Raketen in die Höhe und fielen in anmutigen Kurven direkt in die Festung. An einem war ein Pulverhorn befestigt, das beim Auftreffen auf den Boden mit großer Heftigkeit explodierte. Das Feuer breitete sich in alle Richtungen aus und im Moment sah es so aus, als würden einige der Frauen, Kinder und Kinder bei lebendigem Leibe verbrennen.

Rodney war seiner Mutter und der kleinen Nell nahe, als der erste Schauer brennender Pfeile niederging. Er sah, wie der Rock seiner Mutter in Flammen aufging und wie ein Blitz das brennende Kleidungsstück von ihr riss. Dann fegte er ein paar Funken von der kleinen Nell, sich selbst und einer alten Frau, die daneben stand, weg.

„Sie wollen uns lebendig verbrennen!" war der Schrei, und viele der Kinder begannen lauter als je zuvor zu schreien.

„Lasst die Frauen Wasser und Erde nehmen und das Feuer löschen!" befahl Kapitän Tanner. „Jeder Mann wird an der Palisade gebraucht. Sie bereiten sich auf einen weiteren Ansturm vor!"

Glücklicherweise war so viel Wasser wie möglich in die Festung gebracht worden, und die Kleidung wurde damit getränkt und zum Löschen der Flammen verwendet. Es war harte Arbeit, und bald waren die Frauen ebenso verraucht wie die Männer. Um die Kinder zu retten, wurden alle ihre Kleider nass gemacht, damit die Funken keine Wirkung hatten. Wo die brennenden Pfeile zwischen das Gepäck fielen und kein Wasser zur Verfügung stand, wurde die Grasnarbe mit Spaten und Hechtstangen ausgehoben und als Decke darüber geworfen.

In der Zwischenzeit stimmte, was Captain Tanner über einen weiteren Angriff gesagt hatte. Aber dieses Mal waren die Indianer vorsichtiger und stellten sich kaum zur Schau, während sie darauf warteten, dass das Feuer ihnen half. Als sie sahen, dass die lodernden Pfeile kaum oder gar keine Wirkung hatten, zogen sie sich erneut zurück, wobei zwei Krieger verwundet wurden, einer davon tödlich.

Langsam verging die Nacht. Der Verlust für die Pioniere bestand darin, dass ein Mann getötet und mehrere verletzt wurden, allerdings keiner ernsthaft. Eine Frau hatte am Hals Verbrennungen erlitten und ein kleiner Junge hatte ein versengtes Ohr.

Als der Tag anbrach, ließ die Wachsamkeit an den Palästen und an den Felsen nicht nach, denn alle hatten das Gefühl, dass jeden Moment ein weiterer Angriff kommen könnte. Es gab kein Wasser im Gehege, alles, was vorhanden war, wurde zur Brandbekämpfung verwendet.

„Wir müssen irgendwie an Wasser kommen", sagte Joseph Morris. „Ich brenne für einen Drink und ich schätze, es geht euch allen ungefähr gleich."

„Oh, Joseph, entblößen Sie sich nicht", flehte Frau Morris. „Höchstwahrscheinlich wissen die Indianer, dass wir Wasser wollen, und sie werden die Bäche genau beobachten, um zu sehen, ob sie nicht jeden fangen können, der es versucht."

Dies wurde wenige Minuten später bewiesen, als ein Pionier namens Raymond versuchte, einen Eimer Wasser zu besorgen. Kaum hatte er sich gezeigt, als zwei Pfeile in diese Richtung sausten, einer durchbohrte seine Waschbärfellmütze. Raymond ließ eilig seinen Eimer fallen und verlor keine Zeit, wieder Schutz zu suchen.

„Ich kenne einen Weg, an Wasser zu kommen", sagte Rodney. „Graben Sie ein Loch zwischen den Felsen und führen Sie dann eine Hechtstange durch das Erdufer. Ein Teil des Wassers in diesem Bach wird mit Sicherheit in diese Richtung fließen."

Der Vorschlag wurde für gut befunden und mehrere begannen sofort mit dem Graben des Lochs. Es wurde vier Fuß tief gemacht und die Hechtstange so tief wie möglich in den Boden gerammt. Zuerst kam kein Wasser, aber bald zeigten sich ein paar Tropfen und dann folgte ein Strahl von der Größe eines kleinen Fingers.

"Hurra!" rief Dave. „Rodneys Plan ist in Ordnung. Dieses Loch wird das Wasser hier auf einer Höhe mit dem Wasser im Bach halten und wir werden alles haben, was wir wollen." Und so kam es, sehr zur Zufriedenheit aller in der Festung. Zwar war das Wasser ziemlich schlammig, aber selbst schlammiges Wasser war viel besser als keins und niemand beschwerte sich.

„Der weiße Büffel sollte auf dem Rückweg sein", bemerkte Joseph Morris, als er und die Jungen auf den Felsen saßen und die spärliche Morgenmahlzeit aßen, die Kapitän Tanner verteilt hatte.

„Ja, und er sollte einige von Colonel Washingtons Rangern bei sich haben", erwiderte Dave.

„Dein Vater wird bei ihnen sein ", kam von Rodney. „Das heißt, es sei denn, er macht sich stattdessen auf den Weg zum Haus."

Das Gespräch ging mit leiser Stimme weiter, denn alle Ohren waren auf der Hut und warteten auf Geräusche aus dem Wald. Kapitän Tanner hatte gehofft, eine Nachricht von den Indianern zu bekommen, die White Buffalo zurückgelassen hatte, aber keiner von ihnen zeigte sich.

Eine Stunde später ertönte ein Alarm vom anderen Ende der Palisade. Die Indianer versammelten sich zu einem massiven Angriff auf dieses Viertel. Bald war ein Schrei zu hören und erneut fielen Schüsse und Pfeile.

„Jetzt sind wir dran!" rief Kapitän Tanner. „Jeder Mann muss seine Pflicht tun, sonst sind wir verloren. Sie kommen ein paar Hundert stärker auf uns zu!"

Er hatte Recht, und nun rückte der Feind kühn vor, als würde er nur durch die bloße Kraft seiner Zahl ermutigt. Mehrere trugen eingekerbte Äste von Bäumen, die als Leitern zum Erklimmen der Palisaden dienten.

Die Schüsse flogen dicht und schnell, und innerhalb weniger Minuten wurden zwei weitere Pioniere verwundet und eine Frau kam sofort ums Leben. Die Indianer erlitten noch größere Verluste, rückten aber weiter vor, bis sich mehr als ein Dutzend von ihnen in der Nähe der Palisaden befanden. In der Zwischenzeit rannten einige von ihnen zu den Felsen und dachten, die Pioniere hätten dieses Ende der Festung verlassen.

Joseph Morris, Rodney, Dave und zwei andere trafen die Gegner an den Felsen mit einer schnellen Salve, die drei der Krieger schnell aus dem Kampf warf. Aber es kamen noch mehr, und schon nach wenigen Minuten befanden sich unsere Freunde in einer Art Nahkampf, nur ein paar raue Steine trennten sie von den Rothäuten.

Dave hatte gerade geschossen und lud mit voller Geschwindigkeit nach, als er einen Pfeil sah, der voll auf seinen Onkel zielte. Er stieß einen warnenden Schrei aus, doch der Schrei kam zu spät. Joseph Morris wurde in die Brust getroffen und stürzte zusammen. Er gab ein seltsames kleines Stöhnen von sich und blieb dann still liegen.

KAPITEL XIV

Rückzug der Pioniere

Daves warnender Ruf erreichte Rodneys Ohren und der junge Mann drehte sich gerade noch rechtzeitig um, um zu sehen, wie sein Vater wie gerade beschrieben zu Boden ging. Er stieß einen Schreckensschrei aus und feuerte dann mit zusammengebissenen Zähnen seine Waffe direkt auf den Krieger ab, der Mr. Morris niedergeschlagen hatte. Sein Ziel war wahr und der Indianer fiel, um sich nicht mehr zu erheben.

Der Sturz seines Onkels motivierte Dave zu größeren Anstrengungen, und als die Indianer über die Felsen stürmten , traf er mit mehreren anderen auf sie in einem kurzen, aber erbitterten Nahkampf, bei dem Schläge ungehindert einstecken und austeilen konnten. Die Rothäute schrien laut und setzten ihre Tomahawks mit großer Bösartigkeit ein. Dave wurde von einem großen Krieger konfrontiert, der sein Bestes tat, um dem Jungen mit seinem Beil den Kopf zu spalten, aber Dave wich aus und der Schlag streifte lediglich seine Schulter. Dann, bevor der Indianer einen weiteren Schlag ausführen konnte, beendete eine Kugel von hinten die Karriere des Rothäutes für immer.

Der Wald war jetzt voller Geschrei, und mit erstaunlicher Geschwindigkeit wurden Schüsse abgefeuert. Die im Fort konnten das nicht verstehen. Wurden die Indianer verstärkt?

„Wenn noch mehr Rothäute auftauchen, sind wir verloren!" war der Ruf, der die Runde machte, aber fast darüber ertönte ein Freudenschrei:

„Die Ranger sind gekommen! Wir sind gerettet!"

Es stimmte, das Kommando unter Leutnant Baldwick war nach einem langen Kampf mit einigen Indianern auf dem Weg zur Festung entstanden. Diese Rothäute waren in die Flucht geschlagen worden und mit ihnen etwa ein Dutzend französischer Fallensteller und Händler unter Jean Bevoir , wobei einer der Fallensteller sowie zwei Indianer getötet worden waren. Jetzt kämpften die Ranger verzweifelt darum, zu den in der Festung Eingeschlossenen zu gelangen.

Das Kommen der Soldaten erweckte die Pioniere zu neuem Leben und die Schlacht brach von neuem aus. Sowohl von vorne als auch von hinten wurden die Indianer von einem vernichtenden Feuer getroffen, das sie plötzlich in Angst und Schrecken versetzte.

In der Mitte der Ranger befanden sich James Morris und Sam Barringford . Daves Vater war cool und entschlossen und jeder Schuss seiner Muskete hatte tödliche Wirkung. Barringford schien in seinem Element zu sein und tanzte so schnell herum, dass kein Indianer eine „Perle" auf ihn ziehen konnte.

„ Das für euch!" schrie er und feuerte seine Waffe auf den nächsten Krieger. „ Und wie gefällt dir das , was?" – und traf einen zweiten mit dem Griff der Waffe. „Ich werde es euch zeigen! Bin ich nicht ein brüllender Maler, wenn ich freigelassen werde? Machen Sie die Spur frei für den kaputten , brüllenden Wirbelwind!" Und so brüllte er in der für die alten Fallensteller jener Zeit typischen Art und Weise, stürmte hinein und bahnte sich buchstäblich einen Weg über die Felsen und in die eigentliche Festung hinein. Ein Pfeil steckte durch seine Waschbärfellmütze und seine Jagdjacke war an einem Dutzend Stellen von Messern und Tomahawks zerrissen, und dennoch schien er ein verzaubertes Leben zu führen und legte jeden Krieger nieder, der es wagte, ihm den Weg zu versperren.

Weniger als zehn Minuten nach dem Erscheinen und Einmarsch der Ranger begannen die Indianer mit dem Rückzug. Als sie sie so auf der Flucht sahen, verstärkten die Pioniere und Soldaten ihre Anstrengungen und bald waren die Krieger nur allzu froh, wieder in den Wald zurückzukehren. Sie verließen die Nähe der Festung und bezogen mehrere hundert Meter entfernt hinter einem kleinen Hügel, der an zwei Seiten von Felsen umgeben war, Stellung. Möglicherweise erwarteten sie, dass die Ranger ihnen bis zu diesem Punkt folgen würden, aber vorerst wurden sie nicht belästigt.

Der Grund dafür war leicht erklärt. Sowohl die Pioniere als auch die Ranger waren völlig erschöpft – die ersteren wegen ihrer hastigen Flucht aus ihren Häusern und der Wachsamkeit und den Kämpfen in der Festung, die letzteren wegen der erzwungenen Fahrt von Winchester und der ersten Schlacht im Wald mit Indianern und Franzosen . Alle brauchten Ruhe und die Verwundeten verlangten Aufmerksamkeit. So blieb die Schlacht vorerst unentschieden.

Sobald bekannt wurde, dass sich die Indianer zurückgezogen hatten, wurden etwa zwanzig unverletzte Ranger eingesetzt, um ihre Bewegungen zu beobachten, und begannen dann mit der Versorgung der Verwundeten. Insgesamt wurde festgestellt, dass sechs Männer, Frauen und Kinder völlig getötet worden waren und dass ein Mann tödlich verletzt worden war. Von den Pionieren wurden fünf verwundet, von den Rangern drei und von den Getöteten waren zwei skalpiert worden.

„Dave, mein Sohn!" rief James Morris aus, als er herbeieilte. "Bist du in Sicherheit?"

„Ja, Vater", war die Antwort. "Und du?"

„Ich habe einen Kratzer am Bein, aber es ist nicht viel. Wie geht es dem Rest?"

„Onkel Joe wurde abgeschossen. Ich denke, den anderen geht es gut.“

„Joe abgeschossen? Ist er – er –“

„Da ist er, drüben bei den Felsen. Nein, er ist nicht tot, aber ich denke, es geht ihm ziemlich schlecht. Er hat einen Pfeil direkt in die Brust bekommen.“

Vater und Sohn eilten zur Stelle und fanden Joseph Morris auf einer Decke ausgestreckt vor, umgeben von seiner ganzen Familie, einschließlich Henry, der während des Vormarsches der Ranger so tapfer wie alle anderen gekämpft hatte. Der Pfeil war herausgezogen worden und Mrs. Morris nutzte ihr größtes Geschick, um die Wunde zu verbinden.

„Was denkst du, James?“ sie jammerte. „Wird er überleben?“

„Solange es Leben gibt, wollen wir hoffen, Lucy“, antwortete der Schwager zärtlich. „Ist er bewusstlos?“

„Ja“, warf Rodney ein. „Ich – ich fürchte, die Pfeilspitze wurde vergiftet.“

„Lass mich den Pfeil sehen.“

Es wurde übergangen und James Morris untersuchte es sorgfältig. An diesem Punkt kam auch Sam Barringford und auch er betrachtete den Pfeil.

„ Das ist kein Gift “ , sagte der alte Grenzer. „ Der Stamm verwendet blauen Saft, und wenn die Kriegsgift eingesetzt würde, würde das Blut grünlich werden. Aber es ist sattes Rot, wie ihr sehen könnt. Nein, ich gebe zu, dass er das nicht ist p'isoned .

„Ich glaube, Sam sagt die Wahrheit “, sagte James Morris.

„Aber es ist eine schreckliche Wunde“, sagte Dave. „Ich habe gesehen, wie der Pfeil einschlug. Er ging direkt hinein.“

Alle machten sich daran, den bewusstlosen Patienten wiederzubeleben, und Barringford bestand darauf, sich etwas Alkohol zu besorgen und dem Verwundeten ein paar Teelöffel davon in den Hals zu träufeln. Endlich hatten sie die Befriedigung, zu sehen, wie Joseph Morris kurz aufkeuchte und verträumt die Augen öffnete.

"Oh!" murmelte er und schwieg einen Moment lang. „Ich – ich bin getroffen!“ Er ging weiter.

„Sei still, Joseph“, sagte seine Frau und beugte sich über ihn. „Ja, du wurdest von einem Pfeil in die Brust getroffen. Wir werden für dich tun, was wir können, aber du darfst dich nicht bewegen, sonst fängt die Wunde wieder an zu bluten.“

„Aber die Indianer –“

„Die Indianer haben sich zurückgezogen", sagte Rodney. „Die Ranger sind gekommen, und Onkel James ist auch hier, und Henry auch."

„Alles sicher?"

"Ja."

"Gott sei Dank!" Und dann verfiel Joseph Morris wieder ins Schweigen, fast zu schwach zum Atmen, geschweige denn zum Sprechen.

Die kleine Nell hatte bitterlich geweint, und nun nahm Henry sie in die Arme und tat sein Bestes, sie zu beruhigen, denn er wusste, dass seine Mutter nicht von der Seite seines Vaters weichen würde.

„Die bösen, bösen Indianer!" rief das kleine Mädchen. „Oh, wie konnten sie kommen und auf uns schießen! Und letzte Nacht haben sie versucht, uns mit ihren Feuerpfeilen zu verbrennen! Oh, es war schrecklich!" Und sie vergrub ihren Lockenkopf an der Schulter ihres Bruders.

Die folgenden Stunden waren düster genug und diejenigen im Stall, die sie nie vergaßen. Der Mann, der tödlich verwundet worden war, starb schreiend vor Schmerzen, und die Geräusche hallten in den Ohren von Jung und Alt wider und erfüllten diese mit neuem Kummer. Die Toten wurden zusammen in einem tiefen Loch begraben und über ihre letzte Ruhestätte wurden mehrere schwere Steine gerollt, damit keine wilden Tiere ihr Gemeinschaftsgrab stören könnten. Der Gottesdienst bei dieser Beerdigung war kurz, da nicht abzusehen war, wann die Indianer einen weiteren Angriff starten würden.

Gegen Mitte des Nachmittags kam durch die befreundeten Indianer unter White Buffalo die Nachricht, dass die französischen Indianer, wie sie genannt wurden, einen neuen Schritt vorbereiteten. Sofort sprang jeder verfügbare Mann in der Festung zu seiner Waffe, und sogar einige der Frauen bewaffneten sich, entschlossen, bis zum Letzten zu kämpfen, anstatt das Grauen zu riskieren, Gefangene des Feindes zu werden.

Aber der Alarm erwies sich als falsch, denn obwohl die Indianer ihr Lager auf die gegenüberliegende Seite der Festung verlegten, taten sie nichts anderes, als ein paar Schüsse mit mehreren Rangern abzufeuern. Doch dieser Schritt hielt die Pioniere die ganze Nacht über in Alarmbereitschaft, so dass niemand oder kaum jemand schlafen konnte.

„Ich muss sagen, ich bin so müde, dass ich kaum die Augen offen halten kann", sagte Henry zu Dave. „Wenn wir uns für den Rückzug entscheiden , weiß ich nicht, wie ich reiten oder gehen soll."

„Mach ein Nickerchen", sagte Dave. „Wenn ein weiterer Alarm kommt, rufe ich Sie an." Und Henry ließ sich fallen und war fast augenblicklich im Land der Träume.

Am nächsten Morgen hielten Kapitän Tanner, Leutnant Baldwick und ein halbes Dutzend der führenden Pioniere einen Kriegsrat ab, und es wurde beschlossen, dass es das Beste sei, sich nach Winchester zurückzuziehen. Die Vorräte gingen zur Neige, ebenso die Munition, und dem Leutnant wurde befohlen, Fort Lawrence nicht zu halten, sondern sein Bestes zu tun, um die Siedler und Familien in Sicherheit zu bringen.

„Die Indianer versammeln sich stetig", sagte Leutnant Baldwick . „Jede Stunde macht sie stärker. Ich denke, je früher wir zuschlagen, desto besser wird es für uns sein." Und darin waren sich Kapitän Tanner und die Mehrheit der Siedler einig.

Die größte Schwierigkeit bestand darin, die Verwundeten zu versorgen. Es wäre ein großes Risiko gewesen, Joseph Morris und mehrere andere umzuziehen, aber es gab keine Hilfe, und die Familie wurde angewiesen, sich auf die Abreise in einer Stunde vorzubereiten.

„Wir werden einen Wurf zwischen zwei Pferden machen", sagte James Morris. „Rodney kann auf einem der Tiere reiten und es entlang des glattesten Teils des Weges führen, den er finden kann. Wir werden die Wunde so fest wie möglich verbinden, damit das Blut keine große Chance hat, erneut zu beginnen."

Mrs. Morris wollte dem widersprechen, da sie befürchtete, ihr Mann könnte sterben, bevor die Reise zu Ende war. Aber sie konnte nicht alleine zurückbleiben und so machte sie sich mit sinkendem Mut daran, den Befehl zu befolgen.

Die Siedler wurden ermahnt, die Festung möglichst lautlos zu verlassen und nur das unbedingt Notwendige mitzunehmen. Bevor sie gingen, gingen die Ranger und einige der Indianer unter White Buffalo voraus, um sicherzustellen, dass der von Kapitän Tanner gewählte Weg frei war. Acht der Ranger blieben in der Festung, um den Anschein zu erwecken, dass sie noch bewohnt sei, und um im Falle eines Angriffs herauszustürmen und den Siedlern den Rücken zu decken.

Kapitel XV

VERSCHWINDEN DER KLEINEN NELL

Wie selbstverständlich reisten Dave und Henry Seite an Seite. Sie bewegten sich direkt hinter Mrs. Morris und der kleinen Nell, die hinten auf der Sänfte aufwuchs, auf der Joseph Morris ruhte, und den Pferden unter der Kontrolle von Rodney. Daves Vater war nicht in der Gruppe, ebenso wenig wie der treue Sam Barringford , da sich beide der Gruppe von Rangern angeschlossen hatten, die die Vorhut bildeten.

Die Pioniere und ihre Familien folgten den Anweisungen, die ihnen gegeben wurden, und bewegten sich so lautlos wie möglich durch den großen Wald. Nur das gelegentliche Stöhnen eines Verwundeten oder der Schrei eines kleinen Kindes unterbrach die Stille. Die Route führte an den Felsen vorbei, die an einen der zuvor erwähnten Wasserläufe grenzten, und folgte dann dem, was damals Old Buffalo Trail genannt wurde – einem ausgetretenen Pfad, auf dem in früheren Jahren unzählige Büffel auf ihren Wanderungen nach Osten und Osten vorbeigekommen waren zurückkehren. Die Büffel verschwanden nun schnell aus diesem Gebiet, ebenso wie heute die Hirsche, Wölfe und andere Wildtiere, die ebenfalls zahlreich vorhanden waren.

Es war eine schwierige Zeit, denn die Ohren aller waren stets auf der Hut, um das erste Anzeichen eines sich nähernden Feindes wahrzunehmen. Weiter gingen Dave und Henry mit ihren Waffen, die sofort einsatzbereit waren. Rodney führte die Pferde mit größter Sorgfalt, doch die Sänfte erschütterte viele Stöße, die Joseph Morris mehr als einmal dazu brachten, ein Stöhnen auszustoßen, das er nicht unterdrücken konnte.

Es wurde berechnet, dass die Gruppe Winchester in drei Tagen erreichen könnte, wenn nichts Außergewöhnliches passierte. Wenn die Indianer ihnen jedoch folgten und sie angriffen, würde die Reise viel länger dauern, da sie hinter allem stehen müssten, was auch immer Es gelang ihnen, Brustwehre zu errichten, die so lange blieben, bis die Küste frei war oder der Feind sie vertrieb. Es bestand auch die allgegenwärtige Möglichkeit, dass die Indianer die Expedition völlig auslöschen würden, eine Möglichkeit, die viele der verheirateten Männer erschauern ließ, wenn sie an ihre Frauen und wehrlosen Kinder dachten.

„Wir können uns glücklich schätzen, wenn wir Winchester ohne weitere Probleme erreichen", bemerkte Henry, während sie weitertrotteten.

„Da hast du recht", antwortete Dave. „Die Indianer scheinen bis zum letzten Grad aufgewühlt zu sein. Sie werden uns eine Falle stellen, wenn sie nur können."

„Eines spricht für uns, Dave. Kapitän Tanner ist der beste Späher, den man in dieser Gegend finden kann, und mit Männern wie Barringford und Ihrem Vater an seiner Seite wird er in keine Falle tappen, es sei denn, es handelt sich um einen Mächtigen ein glatter.

„Ich denke, dass Jean Bevoir mit seinen diebischen Händlern in dieser Gegend sein sollte“, fuhr Dave nach einer Pause fort. „Ich erkläre, ich wünschte, er wäre gefallen und nicht einer dieser Indianer, die wir getötet haben. Meiner Meinung nach ist er nicht so gut wie einige der Irokesen.“

„Eines Tages wird er bekommen, was er verdient, Dave. Er hat so viele Rothäute betrogen, dass einige von ihnen ihn eines Nachts belästigen werden, und das wird das Ende von ihm und seiner Bande sein. Aber ich muss zugeben, ich Ich kann nicht verstehen, wie irgendwelche Rothäute der Führung eines solchen Schurken folgen können, der ihnen nur Alkohol gibt, um sie ihrer hart verdienten Felle zu berauben.“

Zwei Meilen waren zurückgelegt worden, als ein Schuss von vorne kam, gefolgt von drei weiteren. Sofort versammelten sich die Pioniere und ihre Familien hinter einem Halbkreis aus Felsen und Buschwerk, der zufällig in der Nähe war . Mehrere Indianer hatten sich den Spähern gezeigt, aber sobald einer erschossen wurde, flohen die anderen. Die ganze Truppe blieb noch eine halbe Stunde auf der Hut, aber keiner der Feinde kehrte zurück und der Vormarsch wurde wieder aufgenommen.

Spät in der Nacht hörte Dave, dass sich zwei weitere weiße Männer der Expedition angeschlossen hatten, und nicht lange danach erblickte er Uriah Risley . Er lief dem Engländer entgegen, und Henry tat es ihm gleich.

„Meine Frau, wo ist sie?“ fragte Uriah Risley von Henry. „Sag es mir schnell!“

„Das kann ich dir nicht sagen “, antwortete Henry.

„Aber du warst bei ihr – das hat mir Dave erzählt.“

„Ich war bei ihr. Aber einige Indianer kamen und griffen uns an, und ich sagte ihr, sie solle fliehen und sich im Wald verstecken. Dann kamen die Indianer auf mich zu und ich wurde niedergeschlagen, und das war alles, was ich wusste, bis ich es lange danach fand Ich selbst war auf dem Rücken eines Pferdes festgeschnallt und reiste mit einer Gruppe Rothäute. Und Henry berichtete über die Einzelheiten der Begegnung und darüber, wie Sam Barringford ihm später zu Hilfe gekommen war.

„Glauben Sie, meine Frau ist in den Wald entkommen?“

„Das kann ich wirklich nicht sagen. Ich weiß, dass sie so gut weggelaufen ist, wie es ihr verletzter Knöchel zuließ, aber es kann sein, dass einige der

Indianer hinter ihr her waren. Ich hatte so alle Hände voll zu tun, dass ich nicht hinsehen konnte", schlussfolgerte sie Henry.

Uriah Risley war blass und abgemagert und sagte, er habe zwei Nächte lang nicht geschlafen und achtundvierzig Stunden lang keine regelmäßige Mahlzeit zu sich genommen. Er war in der Nähe seiner verbrannten Hütte gewesen und war Henrys Spur mehrere Meilen lang so gut er konnte gefolgt, aber nirgends hatte er eine Spur seiner Frau gefunden.

„Ich fürchte, sie ist entweder tot oder in den Händen dieser mörderischen Rothäute", stöhnte er und seine Augen wurden verdächtig feucht. „Armer lieber Caddy! Sie konnte sich auch nie an dieses Leben gewöhnen! Es war ein trauriger Tag, als wir nicht in England oder in Annapolis blieben." Und er wandte sich ab, um seine Gefühle zu verbergen. Mehrere kamen und boten ihm Essen an, und einen Teil davon aß er automatisch. An Schlaf war, obwohl er ihn dringend brauchte, nicht zu denken.

Seltsamerweise kam es am folgenden Tag zu keinem Indianerangriff, und in dieser Nacht befand sich die Expedition auf dem besten Weg nach Winchester. Einige der Pioniere waren der Meinung, dass sich der Feind nach Westen zurückgezogen hatte, zufrieden mit dem angerichteten Schaden und der erbeuteten Beute, aber Sam Barringford , Kapitän Tanner und eine Reihe anderer alter Grenzbewohner schüttelten daraufhin den Kopf.

„Der Indianer ist am schlimmsten, wenn er sich versteckt ", drückte sich Barringford aus. „Wir müssen die Augen offen halten, sonst wachen wir alle skulptiert auf ."

Zum Glück für die Gruppe hatte einer von der Vorhut ein Reh erlegt und ein anderer eine Reihe von Vögeln mit gutem Schrot erlegt. Aus den Vögeln wurde ein Eintopf für Kranke und Verwundete zubereitet, das Wildbret wurde zerschnitten und rundherum verteilt. Die Expedition befand sich inmitten eines breiten Waldgürtels an einer Stelle, an der sich eine kleine Lichtung befand. Hier wurde in einer Mulde ein Lagerfeuer angezündet und das Fleisch gekocht und Eintopf zubereitet, und während die eine Hälfte der arbeitsfähigen Pioniere und Soldaten Wache hielt, nahm die andere Hälfte ihre erste vollständige Mahlzeit seit dem Verlassen der Festung ein. Dann wurde die Wache gewechselt und die andere Hälfte befriedigte die Gelüste des inneren Menschen, woraufhin Wachposten aufgestellt wurden und das Lager sich niederließ, um zu sehen, ob es nicht die dringend benötigte Nachtruhe finden konnte.

Frau Morris und die anderen waren erfreut, als sie sahen, dass die Wunde von Joseph Morris zwar nicht wenig schmerzte, sie aber nicht erneut ausbrach und eine schnelle Heilung versprach, wenn der Leidende einmal einen Ort erreichen würde, an dem er ein paar Wochen lang geheilt werden konnte. ruhig. Bevor sie mit der kleinen Nell in den Ruhestand ging , wusch die Frau die Wunde, verband sie neu und gab ihrem Mann alle Nahrung, die er brauchte.

Dave war in der ersten Hälfte der Nacht auf der Hut, während sein Vater keine dreißig Meter entfernt auf dem nächsten Pfosten stand. Die Nacht war dunkel und ein schwacher Wind erhob sich, was auf einen Sturm hindeutete. Alles andere war ruhig und das Lagerfeuer durfte so lange brennen, bis nur noch wenige Glut übrig waren.

„Es sieht so aus, als hätten die Indianer es wirklich aufgegeben", sagte Dave, als er und sein Vater sich auf ihren Spaziergängen an den beiden Pfosten trafen.

„Seien Sie nicht zu sicher", antwortete James Morris. „In diesem Moment bereiten sie sich möglicherweise darauf vor, hereinzustürmen und uns zu überwältigen. Ich glaube nicht, dass wir in Sicherheit sind, bis wir in Sichtweite von Winchester kommen."

„Ist die Festung dort in gutem Zustand?"

„Ziemlich gut, obwohl Colonel Washington alles verstärken wird, was er kann. Das Problem ist, dass Washington Probleme mit Gouverneur Dinwiddie hat. Der Gouverneur glaubt, er weiß alles und wird dem Colonel nicht die Hälfte der benötigten Soldaten oder Ausrüstung geben . Er scheint sich nicht darüber im Klaren zu sein, dass bei einem Fall Winchesters alle englischen Siedler über den Blue Ridge zurückgedrängt würden und alles verlieren würden, was sie an diesem Ort besitzen."

Als es an der Zeit war, sich zu übergeben, war Dave froh, sich hinzulegen und einzuschlafen, mit nichts weiter als einer dünnen Decke, die ihn zudeckte. Sein Vater lag neben ihm, Joseph Morris, Mrs. Morris und Rodney und die kleine Nell nicht weit entfernt.

Wie lange er schlief, wusste Dave nicht, aber als er aufwachte, erschrak er und hustete. Es gab heftiges Geschrei und Schüsse, und der Wald schien voller Rauch und Feuer zu sein. Kaum hatte er sich auf die Beine gestellt, als ein Pfeil an seinem Kopf vorbeizischte und sich im Baumstamm hinter ihm vergrub.

„Der Angriff ist eröffnet!" kam von James Morris, der bereits wach war. „Sie haben das Holz auf zwei Seiten des Lagers niedergebrannt und auf den anderen beiden Seiten legen sie uns auf. Ich fürchte, es wird ein Kampf bis zum Ende."

Es blieb keine Zeit, mehr zu sagen, denn die Verwirrung auf allen Seiten war groß. Das Geschrei und das Schießen ging weiter, und mittendrin rannte Kapitän Tanner herum, gefolgt von Leutnant Baldwick , gab den Männern

Befehle und beriet die Frauen und Kinder, was sie tun sollten. Zum Aufruhr gesellten sich noch das wilde Herumtänzeln einiger Pferde, die den Rauch schnupperten, und die Schreie der verängstigten Kinder, von denen sich einige an den Röcken ihrer Mütter festklammerten und andere auf der Suche nach ihren Eltern, die sie verloren hatten, umherliefen sie in der allgemeinen Verwechslung.

„Bleib bei deiner Tante und deinem Onkel, Dave", sagte James Morris. „Sie werden dich brauchen. Ich werde mit den Soldaten rausgehen", und schon sprang er davon, um zu erfahren, wie schlimm die Situation wirklich war und was getan werden könnte, um Abhilfe zu schaffen.

Was in der nächsten Stunde geschah, erschien dem Jungen danach eher wie ein schrecklicher Traum als wie Realität. Das Kriegsgeschrei der Indianer hallte weiterhin durch die Nachtluft, unterbrochen von zahlreichen Schüssen und Schreien der Verwundeten, während das Feuer im Wald immer heller wurde und die Kranken, Verwundeten und Hilflosen vor sich hertrieb. Rodney und die anderen versuchten, Joseph Morris wieder auf die Sänfte zu bringen, aber bevor dies geschehen konnte, rannten beide Pferde in der Dunkelheit davon, wobei eines Mrs. Morris aus der Fassung brachte und ihr die Schulter schwer verletzte. Dann hielten sich Henry und Dave stuhlartig an den Händen und begannen, den Leidenden zwischen sich hin und her zu tragen, stolperten jedoch über einige Baumwurzeln und fielen kopfüber hin. In der Zwischenzeit sah sich Mrs. Morris um und stellte fest, dass die kleine Nell fehlte.

„Nell! Nell!" Sie schrie. „Komm her! Nell!"

„Ist sie nicht bei dir, Mutter?" kam schnell von Rodney.

„Nein. Aber sie war eben noch hier. Nell! Nell!"

Auf diesen Schrei kam keine Antwort, und nun rannten sowohl Mrs. Morris als auch Rodney hin und her auf der Suche nach dem kleinen Mädchen. Man konnte kaum etwas sehen, denn der Rauch war so dicht, dass er sie fast blendete.

So schnell wie möglich standen Dave und Henry auf und holten Mr. Morris ab. Der Sturz hatte die Wunde des Betroffenen verletzt und er musste trotz aller Bemühungen, die Geräusche zu unterdrücken, stöhnen.

„Kümmere dich nicht um mich!" Er hat tief eingeatmet. „Sa – rette die – die anderen!" Und dann fiel er ohnmächtig in Ohnmacht.

„Deine Mutter ruft nach Nell!" rief Dave. „Hier, Henry, leg ihn auf meinen Rücken. Ich werde ihn irgendwie tragen, und dann kannst du zu ihr zurückgehen." Und nach einiger Anstrengung meisterte Dave seine Last und taumelte weiter, in die Richtung, die bereits einige andere eingeschlagen hatten. Er achtete nun darauf, wo er seine Füße platzierte, und verhinderte so, dass er erneut abstürzte, obwohl die Belastung ihn weit über seine jugendlichen Kräfte hinaus keuchen und anstrengen ließ. Er ging immer weiter, über Steine und durch niedriges Unterholz. Ein Pfeil ging an seiner Schulter vorbei, aber er achtete nicht darauf. Er hörte weitere Schüsse, und einmal schien fast vor ihm ein Feuerloder aufzublitzen. Aber er war nicht beeindruckt, und zehn Minuten später hatte er das Gefühl, das Schlachtfeld auf wunderbare Weise hinter sich gelassen zu haben. Er stürzte sich in eine mit nassem Gras gefüllte Mulde und ging bis zu den Knien. Unfähig, seine Last weiter zu tragen, ließ er zu, dass der Körper seines Onkels neben ihm herunterrutschte, und dort ruhte er sich aus, versuchte sein Bestes, wieder zu Atem zu kommen und fragte sich, was als nächstes passieren würde.

Kapitel XVI

ZURÜCK NACH WINCHESTER

Endlich schien der Kampf zu Ende zu sein . Nur ein paar Schüsse fielen, und sie kamen aus der Ferne. Das Feuer im Wald war erloschen und dank der allmächtigen Vorsehung war es den Indianern nicht gelungen, den erhofften Erfolg zu bescheren. Zwar waren einige der Pioniere und Soldaten schwer verwundet worden, aber keiner wurde getötet, während andererseits sieben Rothäute getötet worden waren.

Alles herrschte ein hoffnungsloses Durcheinander, und erst als es hell wurde, gelang es Kapitän Tanner und den anderen, die Sache zu klären. Viele der Frauen und Kinder waren in den Wald geflohen und mussten gejagt werden, während einige der Pioniere dem Feind auf eigene Faust gefolgt waren und erst zurückkehrten, als sie das Gefühl hatten, die Indianer seien ausreichend zurückgeschlagen worden.

Als Dave sich von der erzwungenen Reise erholte, galt seine erste Sorge seinem Onkel, der aufgrund eines erneuten Blutverlusts ohnmächtig geworden war. So gut es ihm möglich war, verband der Jüngling die Wunde noch einmal und riss ihm dazu einen Ärmel seines Hemdes ab.

Während er bei der Arbeit war, ertönten in seiner Nähe mehrere Alarmanlagen, und er hielt den Atem an, in der Erwartung, jeden Augenblick entdeckt zu werden. Aber die Indianer zogen auf beiden Seiten mit einer Geschwindigkeit an ihm vorbei, die ihm zeigte, dass sie jetzt nur noch an einen Rückzug dachten.

Beim ersten Tageslichtstrahl blickte er sich um und entdeckte in einiger Entfernung zwei Ranger zu Pferd. Sie versammelten die Pioniere und ihre Familien und waren bereitwillig bereit, ihm mit allen Kräften zu helfen.

„Ich schätze, Mr. Morris geht es ziemlich schlecht", sagte einer der Soldaten. „Das Herumstoßen hat seiner Wunde nicht gutgetan."

„Das ist genau das Problem", antwortete Dave. „Aber ich habe unter den gegebenen Umständen mein Bestes gegeben. Ich wollte nicht, dass die Indianer ihn skalpieren."

„Oh, das hast du ganz gut gemacht, Junge – ganz gut. Komm, ich nehme ihn auf mein Pferd."

Der Ranger trug den hilflosen Mann vorsichtig und bald erreichten Dave und sein Onkel die Stelle, zu der alle Pioniere kamen. Sobald sie sie erblickte, kam Mrs. Morris angerannt.

„Oh, Dave, wie geht es ihm?" sie fragte.

„Nicht besser, Tante Lucy", antwortete er nüchtern. „Ich denke, dass du ihn danach sehr ruhig halten musst."

„Hast du etwas von Nell gesehen?"

„Nein. Ist sie weg?"

„Ja. Henry und dein Vater sind auf der Suche nach ihr."

„Es ist schade! Ich hoffe, sie finden sie bald."

Dave fühlte sich sehr schwach und nahm gerne eine Suppe zu sich, die einige der Frauen im Lager zubereitet hatten.

Der Junge beendete gerade sein Mahl, als sein Vater und Henry zurückkamen und sehr entmutigt aussahen.

„Ist sie zurückgekommen?" fragte beide, und als Mrs. Morris dann den Kopf schüttelte und sich nicht traute, etwas zu sagen, fuhr James Morris fort: „Es ist schade! Ich kann es nicht für möglich halten, dass die Indianer sie entführt haben."

„Ja! Ja! Sie müssen sie entführt haben!" schluchzte Frau Morris. „Mein armer Liebling Nell! Oh, was werden diese Unglücklichen mit ihr machen!" Und sie brach in Tränen aus.

Rodney war gerade heraufgekommen und alle drehten sich um, um sie so gut sie konnten zu trösten. Dennoch konnten sie nur wenig sagen, um ihr schwer verwundetes Herz zu beruhigen. Sogar Dave standen die Tränen in den Augen, denn er liebte die kleine Nell so sehr, als wäre sie seine eigene Schwester.

Als es an der Zeit war, die Teilnehmer der Expedition zu zählen, stellte sich heraus, dass außer der kleinen Nell noch zwei weitere Mädchen vermisst wurden – Zwillinge namens Mary und Bertha Rose, die Kinder eines Pioniers, der fünfzehn Meilen nördlich des Morris-Gehöfts lebte. Frau Rose war genauso traurig wie Frau Morris, und beide weinten zusammen, als sie sich trafen.

„Ich werde zurückbleiben und sehen, ob ich nicht eine Spur aller Kinder finde", sagte James Morris.

„Und ich werde das Gleiche tun", sagte Nelson Rose. „Ich würde lieber mein Leben aufgeben, als meine beiden Mädchen in der Gewalt der Indianer zu lassen."

„Überlegen Sie, wie ich bei Ihnen bleiben werde", warf Sam Barringford ein
. Obwohl er es nie zugab, lag dem alten Grenzer die kleine Nell sehr am
Herzen.

„White Buffalo wird auch nach dem kleinen Bright-Face Ausschau halten",
sagte der Indianerhäuptling. „Aber er hat große Angst, dass die französischen
Indianer alle drei Mädchen entführt haben."

So wurde beschlossen, und als die Expedition loszog, blieben die drei weißen
Männer und der Indianer mit seinen Anhängern zurück. Kapitän Tanner und
Leutnant Baldwick waren sich nun ziemlich sicher, dass die Indianer nicht so
schnell einen weiteren Angriff starten würden, und deshalb stimmte er
bereitwillig zu, sie zu schonen. Obwohl er nichts sagte, blieb auch Uriah
Risley zurück, um zu sehen, ob er nicht etwas über seine Frau erfahren
könnte.

Aufgrund des Zustands der Verwundeten war der Weitermarsch nach
Winchester jetzt langsamer als je zuvor, und als die Nacht hereinbrach, war
nur die Hälfte der Strecke bis zu dieser Grenzstadt zurückgelegt. Aber ein
Bote war vorausgeschickt worden, und nun kamen mehrere Wagen heraus,
um die Behinderten am nächsten Tag abzuholen. Dies machte den Rest der
Reise für Joseph Morris weniger beschwerlich, und obwohl es ihm nicht
besser ging, schien es ihm auch nicht schlechter zu gehen.

Die Nachricht von dem Massaker, wie es genannt wurde, hatte sich in alle
Richtungen verbreitet, und als die Pioniere Winchester erreichten , fanden
sie den Posten belebt vor, zusammen mit vielen anderen, die aus allen
Richtungen des Himmels gekommen waren, einige mit all ihren
Habseligkeiten, andere wieder mit nichts als der Kleidung auf dem Rücken.
Infolgedessen war jede Hütte und jedes Haus überfüllt, und nur durch Glück
fanden die Morrises Unterschlupf in der Hütte eines engen Freundes namens
Maurice Gibson. Gibson selbst war ein Händler wie James Morris, und seine
Frau Abigail und Mrs. Lucy Morris waren alte Schulkameraden.

Joseph Morris wurde auf ein bequemes Bett gelegt und unverzüglich wurde
ein Chirurg zu seiner Behandlung gerufen. Der Mediziner untersuchte seine
Wunde, wusch sie gründlich aus und hinterließ dann ein starkes Tonikum als
Medizin.

„Ich denke, er wird sich bald erholen", sagte der Arzt. „Aber er muss ruhig
bleiben, bis die Wunde vollständig verheilt ist. Andernfalls kann Fieber
auftreten, und ich bin nicht für die Folgen verantwortlich."

„Er wird hier bleiben, solange er will", sagte Maurice Gibson. „Und auch
seine Familie;" und so war es erledigt.

Natürlich war Mrs. Morris erleichtert darüber, dass ihr Mann sich erholen würde, aber sie konnte ihre kleine Tochter nicht vergessen, und als sie an Nell in den Händen der Indianer dachte, liefen ihr trotz aller Bemühungen stille Tränen über die Wangen tun, um sie zu bleiben.

„Es ist schrecklich, schrecklich!" sagte sie zu Dave. „Oh, ich würde meine rechte Hand hergeben, um zu wissen, dass sie in Sicherheit ist!"

„Ich würde selbst ein gutes Angebot machen, Tante Lucy", erwiderte er. „Aber behalten Sie Ihren Mut. Vater, Barringford und White Buffalo werden alles in ihrer Macht Stehende tun, um sie zu uns zurückzubringen."

In der Stadt vergingen zwei Tage voller Angst, und dann wurde berichtet, dass sich die Mehrheit der feindlichen Indianer in Richtung Fort Duquesne zurückgezogen hatte, um sich den Franzosen anzuschließen, die sich in dieser Festung befanden. Einige der regulären Truppen waren einem Teil des Feindes gefolgt und hatten drei tapfere Soldaten an den sogenannten Three Posts niedergestreckt. Unter diesen auf diese Weise niedergeschlagenen Indianern befand sich Crooked Nose, ein Halbbruder von Spotted Tail, einem berühmten Häuptling dieser Zeit.

„Und immer noch keine Spur von Nell", seufzte Mrs. Morris, als die Nachricht eintraf. „Dave, hast du etwas von deinem Vater gehört?"

„Kein Wort, Tante Lucy."

„Ich hoffe, er ist in Sicherheit."

„Oh, du kannst darauf vertrauen, dass er auf sich selbst aufpasst – besonders wenn Barringford und White Buffalo bei ihm sind. Ich denke, sie werden uns bestimmte Neuigkeiten überbringen, wenn sie zurückkommen."

Doch niemand aus der Gruppe kehrte zurück, und am Ende einer Woche wurde sogar Dave unruhig. Zu diesem Zeitpunkt fühlte sich Joseph Morris stark genug, um ein wenig zu reden, obwohl er sich nicht weiter bewegen durfte, als unbedingt nötig war.

Auch wenn es damals noch keine Telegrafenleitungen gab, dauerte es nicht lange, bis sich die Nachrichten durch ganz Virginia und seine Nachbarstaaten verbreiteten, und auf allen Seiten herrschte das Gefühl, dass das gesamte Gebiet vor Indianern und anderen nicht sicher sein würde Französische Überfälle, solange Fort Duquesne in den Händen der Franzosen blieb.

„Geben Sie mir die Autorität und die Männer, gegen dieses Fort zu marschieren und es in Besitz zu nehmen, und an unserer Grenze wird Frieden herrschen", schrieb Colonel Washington. „Aber je länger wir zögern, desto gefährlicher wird diese Situation für uns." Dies sind nicht seine genauen Worte, aber sie sind der Kern zahlreicher Mitteilungen, die er an diejenigen richtete, die über ihn Autorität hatten.

Zwei Wochen später kam James Morris herein, blass und erschöpft, nachdem er mehrere hundert Meilen in ein halbes Dutzend Richtungen zurückgelegt hatte, auf der Suche nach der kleinen Nell und den Rose-Zwillingen.

„Wir haben Spuren davon gefunden, aber das ist alles", sagte er. „Sie sind zweifellos in den Händen der Indianer, die sie entweder nach Fort Duquesne oder nach Norden zum Eriesee bringen. Ich ließ Mr. Rose, Barringford und die Indianer immer noch auf der Suche nach ihnen zurück. Ich war gespannt, wie es weiterging." mit Bruder Joseph und dem Rest von euch."

„Aber du wirst zurückgehen – du wirst die Jagd nicht so schnell aufgeben?" flehte Frau Morris.

„Ja, ich werde wieder ausgehen", antwortete Daves Vater. „Sobald ich eine ordentliche Mahlzeit zu mir nehmen und eine Nacht gut schlafen kann."

Das Essen kam schnell, und der Händler ging an diesem Abend um sieben zu Bett und erwachte erst am Mittag des nächsten Tages. Dann erklärte er , er fühle sich wie neugeboren, und zwei Stunden später verabschiedete er sich von den anderen und machte sich auf den Weg, um seine Suche fortzusetzen. Es dauerte lange, bis Dave seinen Vater wiedersah.

Kapitel XVII

EINE NEUE KAMPAGNE

Wie bereits erwähnt, sah es in den Kolonien wirklich schlecht aus, und einige zähe Pioniere, die ihr Bestes gegeben hatten, um sich in diesem neuen Land niederzulassen, befürchteten, dass sie bald gezwungen sein würden, entweder den Indianern nachzugeben oder unter französische Herrschaft zu geraten . Drei Feldzüge waren ausgetragen worden, und noch immer waren die Franzosen die Herren und hielten Louisburg, Crown Point, Ticonderoga, Frontenac und die lange Postenkette von Niagara bis zum Ohio und von dort bis zum Mississippi. Das englische Fort in Oswego war zerstört worden und die Franzosen hatten die Six Nations, die mächtigste indische Organisation aller Zeiten, gezwungen, entweder neutral zu bleiben oder ihnen Hilfe zu leisten.

Um die englische Beunruhigung noch zu verstärken, nahm der Krieg in Europa auch eine Wendung zugunsten der Franzosen. Dies löste einen Sturm von Protesten gegen das englische Ministerium und Georg II. aus. war gezwungen, etwas zu ändern. Infolgedessen wurde William Pitt die vollständige Kontrolle über die Außen- und Kolonialangelegenheiten übertragen.

Pitt war ein sowohl kluger als auch tatkräftiger Mann, und seine Pläne für einen neuen Feldzug in Amerika erregten die Kolonien wie nie zuvor. Eine Armee von fünfzigtausend Mann, englische Stammsoldaten und Kolonialmilizen, wurde versammelt, und es wurde beschlossen, sofort einen dreiköpfigen Feldzug einzuleiten, einen gegen Louisburg, einen anderen gegen Ticonderoga und einen dritten gegen Fort Duquesne.

Der erste Schlag erfolgte Anfang Juni 1758, als die Engländer mit achtunddreißig Kriegsschiffen und einer Armee von vierzehntausend Mann vor Louisburg erschienen. Es kam zu einem heftigen Angriff und einer Art Belagerung, und Ende Juli kapitulierte der Ort, und in diesem Herbst wurden auch die Inseln Prince Edward und Cape Breton eingenommen.

Der Vormarsch auf Ticonderoga war nicht so erfolgreich, obwohl ein Teil der Truppen unter dem tapferen Israel Putnam, der später in der Revolution so berühmt war, einige der Franzosen zerstreute und 148 Gefangene machte. Daraufhin erfolgte ein Angriff auf Fort Frontenac, das sich dort befindet, wo sich heute die Stadt Kingston in Kanada befindet. Hier legten die Engländer das Fort in Schutt und Asche und kaperten neun Schiffe mit Waffen und Vorräten.

Die Menschen in Virginia, Maryland und Pennsylvania waren bestrebt, den Angriff auf Fort Duquesne sofort durchzuführen, aber wie wir bereits wissen, bewegten sich die Armeen, insbesondere diejenigen, die durch die Wildnis marschieren mussten, sehr langsam. Das Kommando über diese Expedition wurde in die Hände von General Forbes gelegt, einem tapferen Offizier, dessen Gesundheit für ein solches Unternehmen jedoch bei weitem nicht geeignet war . Dieser General verließ Philadelphia Anfang Juli mit dem Hauptteil seines Kommandos und erreichte nach einem harten Marsch Raytown, neunzig Meilen östlich von Fort Duquesne, das heute als Bedford bekannt ist.

Während General Forbes auf diese Weise nach Westen zog, versammelte Oberst Washington, dem befohlen worden war, sich dem Hauptkommando anzuschließen, alle seine verfügbaren Truppen und zog von Winchester nach Norden nach Fort Cumberland, das auf diesen Seiten mit seinem damals gebräuchlichen Namen Will's Creek genannt wird.

Der Frühling war langsam auf die in Winchester ansässige Familie Morris übergegangen. Obwohl Joseph Morris' Wunde heilte, schien es dem Pionier seltsamerweise nahezu unmöglich, wieder zu Kräften zu kommen, und das Beste, was er tun konnte, war, mit Unterstützung seiner Frau durch die Räume des Gibson-Hauses oder durch den Vorhof zu laufen Andere.

„Meine Beine werden mich nicht tragen", sagte er. „Sie haben das Gefühl, als würden sie mich jeden Moment im Stich lassen."

„Es sind die Auswirkungen des Fiebers", sagte Frau Morris. „Der Arzt sagt, Sie müssen sich mehrere Monate schonen."

Auch Rodney hatte unter dem Marsch durch den Wald und unter den Kämpfen gelitten und war mehr oder weniger auf das Haus beschränkt.

„Es ist eine Schande – und gerade als ich dachte, ich würde so stark werden", seufzte der Krüppel. „Irgendwie scheinen wir eine unglückliche Familie zu sein."

Während all dieser trostlosen Monate hatten sie keine direkte Nachricht über die kleine Nell erhalten, aber durch White Buffalo war die Nachricht gekommen, dass ein gewisser Indianerstamm namens Little Waters mehrere weiße Mädchen in seiner Obhut hatte und dass ein alter Indianerhäuptling sie mitgenommen hatte eine der Gefangenen als seine Tochter, da er kinderlos war.

„Wenn sie sie als ihre Kinder aufnehmen, werden sie sie höflich und höflich behandeln", sagte Sam Barringford . „Aber ich denke, du willst die kleine Nell trotzdem nicht verlieren."

„Nein! Nein!" sagte Frau Morris. „Oh, wir müssen sie irgendwie zurückbekommen!"

Nachdem diese Nachricht bekannt wurde, reisten Barringford und Daves Vater noch einmal nach Nordwesten, in der Hoffnung, Verhandlungen mit den Indianern aufzunehmen. Wie diese Reise ausgehen würde, war immer noch eine Frage, obwohl White Buffalo erklärte, dass wenig getan werden könne, solange das Kriegsbeil zwischen den englischen und den französischen Indianern nicht begraben bliebe.

Sobald der neue Ruf nach zusätzlichen Truppen für die Kolonialmiliz kam, gab Dave seine Absicht bekannt, erneut unter seinem alten Kommandeur, Colonel Washington, in den Dienst zu treten. Er zögerte nicht, Washington diesbezüglich persönlich zu treffen.

„Ich freue mich, Sie bei uns zu haben", sagte Washington, nachdem der Jugendliche die Sache erklärt hatte. „Ich erinnere mich daran, wie Sie sich in unserem anderen Feldzug gegen Fort Duquesne verhalten haben, und ich habe nicht vergessen, Meister David, wie wir den Bären erschossen haben" – dies mit einem Augenzwinkern. „Ja, kommen Sie auf jeden Fall zu uns, wenn Sie Lust dazu haben." Und Dave unterschrieb an diesem Tag die Sammelliste – als Kolonialmilizionär, mit einem Gehalt von zehn Pence pro Tag, davon zwei Pence , die für Kleidung und andere Notwendigkeiten abgezogen wurden! Dies war der reguläre Lohnsatz und galt für die damalige Zeit als recht fair.

Man muss zugeben, dass die Truppen unter Colonel Washington eine bunte Ansammlung bildeten. Viele der besten Pioniere und Grenzgänger waren der Verzögerungen in der Vergangenheit überdrüssig geworden und weigerten sich nun, sich erneut zu melden, weil sie befürchteten, dass sie nichts anderes tun müssten, als in der Nähe der Festung zu warten, während die Sommerernte zu Hause sie forderte Aufmerksamkeit. Rekruten zusammenzutrommeln erwies sich als die härteste Arbeit, und in einigen Fällen bestanden die Kompanien aus Männern, die den Sinn des häuslichen Lebens nicht kannten – zähe Fallensteller und Händler, von denen einige fleißig genug waren, andere aber dem Trinken und Streiten verfallen waren, und nicht … Nur wenige lebten fast so wie die Indianer, kleideten sich wie die Indianer und bemalten gelegentlich ihre Gesichter, „ jes 'fer the sport on't ", wie sie es ausdrückten. Im Kampf waren diese Männer wie menschliche Tiger, aber im Lager und auf dem Marsch war es nahezu unmöglich, sie militärisch zu disziplinieren. Viele lehnten es ab, Rationen mitzunehmen, wie es die regulären Soldaten taten, und zogen es vor, Wild zu erlegen, wenn sie es brauchten, und wenn Wild nicht zur Hand war , eigneten sie sich ein Schwein oder eine Kuh an, die einem Siedler gehörte – was dem Kommando zusätzliche Schwierigkeiten bereitete.

„ Du gehst also mit den Soldaten", sagte Henry, als Dave ihm erzählte, was er getan hatte. „Nun, wenn du gehst , werde ich auch gehen – sofern meine Mutter es zulässt."

Henry machte den Vorbehalt mit einem besorgten Gesichtsausdruck, denn er wusste, wie schwierig es für ihn sein würde, die Zustimmung seiner Eltern einzuholen.

„Nein, nein, Henry!" rief Frau Morris. „Da dein Vater und Rodney so krank sind und Nell weg ist, wie kann ich dich schonen?"

„Aber, Mutter, jemand muss gegen die Franzosen kämpfen", beharrte der Sohn. „Wenn wir sie nicht bekämpfen und auspeitschen, wie sollen wir dann jemals in unsere Heimat zurückkehren? Ich möchte das alles nicht aufgeben, oder?"

Es folgte ein langer Streit, und schließlich sagte Frau Morris, sie würde ihren Sohn am nächsten Morgen darüber informieren.

White Buffalo kam an diesem Abend mit Neuigkeiten herein. „Die Little Waters sind zur untergehenden Sonne gegangen, zu den Franzosen", sagte er. „White Buffalo wurde gesagt, dass sie dort bleiben werden, bis der Winter wieder kommt."

„Nach Fort Duquesne!" rief Dave. „Ich bin froh darüber. Wenn wir jetzt diese Festung einnehmen, können wir vielleicht Nell und die Rose-Zwillinge retten."

Diese Nachricht entschied Mrs. Morris, und mit Tränen in den Augen sagte sie zu Henry, dass er vielleicht mit Dave und Colonel Washington gehen würde. „Und möge Gott gewähren, dass du gesund und munter mit Nell zurückkommst", fügte sie hinzu.

Wenige Tage später fand man die beiden jungen Soldaten auf dem Marsch. Es war so etwas wie ein Galatag für Winchester, und die Post war voller Fahnen und Wimpel. Die langen Trommeln rollten und die Pfeifen erklangen fröhlich, als das Kommando die Stadt verließ und sich auf den Weg begab, der nach Norden nach Cumberland führte. Viele waren in bester Stimmung und hofften, dass der Untergang von Fort Duquesne schnell vollzogen werden würde.

Kaum war die Stadt jedoch zurückgelassen, verstummte die Musik und das Kommando ging im Taktschritt weiter – das heißt, jeder Soldat trat nach eigenem Gutdünken hervor. Dies war notwendig, denn der Weg war holprig, da er seit Beginn der Unruhen mit den Indianern nicht mehr genutzt wurde.

Braddock-Straße nach Fort Duquesne nicht benutzen dürfen ", sagte Henry, während er neben Dave hertrottete. „Oberst Washington hat empfohlen, es zu nutzen, aber General Forbes wird seinen eigenen Weg gehen."

„Wenn er das tut , werden wir den ganzen Herbst und Winter bis zum Fort verbringen", antwortete Dave. „Wie dumm, eine bereits gebaute Straße nicht zu benutzen."

„Es ist seltsam, dass sie Colonel Washingtons Rat nicht befolgen. Er kennt dieses Gebiet besser als jeder andere."

„Es herrscht eine Menge militärischer Eifersucht", lautete die Antwort. „Englische Offiziere hassen es, wenn ein Kolonialherr ihnen die Nase vorn hat. Sie wollen das ganze Spiel anführen."

In der zweiten Nacht lagerten die Truppen in der Nähe eines großen Baches. Es war heiß und Dave und Henry waren froh, im Bach zu schwimmen, sobald sie die Gelegenheit dazu hatten. Bald waren sie im Wasser und tauchten und trieben nach Herzenslust Sport. Dann fing Henry einen Ast auf, der über dem Wasserrand hing, und zog sich auf den Baum.

„Sehen Sie, was für einen schönen Tauchgang ich von hier aus machen kann", rief er seinem Cousin zu.

„Tu es nicht", rief Dave. „Sie könnten zu tief gehen und Ihren Kopf auf einen Stein schlagen."

„Ich werde vorsichtig sein", war Henrys Antwort. "Hier geht!"

Mit einer schnellen Bewegung sprang er von einem Glied zum anderen. Als das zweite Glied plötzlich schwankte, stieß Henry einen Alarmschrei aus. Dann stürzte er mit lautem Platschen ins Wasser. Hinter ihm stolperte eine Wildkatze, die vor Wut knurrte, weil sie so kurzerhand gestört wurde. Die Wildkatze schlug in der Nähe der Stelle zu, an der Dave Wasser trat, und sprang sofort auf die Schulter des jungen Soldaten zu.

Kapitel XVIII

WILDKATZE UND WASSER

Dave war sowohl erschrocken als auch beunruhigt, als die Wildkatze fast auf seinem bloßen Kopf landete, und noch mehr verängstigte er sich, als das Biest einen Satz machte, um sich auf seine nackte Schulter zu stürzen. Er hatte mehrere Erfahrungen mit Wildkatzen gemacht und wusste, dass sie sowohl mächtig als auch blutrünstig waren.

Mehr aus Instinkt als aus Vernunft tauchte er und ging so weit wie möglich hinab. Sobald sich das Wasser über dem Kopf der Wildkatze schloss, ließ sie ihren Halt los und begann zum Ufer zu schwimmen.

Henry befand sich direkt auf dem Weg des Tieres, und eine Sekunde später, noch bevor der junge Soldat Zeit hatte, ans Abtauchen zu denken, war die Wildkatze auf seinem Rücken und bohrte ihre grausamen Nägel tief in sein Fleisch.

"Aussteigen!" schrie Henry. „Runter! Hilfe! Hilfe!"

Und dann ging er zu Boden, nicht weil er daran gedacht hatte, sondern weil er das Gewicht nicht tragen konnte. Der Bach schloss sich über ihm und er sank direkt auf den Grund.

Diesmal ließ die Wildkatze ihren Griff nicht los. Es klammerte sich verzweifelt daran fest, und als Henry versuchte, es abzuschütteln, bohrten sich seine Nägel nur noch tiefer in sein Fleisch. Mechanisch begann er zu schreien, als ihm das Wasser in den Mund strömte und ihn fast auf der Stelle erwürgte.

Zu diesem Zeitpunkt hatte Dave die Oberfläche erreicht und die Ringe und Blasen zeigten ihm deutlich, wo Henry und die Wildkatze untergegangen waren. Mit schnellen Bewegungen schwamm er zum Flussufer, als gerade mehrere Ranger zum Unfallort gerannt kamen.

„Hast du um Hilfe gerufen?" fragte einer.

„Eine Wildkatze!" keuchte Dave, kaum in der Lage zu sprechen, und zeigte in den Bach. „Sa – rette meinen Cousin!"

„ Also hat ihn eine Katze angegriffen, was?" sagte einer der Ranger. Er hob seine Waffe. „Sehe nichts von dem Tier."

Gerade als er zu Ende gesprochen hatte, plätscherte das Wasser und der Kopf der Wildkatze erschien. Dann kam Henry herauf und sie sahen, dass sich das Tier immer noch am Rücken des jungen Jägers festhielt.

Es war ein riskanter Schuss, denn Jugend und Tier zappelten wütend umher. Aber es musste etwas getan werden, und im nächsten Moment ertönte ein Schuss, gefolgt von einem weiteren. Die Ziele beider Ranger waren wahr und die Wildkatze wurde am Vorderteil und am Kopf getroffen. Mit einem Knurren und Stottern ließ es Henry los und planschte wild im Wasser herum.

Von Henry kam kein Schrei, aber sobald das Biest seinen Halt losgelassen hatte, sank es erneut unter die Oberfläche, zu schwach, um irgendetwas zu tun, um sich selbst zu retten.

„Er wird ertrinken!" murmelte Dave. "Rette ihn!" Und ohne zu warten, stürzte er sich noch einmal in den Fluss.

Er fühlte sich selbst todschwach, aber der Gedanke, dass sein Cousin für immer verloren sein könnte, machte ihm Mut. Mit zusammengebissenen Zähnen schwamm er zur Stelle. Als er Henrys Arm erblickte, der hochgeworfen wurde, packte er das Glied und klammerte sich fest daran fest.

„Henry, halte mich fest", brachte er heraus, aber sein Cousin achtete nicht darauf, denn er war mehr als halb bewusstlos. Dann versuchte Dave, ihn hochzuheben, aber das Gewicht war zu groß, als er tragen konnte.

„Hilf uns, jemand!" Der junge Jäger schaffte es zu rufen, und es folgte ein Platschen, als einer der Waldläufer in den Fluss sprang. Ein weiterer Schuss ertönte, ein tödlicher Schuss für die Wildkatze, und der Kadaver des Tieres schwamm den Fluss hinunter und verschwand zwischen den Büschen am gegenüberliegenden Ufer.

Als der Ranger auftauchte, war Dave fast so weit weg wie Henry. Der alte Soldat war ein kräftiger Kerl und brachte beide problemlos zum Ufer, das nicht weit entfernt war. Hier sank Dave zusammen, während die anderen Soldaten ihr Möglichstes taten, um Henry wiederzubeleben.

Die Nachricht, dass eine Wildkatze einige Badegäste angegriffen hatte, verbreitete sich schnell im gesamten Lager und viele strömten in diese Richtung, um die Einzelheiten zu erfahren. Sowohl Dave als auch Henry erhielten die größtmögliche Aufmerksamkeit, und am nächsten Morgen sagte jeder, er könne seine Arbeit wieder aufnehmen. Aber beide waren steif von der Behandlung durch das wilde Tier und an Henrys Hals waren tiefe Kratzer, die er mit ins Grab nehmen sollte.

„Danach werde ich sehr genau darauf achten, wo ich bade", sagte er zu Dave, als er auf dem Marsch war.

„Ja, und vor allem, von wo aus du tauchst", erwiderte Dave. „Wenn Sie eine andere Wildkatze auf Ihrem Sprungbrett sehen, lassen Sie sie besser ihr Nickerchen machen, ohne sie zu stören."

Der Marsch nach Cumberland war schwieriger als erwartet, und die jungen Soldaten waren froh, als er zu Ende ging und sie ihr Lager direkt außerhalb der Festung fanden, die beide auf einem Ausflug nach Will's Creek mehr als einmal besucht hatten. Von allen Seiten strömten Soldaten heran, und schon bald war das Lager überfüllt.

„Ich frage mich, wie lange wir hier bleiben werden", sagte Henry, nachdem sie über eine Woche in Cumberland waren. „Ich hatte die Idee, dass wir direkt weiter nach Fort Duquesne marschieren sollten."

„Es gibt einige Probleme wegen der neuen Straße zur Festung", antwortete Dave. „Ich verstehe, dass Colonel Washington darüber schrecklich verärgert ist. Er meint, sie sollten die alte Braddock-Straße benutzen und die Franzosen in kurzer Zeit aufpolieren."

„Es war die Verzögerung, die zuvor zur Niederlage geführt hat, das ist sicher, Dave. Es ist schade, dass die britischen Generäle Washingtons Rat nicht befolgen werden."

Was Dave über die Probleme auf der Straße sagte, stimmte. Die Braddock-Straße , die ursprünglich von den Indianern ausgewählt wurde, war so gut wie jede andere zu haben oder zu bauen, doch trotz aller Argumente dagegen wurde beschlossen, eine neue Straße von Raytown nach Fort Duquesne zu bauen. Zwar würde eine solche Straße etwas kürzer sein als die alte, aber sie zu bauen würde den ganzen Sommer dauern, und eine Fortsetzung der Kampagne im Winter wäre so gut wie ausgeschlossen.

Als ein Teil der Kolonialtruppen, einschließlich der Kompanie, zu der Dave und Henry gehörten, Raytown erreichten, stellten sie fest, dass die neue Straße bereits begonnen hatte und zweihundert Männer damit beschäftigt waren, Bäume zu fällen, große Steine zu entfernen und Reisig zu verbrennen. Dies wurde Woche für Woche aufrechterhalten, und in der Zwischenzeit litten die Truppen stark unter Krankheit und Mangel an ausreichender Nahrung. Viele der Kolonialherren empörten sich über den langsamen Fortschritt des Feldzugs und wären nach Hause gegangen, wenn die militärischen Vorschriften dies nicht verboten hätten.

Mittendrin kam Sam Barringford herein und machte Jagd auf Henry und Dave. „Ich dachte, du würdest mich gerne sehen", sagte er beim Händeschütteln. „ Jes ist bei Daves Vater eingestiegen. Wir haben eine große Jagd gemacht, das sage ich euch."

„Und Nell?" fragte Henry schnell.

„Sie ist eine Gefangene bis Fort Duquesne. Wir haben alles klargestellt."

„Nicht von den Franzosen?"

„Nein, von den Indianern , die sich dort herumtreiben – der Jean- Bevoir-Menge, wie Daves Vater sie nennt – auch ein schlechter Haufen.“

Barringford hatte beschlossen, an dem nun laufenden Feldzug teilzunehmen, und man kann sich gut vorstellen, dass die beiden jungen Soldaten sehr froh waren, ihren treuen alten Freund wieder bei sich zu haben.

„Es wird einem wie in alten Zeiten vorkommen“, sagte Dave. „Wenn wir nur morgen weitermachen könnten!“

Es war Ende Oktober, als Dave Neuigkeiten überbrachte. Er eilte dorthin, wo Henry und Barringford eifrig ein paar Löcher in ihre Jacken nähten.

„Hurra, wir müssen endlich umziehen!“ er weinte. „Major Grant wird mit achthundert Mann vorausbestellt, und unsere Kompanie soll mit der Leiche marschieren.“

„Nur achthundert“, erwiderte Barringford . „ Thet sind nicht viele. Irgendwie eine Pfadfinderparty , schätze ich.

Doch auch er war froh über jede Bewegung und bereitete sich sofort auf die Abreise vor. Zwei Tage später war das Kommando unterwegs und die Zurückgebliebenen wünschten ihnen viel Erfolg.

Die Engländer waren noch viele Meilen von Fort Duquesne entfernt, als die französischen Späher ihrem Kommandanten mitteilten, dass der Feind im Anmarsch sei. Ohne auf einen Angriff zu warten, marschierten die Franzosen los, um die bevorstehende englische Schlacht auszutragen.

„Der Kampf ist eröffnet!“ rief Dave, als von vorne mehrere Schüsse fielen. „Jetzt sind wir dran!“

„Nun, wir sind gekommen, um zu kämpfen“, antwortete Henry. „Und je früher der Kampf vorbei ist, desto besser.“

Der eigentliche Kampf fand jedoch erst am nächsten Tag statt. Dann taten die Franzosen ihr Bestes, um die Engländer einzukesseln, und schon nach kurzer Zeit entbrannte der Kampf auf allen Seiten. Ein Teil des Schlachtfeldes war eine kleine Öffnung und der Rest der Kämpfe fand im Wald statt. Bald wurde der Rauch so dicht, dass auf beiden Seiten nur noch wenig zu sehen war.

„Sag euch was, ihnen „Die Franzosen meinen es ernst!“, rief Barringford , während er seine Waffe nachlud, die so heiß war, dass er sie kaum halten konnte. „Wir haben die Männer bereits aus den Augen verloren.“

Was er sagte, war wahr. Der Verlust war schrecklich gewesen, und auf allen Seiten lagen Tote und Sterbende. Stöhnen und Schreien zerreißen die Luft, auf eine Art und Weise, die selbst dem stärksten Herz Übelkeit bereitet.

Major Grant eilte ohne Rücksicht auf die Gefahr umher, gab Anweisungen und tat alles, was er konnte, um seine Untergebenen zu ermutigen.

„Zieh dich nicht zurück! Der Kampf gehört uns!" rief er. „Steh, wo du bist!" Und dann verlor sich seine Stimme im Knattern der Musketen und dem wilden Geschrei der Indianer, die herbeigekommen waren, um den Franzosen zu helfen und den Engländern zu stehlen, was sie konnten.

Dave, Henry und Barringford befanden sich hinter einem umgestürzten Baum und brannten so schnell wie möglich davon. Die Franzosen waren vor ihnen und die Indianer zu ihrer Linken, und eine Zeit lang schien es, als sei ein Chaos ausgebrochen. Plötzlich stieß Barringford einen Schrei aus.

„Ente, Jungs, Ente!"

Sie fielen flach und keine Sekunde zu früh, denn ein halbes Dutzend Pfeile sausten über ihre Köpfe hinweg. Dann sprang der alte Grenzgänger auf.

„Ich werde es dir zurückzahlen!" er brüllte. „Das für euch, ihr Sarpints des Bösen!"

Er zielte schnell, aber vorsichtig auf den Anführer.

Er zielte schnell, aber vorsichtig auf den Anführer der Indianer, der geradeaus mit erhobenem Tomahawk voranstürmte. Der Hammer seiner Steinschlossmuskete fiel. Es folgte eine gewaltige Explosion und Barringford wurde zu Boden geschleudert, während Dave und Henry ebenfalls getroffen und niedergeschlagen wurden. Die Waffe war explodiert.

Dann, bevor sich jemand aus der Gruppe erholen konnte, waren die Indianer über ihnen, schrien wie Dämonen und fuchtelten mit ihren Tomahawks und ihren scharfkantigen Jagdmessern.

KAPITEL XIX

Niederlage der Engländer

Die Explosion der Muskete war so unerwartet gekommen, dass Dave und Henry im Moment kaum wussten, was passiert war. Dave spürte, wie ihn etwas auf der Unterseite seiner linken Wange traf, und als er seine blutüberströmte Hand hob, zog er sie zurück. Auch Henry wurde von einem herumfliegenden Splitter des Gewehrlaufs getroffen, der ihm eine Haarsträhne abtrennte. Der arme Barringford lag da wie ein Toter.

Bevor Dave sich erholen konnte, waren die Indianer über ihnen und jubelten, als hinge ihr Leben davon ab. Einer warf einen Tomahawk auf Dave, aber das Ziel war schlecht und die Waffe vergrub sich im Baumstamm, der unsere Freunde beherbergt hatte.

Doch genau in diesem Moment, als alles verloren schien, veränderte sich das Schlachtfeld und sofort stürmten dreißig oder vierzig englische Rotröcke aus den Wäldern direkt hinter den Indianern. Ein Volleyschuss ertönte, und vier der Redmen stürzten nach vorne und schossen durch den Rücken. Andere Kugeln trafen den Baumstamm, hinter dem unsere Freunde lagen, aber Dave, Henry und Barringford wurden nicht berührt.

Als sie so unerwartet aus einer neuen Richtung angegriffen wurden, schienen die Indianer benommen zu sein. Sie versuchten, sich gegen die englischen Soldaten zu wenden, doch als zwei weitere Soldaten getötet wurden, flohen sie auf eine Seite, wo dicht Walnüsse wuchsen. Die Soldaten folgten ihnen sofort, und im Wald kam es zu einem weiteren Gefecht.

„Bist du sehr verletzt, Sam?" fragte Henry, als er sich soweit erholt hatte, dass er sprechen konnte.

„Ich – ich glaube nicht", war die keuchende Antwort nach langem Schweigen. Barringford öffnete die Augen und blickte reumütig auf den Gewehrschaft, der zu seinen Füßen lag. „Erledigt! Nun ja, vom Kaugummi! Hätte nicht gedacht, dass Old Trusty es auf keinen Fall tun würde . Schämt ihr euch nicht ?" Und er schüttelte traurig den Kopf. Wie unsere alten Leser wissen, hatte er die Schusswaffe viele Jahre lang getragen, und dass sie auf diese Weise „auf ihn zurückgefallen" war, tat ihm mehr weh als die Explosion.

„Es hat deinen Bart ganz schön versengt", sagte Dave. „Du kannst dankbar sein, dass es dein Gesicht nicht in Stücke gerissen hat."

„Wir müssen hier raus!" rief Henry. „Sehen Sie, die Franzosen kommen!"

Henry hatte recht, die französische Kolonne war plötzlich auf der Kuppe eines benachbarten Hügels aufgetaucht. Die in Sichtweite befindlichen Engländer erhielten heftiges Feuer, und dann stürmte der Feind vor. Unsere Freunde waren froh, sich zurückzuziehen und sich erneut der Hauptgruppe der Ranger anzuschließen.

Unglücklicherweise für die Engländer hatte Major Grant seine Streitkräfte aufgeteilt und als nun der französische Kommandeur anrückte, befahl er, die kleineren englischen Kommandos zu umzingeln. Dies geschah, und obwohl Major Grant sein Bestes tat, um sein Kommando wieder zusammenzubringen, war ihm dies nicht möglich. Die Engländer waren hoffnungslos getrennt, und als die Kämpfe zu Ende waren, wurden der Major und eine große Anzahl seiner Offiziere und Männer gefangen genommen.

„Wir fangen es, und das ist kein Fehler", keuchte Dave, nachdem Barringford erneut Stellung bezogen hatte und sich dabei mit einer weiteren Waffe ausgestattet hatte – einer, die einem toten Grenadier aus der Hand genommen worden war. „Die Franzosen meinen es ernst."

„Da kommen sie wieder!" rief Henry aus. „Schau! Schau! Sie scheinen Verstärkung zu haben!"

Henry hatte recht, und man muss zugeben, dass der Angriff der Franzosen mit den Indianern auf der linken Flanke großartig war. Der Schock über das Zusammentreffen der beiden Armeen war gewaltig, und bald kam es an Hunderten von Orten gleichzeitig zu Nahkämpfen. Gewehre und Pistolen rasselten ständig und die kühle, frostige Luft des Spätherbstes war voller Rauch. Da das Gras vom Tau nass war, rutschten viele aus und stürzten, und nicht wenige Soldaten wurden von verängstigten Pferden zu Tode getrampelt. Es war eine Szene, die man nicht so leicht vergisst und die Dave stark an jene andere Schlacht erinnerte, als General Braddock eine bittere Niederlage und den Tod erlitten hatte.

Und erneut erlitten die Engländer eine bittere Niederlage. Die Streitmacht von Major Grant war nicht stark genug, um dem gemeinsamen Angriff der Franzosen und Indianer zu widerstehen, und schließlich wurde der Befehl zum Rückzug ausgesprochen, und in der zunehmenden Dunkelheit zogen sich die Engländer zurück und nahmen eine Reihe ihrer Verwundeten mit. Wie viele der Verwundeten auf diesem kalten Schlachtfeld zurückgelassen wurden, um an den Folgen der Kälte zu sterben, wird nie bekannt sein. Es schneite jetzt und es kam ein Wind auf, der jeden Soldaten bis auf die Knochen fröstelte.

„Es ist ein weiterer Braddock-Sieg", sagte Barringford sarkastisch, während er mühsam dahinhumpelte, weil ihm ein Pferd auf die Zehen seines linken

Fußes getreten war. „Diese Reg'lars verstehen es sowieso nicht , im Wald zu kämpfen . Ihr müsst gegen Indianer auf Indianerart kämpfen, und zwar auch gegen Franzosen .

„Wir haben etwa dreihundert Männer verloren, getötet, verwundet und gefangen genommen", sagte Dave. „Ich frage mich, was General Forbes dazu sagen wird?"

„Ich glaube, er ist zu krank, um viel zu sagen", sagte Henry. Er sprach so, denn General Forbes lag mehrere Wochen lang im Krankenbett und musste bei jedem Wechsel seines Kommandos auf einer Sänfte nach vorne getragen werden.

Die Nachricht, dass das Kommando von Major Grant zurückgeschlagen und der Major und viele seiner Offiziere gefangen genommen worden waren, wurde schnell an General Forbes übermittelt, und sofort wurde ein Kriegsrat abgehalten. Es wurde beschlossen, die gesamte Armee unverzüglich vorzuschicken, und die Soldaten zogen so schnell weiter, wie es der Zustand der Straße erlaubte. Als die Verstärkung eintraf, hatten sich die Franzosen und Indianer nach Fort Duquesne zurückgezogen, um zusätzliche Munition und allgemeine Vorräte zu holen und sich um ihre Verwundeten und Gefangenen zu kümmern.

Wieder einmal drängte Washington auf einen raschen Marsch auf die Festung. „Es ist unsere einzige Chance auf Erfolg", sagte er. „In ein paar Wochen wird der Winter kommen und dann muss der Feldzug in dieser Wildnis ein Ende haben."

Seine Worte ließen sich nicht bestreiten, denn es schneite weiter, und wenn es nicht schneite, regnete es, und der Wind wurde von Tag zu Tag kälter und kälter, bis selbst die zähesten Soldaten anfingen, sich über die Unannehmlichkeiten des Lagerlebens zu beschweren. Die ganze Armee marschierte vorwärts und mühte sich mühsam durch den Wald, wohin nur ein unvollkommener Indianerpfad führte. General Forbes war nun schwächer als je zuvor und andere drängten ihn, zurückzukehren. Doch voller Entschlossenheit lehnte er ab und leitete weiterhin vom Krankenbett aus die Bewegungen seiner Armee. Seine Hingabe an die Pflicht war wunderbar und etwas, das es wert ist, in Erinnerung zu bleiben.

Dave und Henry litten mit den anderen Soldaten. Wenn die Nacht hereinbrach, mussten sie oft in durchnässter Kleidung ausruhen, und der einzige Trost, den sie aus ihrer Situation schöpften, war der Gedanke, dass sie mit jedem Tagesmarsch der Stelle, an der sie die kleine Nell vermuteten, so viel näher kamen hielt einen Gefangenen.

„Ich werde mich nicht beschweren, wenn wir sie nur zurückbekommen", sagte Henry. Und Dave stimmte herzlich zu.

Es war jetzt Mitte November und der Winter hatte begonnen, ernsthaft einzubrechen. An jedem Teich bildete sich Eis, und es kam häufig zu langsam fließenden Bächen und Schneestürmen, wenngleich keiner von ihnen viel ausmachte. Die Nächte waren die schlimmsten und viele große Lagerfeuer machten die Soldaten, um sich warm zu halten. Eine Vorhut war ständig unterwegs, um sich vor einer Überraschung zu schützen, aber es erschienen weder Franzosen noch feindliche Indianer.

Am späten Nachmittag fielen in der Ferne mehrere Schüsse, und eine halbe Stunde später kam eine kleine Vorhut mit einer Reihe französischer und indischer Gefangener. Diese Gefangenen wurden eingehend befragt und von ihnen erfuhr man, dass die Franzosen und Indianer im Fort stark unter Krankheit und Mangel an Vorräten litten – letztere hatten es aufgrund der englischen Siege im Norden nicht geschafft, Fort Duquesne zu erreichen.

„Wenn Sie sich beeilen, können Sie die Festung problemlos einnehmen“, sagte einer der Gefangenen, der sich bei seinen Häschern einschmeicheln wollte.

Diese Nachricht war äußerst ermutigend und es wurde befohlen, dass die Haupttruppe der Soldaten erneut vorrücken sollte und die Artillerie und die Versorgungswagen später herankommen sollten. Die Nachricht versetzte Dave und Henry in die beste Stimmung und sie machten genauso schnell weiter wie alle anderen, mit Barringford an ihrer Seite.

Aber es ging nur langsam voran, denn es mussten viele Hügel überquert werden, und beim Rückzug hatten die Franzosen viele umgestürzte Bäume auf dem Weg zurückgelassen, und an einer Stelle befand sich eine gefährliche Falle, in die der Feind mehrere Wölfe geworfen hatte. Ein paar Grenadiere fielen in diese Falle und wurden leider von den halb verhungerten Tieren gebissen, bevor sie gerettet werden konnten.

Schließlich schätzten diejenigen, die im Voraus waren , dass sie nur noch eine Tagesreise von Fort Duquesne entfernt waren. Der Boden kam Dave bekannt vor und Barringford zeigte ihm sofort die Stelle, an der der junge Soldat und sein Vater nach der Schlacht bei Braddock wieder vereint gewesen waren.

Bald ertönte aus der Ferne ein Hurra, das mit jedem Augenblick lauter wurde. „Das Fort ist verlassen! Die Franzosen und Indianer ziehen sich zurück!“

„Kann das möglich sein?“ platzte aus Henrys Lippen. „Komm, lass es uns herausfinden!“

Er stürmte vorwärts, und Dave und Barringford folgten ihm schnell. Bald befanden sie sich an der Spitze, die über umgestürzte Bäume und Reisig kletterte und den letzten Hügel erklomm, der die englischen Soldaten von der Festung trennte. Vor ihnen war dichter Rauch, und bald darauf sahen sie eine Flammensäule aufsteigen, gefolgt von einer dumpfen Explosion.

„Sie haben die Festung beschossen", sagte Barringford . „Stellen Sie sich vor, dass sie alles verbrennen werden, was sie nicht tragen können."

Als die Soldaten die Nähe der Festung erreichten, war das Feuer bereits erloschen. Nur ein kleiner Teil der Umzäunung war verschwunden, mit ein oder zwei kleinen Gebäuden und den Überresten der Vorräte. In der Nähe wurde ein Indianer gefunden, der an einem gebrochenen Bein litt, und er teilte mit, dass sich das französische Kommando den Ohio hinunter zurückgezogen habe. Einige waren erst vor ein paar Stunden gegangen, andere schon drei Tage zuvor.

„Und was ist mit den Gefangenen, die sie hatten?" fragte Henry, sobald er die Gelegenheit dazu bekam.

„Die Gefangenen wurden vor drei Tagen abtransportiert."

„Waren kleine Mädchen darunter?"

„Ja, vier kleine Mädchen. Eines aus dem Süden und drei aus dem Osten, mit zwei Frauen und einundvierzig Männern", war die Antwort.

"Drei Mädchen!" murmelte Henry. „Eine von ihnen muss Nell gewesen sein! Und sie haben sie vor drei Tagen ausgezogen? Oh, Dave, ich fürchte, wir haben sie für immer verloren!"

KAPITEL XX

IN FORT PITT – KEHRE NACH HAUSE

Dave konnte nur wenig tun, um seinen Cousin zu trösten, und um ehrlich zu sein, war er fast genauso traurig wie Henry, denn die kleine Nell mit ihrer aufgeweckten Art und ihrem süßen Wesen schien ihm jetzt lieber zu sein als je zuvor.

„Es ist auf jeden Fall schade, Henry", sagte er, nachdem das Interview mit dem Inder zu Ende war. „Vielleicht folgen wir dem Ohio, aber wenn sie drei Tage Zeit haben, besteht kaum Hoffnung, dass wir aufholen. Sie werden denken, die englischen Soldaten seien hinter ihnen her, und sie werden so schnell wie möglich vorstoßen."

„Glauben Sie, dass General Forbes oder Colonel Washington ihnen nachgehen werden?"

Dave schüttelte den Kopf.

„Nein, General Forbes ist zu krank und der Winter steht vor der Tür. Er wird sich mit Sicherheit auf seinen Lorbeeren ausruhen."

also bewährt. Eine kleine Abteilung wurde den Ohio hinunter geschickt, und mit ihr gingen unsere jungen Soldaten und Sam Barringford . Aber diese Abteilung kehrte drei Tage später in die Festung zurück, nachdem sie nur drei Indianer und einen französischen Händler gefangen genommen hatte, die alle in einem Kanu gefunden wurden, die zu betrunken waren, um fliehen zu können.

Der so entführte Händler hieß Varlette . Er war einst dem Handelsposten von Jean Bevoir angegliedert. Dave kannte den Mann, da er ihn kennengelernt hatte, als er mit Barringford unterwegs war .

Von Varlette erhielten sie die Information, dass Jean Bevoir in Fort Duquesne gewesen war, nachdem er nach dem Überfall auf die Häuser der Morrises , Uriah Risleys und anderer eingetroffen war. Einige von Bevoirs blutrünstigen Taten waren vom französischen General als Autorität geduldet worden, und Bevoir hatte sich in gewisser Weise wütend mit seinen indianischen Anhängern und deren Gefangenen auf den Weg gemacht.

„Jetzt liegt es an ihm, Oberhaupt der Indianer zu werden ", sagte Varlette . „ Das wird Heem passen und ihm einen Topf voll Geld einbringen. " Wir werden dafür sorgen, dass de vite- Völker viel Geld für die Gefangenen zahlen.

„Der verachtenswerte Schlingel!" rief Barringford . „Wenn die Ranger ihn erwischen, hängen sie ihn höher als den Schwanz eines Drachens, hör mir zu!"

„Er wird es verdienen, gehängt zu werden, wenn er die kleine Nell und die anderen missbraucht", erwiderte Henry.

Sobald dies möglich war, wurde die Festung gründlich instandgesetzt und der Name zu Ehren des englischen Premierministers in Fort Pitt geändert. Heute wird dieses Gelände von der Stadt Pittsburg mit ihren gigantischen Eisen- und Stahlwerken bedeckt. Was für eine gewaltige Veränderung im Vergleich zu den einsamen Waldgebieten vor weniger als hundertfünfzig Jahren! Damals als „Westen" oder „Westland" bezeichnet, gilt Pittsburg heute als Osten. So ist unser Land gewachsen.

Der Fall von Fort Duquesne beendete die Feldzüge von 1758. Die Einnahme dieser Festung wurde von allen Siedlern in diesem Teil der Kolonien mit Freude begrüßt, und sie beeilten sich, die ihnen aufgezwungenen Gehöfte wieder in Besitz zu nehmen in den letzten zwei oder drei Jahren aufzugeben.

Sobald der Sieg bei Fort Duquesne für einige Zeit Frieden an der Grenze sicherte, zog sich Washington von den Kolonialtruppen zurück und kehrte nach Mount Vernon zurück, auf das große Anwesen, das sein Bruder hinterlassen hatte und das nun seine Aufmerksamkeit erforderte. An dieser Stelle sei hinzugefügt, dass er kurz darauf Mrs. Custis heiratete, die später allen als die sanfte und liebevolle Martha Washington bekannt war. Dies war Washingtons letzter Auftritt am Schauplatz einer Schlacht während des Französisch-Englischen Krieges. Als er das nächste Mal zum Schwert griff, war es für die amerikanische Unabhängigkeit.

Erst im Frühjahr wurden Dave und Henry aus dem Dienst entlassen und marschierten mit einem Teil der Miliz zurück nach Winchester. Ihr Kommen wurde von Frau Morris und den anderen mit Freude begrüßt, obwohl alle niedergeschlagen waren über die Nachricht, dass die kleine Nell immer noch vermisst wurde.

Es stellte sich heraus, dass es Joseph Morris gut ging und dass Rodney sich besser fühlte als je zuvor. James Morris war auf dem Gehöft gewesen und hatte bereits das Holz für eine weitere Hütte gefällt, die an die Stelle der abgebrannten Hütte treten sollte.

„Ich habe auch den größten Teil unseres Viehs zusammengetrieben und alle unsere Pferde und eine neue Menge Hühner und Schweine bekommen", sagte er. „Obwohl wir viel verloren haben, geht es uns nicht so schlecht, wie wir vielleicht sein könnten. Der schlimmste Verlust sind die Möbel, die wir vor Jahren hierher gebracht haben, als wir hierher kamen. Sie kamen aus England und Deutschland und können nicht ersetzt werden." . Aber ich

rechne damit, ein paar schicke Stücke für Schwester Lucy aus Annapolis zu
besorgen, damit es nach einer Weile irgendwie heimelig aussieht .

„Oh, James, du bist sehr gut!" rief Frau Morris. „Aber es wird erst wieder zu
Hause sein, wenn Nell dorthin zurückkommt."

Ein paar Wochen später fanden wir alle Moris auf dem Gehöft, wenn man
den Ort überhaupt nennen kann. Der verbrannte Ort war von James Morris
sorgfältig gereinigt und ein neuer Viehstall als provisorischer Unterschlupf
errichtet worden. Hier wohnte die Familie, während die Männer und Jungen
mit dem Bau der neuen Hütte begannen. Rodney konnte diese schwere
Arbeit nicht verrichten, beschäftigte sich aber mit dem Vieh und dem
Geflügel; und so vergingen mehrere Wochen wie im Flug.

Die Zimmermannsarbeit gefiel Dave und er machte sich an die Arbeit, Türen
und Fensterrahmen sowie mehrere Bänke und ein oder zwei Tische
anzufertigen, während die anderen sich um das Anheben des
Kabinenrahmens sowie das Dach und die Seitenverkleidung kümmerten.
Bald war die Hütte betriebsbereit und sie zogen ein, und dann unternahm
Mr. James Morris mehrere Reisen nach Winchester und eine nach Annapolis,
wobei er Henry mitnahm, um die hundertein Dinge zu kaufen, die benötigt
wurden und die entweder verbrannt oder verbrannt waren von den Indianern
und ihren französischen Verbündeten verschleppt. In der Zwischenzeit war
Mrs. Morris damit beschäftigt, einen neuen Lumpenteppich und Handtücher
zu weben und einige notwendige Kleidungsstücke anzufertigen, denn viele
dieser Dinge zu kaufen kam damals nicht in Frage. Dann gingen Dave und
Henry auf die Jagd und erlegten mehrere Hirsche sowie eine Reihe von
Kaninchen und Füchsen, und einmal, als sie mit Sam Barringford unterwegs
waren, erlegten alle drei einen Bären, und diese Felle wurden alle
ordnungsgemäß gegerbt und dann für Bettdecken und Teppiche verwendet
.

Bei seiner Rückkehr aus Annapolis brachte James Morris die Nachricht von
einem neuen Feldzug gegen die Franzosen.

„Wir streben die gesamte Eroberung Kanadas an", sagte er. „Major General
Amherst wurde zum Befehlshaber aller britischen Streitkräfte ernannt, und
die Armee soll in drei Teile geteilt werden, einen unter Wolfe gegen Quebec,
einen anderen unter Amherst selbst gegen Ticonderoga und Crown Point
und einen dritten unter General Prideaux, der ... " ist, gegen Fort Niagara
zu marschieren.

"Hurra!" schrie Henry: „Ich hoffe, wir nehmen Niagara ein. Wenn wir das
tun, werden die Franzosen vollständig von Ohio und Mississippi
abgeschnitten, und dieser Boden wird sicherer sein als je zuvor."

„Liegt Fort Niagara am Niagara River?" fragte Frau Morris.

„Es liegt am östlichen Ufer des Flusses, genau dort, wo dieser Bach in den Ontariosee mündet", antwortete ihr Mann. „Ich verstehe, dass es sich um eine erstklassige Festung handelt – ein schöner Anblick, besser als Fort Duquesne. General Prideaux wird keine dumme Aufgabe haben, sie zu reduzieren."

„Ich sehe nicht, wie er dorthin gelangen soll, es sei denn, er startet von Fort Duquesne aus und kämpft sich durch die Indianerländer", sagte Rodney. „Wenn er das versucht, wird er sicherlich alle Hände voll zu tun haben."

„Nein, diesen Weg soll er nicht gehen", war die Antwort von James Morris. „Er geht zuerst nach Albany und von dort durch das Mohawk-Tal nach Oswego. Wenn in Oswego alles günstig ist, wird er seinen Weg nach Westen nach Fort Niagara nehmen. Das haben sie nicht gesagt, aber ich denke, er wird vorbeikommen." Wasser von Oswego nach Niagara. Wenn er die Boote hätte , wäre es die sicherste und schnellste Route.

„Wird er Ranger mitnehmen?" fragte Dave eifrig.

„Warum, Dave, willst du wieder Soldat werden?" fragte sein Vater und drehte sich um, um das Gesicht seines Sohnes zu betrachten.

„Ja, Sir", war die prompte Antwort. „Ich sage Ihnen warum. Solange Kanada unbesiegt bleibt, wird es hier und anderswo Ärger geben. Aber sobald wir den Franzosen zeigen , dass wir in Amerika die Herren sind, werden wir keinen weiteren Aufruhr haben, weder mit ihnen noch mit ihnen." mit den Indianern. Ich setze mich dafür ein, die Angelegenheit zu regeln, und zwar gründlich und sofort."

„Gallinippers!" rief Barringford , der daneben stand und seine Muskete mit Steinschloss einölte. „Dave, du bist ein ganz normaler Anwalt, häng mich auf , wenn du es nicht bist ! Und die Argumentation stimmt auch auf den Punkt . Die Franzosen werden nicht merken, dass sie geschlagen sind, bis wir sie ordentlich lecken Es ist hart, und ich mache mich sofort daran , das Lecken zu erledigen. Dann, wenn es fertig ist, können wir einen Pflug machen, Vieh züchten, in Ruhe jagen und Fallen stellen – und die Indianer „Wer jetzt alle zehn Minuten eine Skulptur errichten will, wird auf einem Baumstumpf sitzen, seine Pfeife rauchen und zuschauen", und Barringford schüttelte ernst den Kopf. „ Es ist nicht nötig zu reden", fuhr er fort. „Es ist, als würde man einen Bach aufstauen – man dämmt ihn etwa zur Hälfte ein, und der erste heftige Regen wird den Damm in Stücke brechen; aber man dämmt ihn gut und fest ein, und er bleibt hängen, egal wie stark es regnet und vorbei „-by the Water wird herausfinden, dass es einen neuen Weg einschlagen muss – und die Franzosen und Indianer werden feststellen, dass sie die Engländer in Ruhe lassen müssen. Ich halte nicht viel von Aufklärung , aber ich bin mit

Figger verwandt „ Das ist so gut wie jeder Mann, der einen geraden Kopf hat", und Barringford begann wieder mit dem Ölen seiner Waffe.

James Morris hatte an diesem Abend viel zu erzählen – von seinen vielen Einkäufen und von den Kriegsgesprächen, die er in Annapolis und anderen Städten, die er besucht hatte, gehört hatte. Auch er war an der Expedition gegen Fort Niagara interessiert, denn er hatte das Gefühl, dass er, wenn die französische Macht in dieser Richtung gebrochen würde, ohne große Angst vor Belästigungen durch Franzosen oder Indianer zu seinem Handelsposten am Kinotah zurückkehren könnte .

Es war spät in der Nacht, als es plötzlich an der Kabinentür klopfte. Alle sprangen erschrocken auf, und jeder der Männer und Jungen griff nach seiner Feuerwaffe, die sie immer griffbereit zu haben pflegten.

"Wer ist da?" forderte James Morris.

„Ich bin es – Uriah Risley ", erklang die wohlbekannte Stimme des Engländers. „Lass mich rein. Ich habe gute Neuigkeiten."

Sofort wurde die Kabinentür entriegelt und zurückgeschleudert. Alle drängten sich nach vorne, um Uriah Risley draußen zu Pferd zu sehen. Neben ihm, ebenfalls zu Pferd, saß seine Frau, blass und dünn, nur noch ein Schatten ihrer selbst, aber immer noch in der Lage, alleine zu reiten.

„Nun, das erkläre ich, Caddy Risley !" schrie Mrs. Morris und rannte hinaus, um die Frau zu begrüßen. „Bist du es wirklich oder dein Geist?"

„Ich bin es wirklich", war die Antwort, „obwohl ich mich manchmal wie ein Geist fühle, bin ich so dünn."

„Aber Gnade mit uns! Wo warst du – bei den Indianern?"

„Mit ihnen und mit den Franzosen. Ich war zuerst bei den Indianern – viele Wochen lang – und dann haben mich einige französische Soldaten gerettet. Sie übergaben mich kurz vor einem Kampf mit den Engländern einigen Händlern und dann den Indianern und einigen Franzosen unter Jean Bevoir hat mich erwischt. Sie brachten mich durch das Mohawk-Tal zum Ontariosee, und dort traf ich viele andere Gefangene, mit ihnen auch Ihre Nell."

„Nell!" Der Name kam von mehreren Lippen gleichzeitig.

„Ja, Nell und die Rose-Zwillinge. Sie waren mit einigen Indianern zusammen, die unter Bevoirs Herrschaft stehen."

„Und was ist jetzt mit Nell?" fragte Frau Morris schnell.

„Ich glaube, sie ist immer noch bei den Indianern. Eines Tages kam ein französischer Soldat vorbei und entführte mich in einem Kanu. Er wollte mich heiraten, aber ich sagte ihm, ich sei bereits verheiratet, und dann setzte er mich in der Wildnis an Land. Ich Ich wanderte kilometerweit, bis ich so erschöpft war, dass ich kaum stehen konnte und fast verhungerte, als ich mich einigen deutschen Siedlern anschloss. Sie brachten mich nach Fort Stanwix und von dort wurde ich nach Albany gebracht und schließlich gemacht Ich fuhr nach Philadelphia und kam dann hierher. Uriah und ich trafen uns in Winchester.

„Ja, und ich wäre vor Freude fast umgefallen", warf der Engländer ein. „Es war, als würde ich sie aus dem Grab zurückholen. Zuerst konnte ich meinen Augen nicht trauen. Aber es ist wirklich meine gute Frau, und ich bete zu Gott, dass wir nie wieder getrennt werden", schloss Uriah Risley ehrfürchtig

.

KAPITEL XXI

AUF DEM WEG ZUR ARMEE

Als sie in der Hütte ankamen, erzählte Mrs. Risley ausführlich ihre Geschichte, der die anderen die größte Aufmerksamkeit schenkten. Ihre Prüfungen waren groß gewesen, und die Tränen des Mitgefühls liefen über Mrs. Morris' Wangen, während sie zuhörte, und auch die anderen waren betroffen.

„Es hat gereicht, um Sie zu töten", sagte Mrs. Morris abschließend. „Aber jetzt sind Sie gesund und munter zurück, wir werden unser Bestes für Sie tun. Sie können hier bleiben, bis Ihr Mann eine weitere Hütte baut und alles andere in den richtigen Zustand bringt, damit Sie auf Ihrem Land leben können." Und so war es erledigt.

Als Dave und Henry sich wieder zurückzogen, ging es nicht darum, zu schlafen, sondern um leise zu reden. Das Thema des Gesprächs war die kleine Nell und die Zwillinge mit ihr.

„Ich werde tun, was ich kann, um sie zu retten", erklärte Henry. „Der Gedanke, dass sie unter diesen schmutzigen Rothäuten und Franzosen ist, bringt mich zum Kochen."

Prideaux beizutreten ", erklärte Dave. „Seine Truppe wird höchstwahrscheinlich direkt durch das Mohawk-Tal zum Ontariosee und dann am See entlang nach Fort Niagara vordringen – genau das Gebiet, in dem sich diese Indianer und Franzosen aufhalten müssen."

„Ich habe eine andere Idee", sagte Henry nach einer nachdenklichen Pause. „Ich habe die Nachricht über White Buffalo erhalten. General Johnson wurde beauftragt, die Indianer im Mohawk-Tal aufzuwiegeln und sie dazu zu bringen, sich dem Angriff auf Fort Niagara anzuschließen. White Buffalo und seine Anhänger werden sich Johnsons Streitmacht anschließen. Warum nicht gehen? mit den weißen Männern in dieser Menge? Wir werden auf diese Weise sicher mehr über diese Indianer und die französischen Händler erfahren, als wenn wir mit der regulären Armee gingen."

„Aber mit Rothäuten zu trainieren, Henry!"

ihnen trainieren . Es werden mindestens ein Dutzend weiße Männer in der Menge sein, und wir können mit ihnen gehen. Ich habe einmal General Johnson getroffen. Er ist ein großherziger Ire, voller harter, gesunder Menschenverstand und Ich weiß, dass wir mit ihm klarkommen könnten. Und wenn er unsere Geschichte hörte , würde er sich vielleicht Mühe geben, uns zu helfen."

Also redeten die Jugendlichen weiter, bis sie schließlich einschliefen – und träumten von heftigen Kämpfen mit den Franzosen und Indianern und mutigen Rettungen der kleinen Nell. Aber das waren nur Träume. Sie wussten nicht, wie viele echte Schwierigkeiten und Gefahren noch auf sie warteten.

Am Morgen bestand Dave darauf, die Angelegenheit mit Sam Barringford zu besprechen . Sie fanden den alten Jäger bereit genug, sich anzuhören, was sie zu sagen hatten.

„Ich stimme dir zu!" rief er, nachdem sie fertig waren. „Das ist kein halb so schlechter Plan . Ich kenne Sir William Johnson wie ein Buch – Tatsache ist, dass ich ihn viel besser kenne als jedes andere Buch. Wie Sie sagen, er ist mit ganzer Seele und voller gesundem Menschenverstand. Der Indianer lieben ihn, wie sie nur wenige weiße Männer lieben – und das alles nur, weil er sie behandelt hat fa'r und quadrat '. Warum er mehr für die englische Regierung getan hat als für ein Dutzend indischer Kommissare zusammen. Er weiß genau , wie man mit ihnen umgeht , und er macht aus Feinden Freunde, fast bevor man Hand anlegen kann. Ja, lasst uns auf jeden Fall zu ihm gehen, und ich versichere euch, dass er, wenn ihr ihm die ganze Geschichte erzählt, ein paar Indianer ausschicken wird, um die kleine Nell und die Rose-Zwillinge zu finden."

An diesem Nachmittag wurde die ganze Familie auf das Thema aufmerksam gemacht. Mrs. Morris wusste nicht, ob sie sich freuen oder bedauern sollte, aber am Ende sagte sie den Jungen, sie sollten gehen, aber seien Sie vorsichtig und geraten Sie nicht in unnötige Gefahr, und unter vier Augen bat sie Barringford , sorgfältig auf sie aufzupassen.

„Ich werde mein Bestes geben, Ma'am", sagte der Grenzer. „Und wenn ich es schaffe, werden sie unversehrt zu dir zurückkehren. Aber sie sind wie Kitt, wenn sie eine Spur schlagen, wie es ihnen passt , das weißt du genauso gut wie ich."

Sofort wurden Vorbereitungen für ihre Abreise getroffen. Sowohl Dave als auch Henry wurden mit neuen Jagdanzügen im regulären Trappermuster ausgestattet und jeder nahm die beste Waffe mit, die er bekommen konnte. Sam Barringford hatte ein weiteres Gewehr gekauft, das er Old Trusty No. 2 taufte. Sie gingen zu Fuß, ohne zu wissen, ob ihr Fortschritt bei den Weißen und Indianern ein Reiten zulässt.

In der Zwischenzeit wurde beschlossen, dass James Morris in der Hütte bleiben sollte, um den Bau fertigzustellen und die Bepflanzung vorzunehmen, um seinem Bruder genügend Zeit zu geben, seine Gesundheit und Kraft wiederzuerlangen, und um es auch Rodney zu erleichtern, der in den letzten paar Jahren zu Hause war Wochenlang hatte er härter gearbeitet, als seiner Konstitution gut tat.

„Auf Wiedersehen, mein Sohn", sagte James Morris, als das Trio startklar war. „Seien Sie vorsichtig, aber vergessen Sie nicht, dass wir von Ihnen erwarten, dass Sie die kleine Nell zurückbringen, wenn so etwas möglich ist." und dann küsste Mrs. Morris die Jungen; und die lange Reise in das ehemalige indische Land begann.

Dave fühlte sich einigermaßen nüchtern, solange sie in Sichtweite der neu gebauten Hütte waren, aber als sie die letzte Anhöhe überwunden hatten, winkten sie ihm zum Abschied zu, worauf Mrs. Morris mit einer Bewegung ihrer Schürze antwortete, seiner Die Geister kehrten zurück, und bald unterhielten er, Henry und Barringford sich, als passierte nichts Außergewöhnliches, doch tief in ihrem Herzen spürte jeder, dass sich diese Suche nach der kleinen Nell als ernst und höchstwahrscheinlich gefährlich erweisen würde Unternehmen.

„Wo ist Sir William Johnson jetzt?" fragte Dave kurz darauf, nachdem mehrere Meilen des Weges durch den Wald zurückgelegt worden waren.

„Irgendwo in der Nähe von Fort Johnson", antwortete Barringford . „Er will die Sechs Nationen dazu bringen, sich der Armee von General Prideaux anzuschließen , entweder in Fort Stanwix oder in Oswego – wenn Prideaux so weit kommt. Johnson ist der beste Mann, den sie zu den Indianern schicken können."

„Warst du jemals mit ihm unterwegs?" fragte Henry.

„Häufig, Junge. Er ist auch ein großartiger Jäger, das kann ich dir sagen – er kann aus hundert Schritten Entfernung ins Schwarze treffen, ohne es auch nur zu versuchen. Und wenn es darum geht, einen indischen Kriegstanz zu tanzen, kann er das auch." "

„Und doch ist er ein irischer Adliger!"

„Ja, ich gebe zu, dass er eine seltsame Mischung von einem Mann ist. Aber diese Mischung macht ihn genau zum richtigen Typ für die Rothäute. Er versteht sie – von oben bis unten und von den Seiten, wie das Sprichwort sagt. Er appelliert an ihr Gehirn als ..." sowie ihre Instinkte – und wenn er sich einmal mit ihnen anfreundet, sind sie bereit, ihr Leben für ihn zu geben. 1756 wurde er zum alleinigen Oberaufseher der Sechs-Nationen-Indianer ernannt und unternahm eine gefährliche Reise bis nach Onondaga, ihre Hauptstadt, blieb zwei Wochen bei ihnen und brachte sie dazu, zu schwören, dass sie neutral bleiben würden Es war zu spät, etwas zu unternehmen, obwohl ich gehört habe, dass er mehr als bereit war zu kämpfen. Er war auch zur Stelle, um gegen Montcalm zu kämpfen, als Abercrombie Ticonderoga angriff, aber seine dreihundert Indianer sahen keinen Sinn darin, im Freien abgeschlachtet zu werden um die Mittagszeit weigerten sie sich zu kämpfen, obwohl sie Johnson sagten, dass sie auf ihre Weise an der Schlacht teilnehmen würden.

„Es ist seltsam , dass die englischen Soldaten nicht so kämpfen können wie wir", sagte Henry. „Ich kann es wirklich nicht verstehen. Sie gehen ins Freie und der Indianer setzt sich hinter einen Baum, und wer hat das Beste davon? Sicherlich nicht der Mann im Freien."

„Ich denke, die englischen Soldaten haben ein oder zwei Lektionen gelernt", sagte Dave. „Ich glaube nicht, dass Sie General Prideaux im hellen Sonnenlicht auf Fort Niagara marschieren sehen werden."

Sie zogen durch einen dichten Wald mit Bäumen auf allen Seiten und hoben ihre Köpfe dreißig Meter und mehr in den Himmel. Riesige Wurzeln breiteten sich auf allen Seiten aus, und sie mussten vorsichtig ihren Weg finden, aus Angst, kopfüber zu stürzen oder sich den Knöchel zu verstauchen. Es war klar und mäßig warm und wäre noch wärmer gewesen, wenn das Sonnenlicht sie erreicht hätte.

„ Vor Jahren war dies ein großartiger Ort für Bären ", sagte Barringford , als sie sich für ihr Mittagsessen ausruhten und einige Dinge aßen, die sie aus der Hütte mitgebracht hatten. „Etwa zwei Meilen von hier war eine Höhle, wo der Bär war Man muss sich auf eine Zahl von fünfzehn oder zwanzig versammeln. Aber die Höhle wurde so oft gesäubert, dass wahrscheinlich kein Bär mehr übrig ist .

„Sollen wir in die Nähe der Höhle gehen?" fragte Dave. „Ich würde mir die Stelle gerne ansehen."

„Ja, wir machen Schluss , Junge. Aber du willst doch jetzt keine Zeit mit Spielscherzen verschwenden, oder?"

„Nicht, es sei denn, es wäre ganz einfach. Wenn wir einen Bären hätten , könnten wir gutes Fleisch mitnehmen, und die Haut könnten wir bei Cherry Run verkaufen."

„ Da ist kein Bär da, da bin ich mir ganz sicher. Aber wir können anhalten und mal nachschauen – aus Neugierde einen Scherz machen."

Sie ruhten nicht lange, denn sie wollten so früh wie möglich zu General Johnson stoßen und wussten, dass die Reise mindestens zwei Wochen dauern würde. Sie befanden sich auf ansteigendem Gelände, aber schon bald gelangten sie auf einen Abwärtspfad, der mit groben Steinen und losen Steinen gefüllt war und auf dem der Halt alles andere als sicher war.

„Die Höhle ist dort drüben", sagte Barringford und zeigte mit der Hand. „Die Öffnung ist auf der anderen Seite. Komm, ich zeige dir den Weg. Und halte deine Waffen bereit – für den Fall, dass ein Bär auftaucht."

Danach wurde nichts mehr gesagt, und sie gingen Seite an Seite vorwärts – damit niemand das Ziel eines Gefährten behindern konnte. Zwischen den Felsen gab es ein leichtes Unterholz, aber größtenteils markierten nur hohe Bäume, die bis zu einer Entfernung von zehn Metern kahl waren, den Ort.

Plötzlich hob Barringford die Hand, um seine Gefährten zu warnen. Alle blieben stehen und lauschten, während sie gleichzeitig ihre Augen anstrengten, um zu sehen, was vor ihnen lag. Sie hörten einen leisen Schlag, gefolgt von einem weiteren, und dann wurde es wieder so still wie zuvor.

"Was war es?" flüsterte Dave endlich.

„Irgendein wildes Tier", antwortete Barringford mit ebenso leiser Stimme. „Glauben Sie aber nicht, dass es ein Bär war ."

Sie warteten noch einen Moment, dann führte der alte Jäger erneut den Vormarsch an. Es mussten mehrere große Felsen überquert werden, und dann umrundeten sie ein Ende der Höhle, die oben die Form eines riesigen Stein-Eies hatte.

"Ein Reh!" rief Henry. "Achtung!"

Alle schauten und sahen ein prächtiges Reh, das nahe am Eingang der Höhle stand und vorsichtig nach vorne blickte. Plötzlich sprang ein Fuchs aus der Öffnung und das Reh fuhr erschrocken zurück.

Knall! Es war der Knall von Barringfords Gewehr, und der Hirsch sprang hoch in die Luft, um unmittelbar darauf tot umzufallen.

„Ein guter Schuss –", begann Henry, als ein Geräusch hinter ihm ihn dazu veranlasste, sich schnell umzudrehen. Was er sah, erfüllte ihn mit Entsetzen. Ein riesiger Bock starrte ihn vom anderen Ende der felsigen Anhöhe an. Eine weitere Sekunde später stürmte der Bock mit gesenktem Geweih und der Schnelligkeit des Windes auf die Menge zu.

KAPITEL XXII

Der Kampf mit dem Geld

"Achtung!"

Dies waren die einzigen Worte, die Henry aussprechen konnte, und als sie seine Lippen verließen , sprang er so schnell wie möglich zur Seite.

Barringford kaum wussten, was Henry meinte , blieben sie standhaft und schauten erst in die eine und dann in die andere Richtung.

Im selben Moment kam das große Geld zum Vorschein. Sein Ansturm zielte auf Henry, aber als er diesen jungen Mann verfehlte, machte er einen wilden Sturzflug direkt zwischen Dave und Barringford .

"Ein Dollar!" schrie der Grenzer. „Geh zurück, Dave, und beeil dich!"

Er selbst begann zu rennen und lud dabei sein Gewehr nach. Dave wollte tun, was ihm befohlen wurde, aber er war so überrascht gewesen, dass er, bevor er sich umdrehen konnte, mit dem Absatz an einem Felsen hängen blieb und flach auf den Rücken fiel. Seine Waffe drückte auf den Abzug und ging los, wobei die Ladung über die Höhlendecke hinweg in die Äste der Bäume dahinter einschlug.

Dave war jetzt hilflos, und um ehrlich zu sein, hatte ihn der Sturz mehr als zur Hälfte benommen, denn sein Kopf fiel auf eine Stelle, die alles andere als weich und bequem war. Darüber hinaus konnte er sich mit einer leeren Waffe nur wenig verteidigen.

Der große Bock war nun zum Stehen gekommen und drehte um. Er stand da, als wüsste er nicht, ob er den Angriff wiederholen oder abhauen sollte. Dann blickte er seinen Gefährten an und ein seltsames rotes Licht leuchtete in seinen wütenden Augen. Er war „blutbefallen", wie alte Jäger es nennen, und holte scharf und zischend Luft und sprang noch einmal nach vorne, direkt auf Dave zu, der nun versuchte aufzustehen.

Er sprang noch einmal nach vorne, direkt auf Dave zu.

Knall! Nun war es Henrys Waffe, die sich zu Wort meldete, und obwohl die Zielgenauigkeit nicht die beste war – denn Henry war aufgeregt, weil Dave in so großer Gefahr schwebte –, wurde der Bock an der Schulter getroffen und schwer verwundet. Er sprang zurück und in die Luft, und als er herunterkam, hob er sein rechtes Vorderbein, als hätte er starke Schmerzen. Aber er war immer noch voller Kampfgeist und jetzt kam er noch einmal ins Spiel, mit Augen, die gefährlicher als je zuvor glitzerten.

Dave hatte keine Zeit aufzustehen, also tat er das Nächstbeste, nämlich sich immer wieder umzudrehen, bis ein Büschel Gestrüpp ihn daran hinderte, weiter voranzukommen. Dann glitt er ins Unterholz und schlängelte sich auf die andere Seite.

Der große Bock kam heran und versetzte dem Unterholz einen gewaltigen Schlag, der die Halme und Zweige in alle Richtungen schleuderte. Dann machte das Tier einen Rückzieher und machte sich auf den Weg zu Henry, der mit dem Nachladen begonnen hatte.

All dies geschah schneller, als ich es beschreiben kann, und dennoch hatte Barringford genügend Zeit gehabt, Pulver und Kugeln in seine Waffe zu werfen und die Zündung zu reparieren. Jetzt näherte sich der alte Jäger der Seite des Bocks und feuerte noch einmal davon, direkt auf die rötlichen Augen zu.

Der Schuss war aufschlussreich, denn er riss ein Auge komplett heraus und verletzte das andere schwer. Wieder blieb der Bock stehen, drehte sich dann langsam um und begann davonzutaumeln. Aber er konnte nichts sehen und schlug einen Augenblick später mit einem Krachen, das weithin zu hören war, auf den Felsen der Höhle auf.

„Gut für dich, Sam!" rief Henry, der jetzt nachlud. „Ich schätze, wir haben ihn."

„Seien Sie nicht zu sicher", erwiderte der alte Jäger. „Er hat schon jede Menge Kampfgeist in sich."

Barringford hatte recht, denn erneut drehte sich der Bock um, und als er nun einen Blick auf Barringford durch das Blut seiner Wunden erhaschte, bedeutete dies für den Grenzer einen gewaltigen Sprung. Aber Barringford war zu schnell für ihn und sprang zur Seite, sprang auf die Felsen der Höhle, überzeugt davon, dass der verwundete Bock ihm nicht bis zu dieser Stelle folgen konnte.

Zu diesem Zeitpunkt hatte Henry nachgeladen, und als er seine Chance nutzte, rannte er auf den Bock zu und ließ ihn los. Dieser Schuss erwies sich als tödlich, und das prächtige Tier schaukelte einige Sekunden lang hin und her , fiel schließlich auf die Seite und atmete seinen letzten Atemzug aus.

„Ist er – er tot?" kam von Dave, als er sich aus dem Reisiggewirr zog.

„Das glaube ich", antwortete sein Cousin. „Aber wir sollten lieber auf Nummer sicher gehen. Geld ist manchmal ziemlich knifflig."

Henry holte sein Jagdmesser hervor, ging vorwärts und schnitt dem Wild die Kehle durch. Dann sprang Barringford von den Felsen und alle gingen, um den Bock zu inspizieren.

„Ein regelrechter Monarch des Waldes!" rief Dave begeistert. „Ich weiß es nicht, da ich jemals einen größeren gesehen habe."

„Ich auch nicht", fügte Barringford hinzu . „Und er war auch ein Kämpfer, nicht wahr?"

„Wir haben jetzt mehr Hirschfleisch, als wir damit anfangen können", fuhr Dave fort.

„Wir wollen das Fleisch dieses Bocks nicht", sagte Henry. „Es wäre so schwer wie alles andere. Wir können diesem Hirsch die Haut und einen Teil des Fleisches abnehmen, und das wird ausreichen; meinst du das nicht, Sam?"

„Da hast du recht, Junge."

Barringford das beste Hirschfleisch heraus und rollte es in eines der Felle ein.

Danach wurde der Vormarsch wieder aufgenommen.

In dieser Nacht schliefen sie ungestört im Freien an einem großzügigen Lagerfeuer und machten sich bei Sonnenaufgang wieder auf den Weg. Kurz nach Mittag erreichten sie Cherry Run – eine Ansammlung von einem halben Dutzend Hütten – und tauschten hier die Häute und einen Teil des Fleisches gegen andere Dinge ein, die für sie wichtiger waren.

„Hier ist ein niederländischer Jäger, der sich General Johnson anschließen wird", sagte der Pionier, der ihnen andere Dinge für ihre Felle gab. „Sein Name ist Hans Schnitzer. Vielleicht möchte er mit Ihnen gehen – wenn Sie ihn wollen."

„Was, alter holländischer Hans, der Biberjäger!" rief Barringford aus . „Warum ich ihn auf jeden Fall gerne dabei hätte. In ihm macht es mehr Spaß als in einem Fass voller Wespen. Was ist er?"

„Er ist genau hier", erklang eine Stimme hinter Barringford , und eine kleine, stämmige Person trat vor. Sein Haar war rot und sein Bartschopf hatte die gleiche Farbe. Über zwei sonnenverbrannten Wangen lugten zwei kleine blaue Augen hervor, die immer funkelten. Er trug den typischen Anzug des damaligen Grenzgängers, Wildlederleggings, Waschbärfellmütze und alles.

„ Also denkst du, dass es dir mehr Spaß machen würde, mich als einen von Parrel of Vasps zu sehen , hey?" ging auf den holländischen Trapper. „ Nun , wie wäre es mit Dot Dime , wenn du Dot Pirds Nest in die Hollow Dree steckst und deine Hand hineinsteckst dat Wespennest , hey? Das ist doch nicht lustig, hey? Ha! Ha! Ha! Ich sehe noch einen Punkt – du tanzt herum , als wärst du ein Seemann auf einem Pfeifenhorn, oder?"

„Meine Güte, erwähne es nicht, Hans", erwiderte Barringford reumütig. „Ich fühle diese lästigen Wespen noch immer, weil sie die größten sind, denen ich je begegnet bin. Aber um es mal so auszudrücken, alter Junge, ich bin geradezu froh, dich zu sehen – und nach all den Kämpfen , die wir gehabt haben. " ' auch. Ich nehme an, du bist ausgebrochen, nicht wahr?"

„Na ja , ich halte mich so", sagte Hans Schnitzer. „Ich bin im Mohawk Valley aufgestiegen und habe mich in neun Kämpfe verwickelt vonce und vierzehn Kämpfe nach Punkt." Er nahm seine Mütze ab. „Sehen Sie Punktmarkierung? Vor zwei Tagen versuchten zwei Indianer, mich zu töten – mit einem Tomahawk und dem Euter mit seinem Shcalpin -Messer – und glaubten, ich sei tot. Aber ich war nicht tot. Ich bin aufgestanden und ve rasselled und rasselled , und ich habe den Poth runtergeholt , was ihr denkt? – Cheneral Johnson selbst ist heraufgekommen – und dot vos der letzten Dosis Injuns Kitt, schnell kann ich es euch ertragen."

„Gut für den General", sagte Barringford . Dann drehte er sich um, stellte Dave und Henry vor und es kam zu einer allgemeinen Unterhaltung. Die Jungs mochten Hans Schnitzer von Anfang an und da sie oft von dem komischen holländischen Trapper gehört hatten, fühlten sie sich schnell bei ihm zu Hause. Schnitzer wusste genau, wo sich Sir William Johnsons Lager befand, und versprach, die Gruppe auf dem kürzesten und einfachsten Weg dorthin zu bringen.

Die vierköpfige Gruppe verließ Cherry Run früh am nächsten Morgen, jeder in bester Stimmung, während Schnitzer fröhlich ein Lied des Vaterlandes summte. Der Weg führte fast genau nach Norden, bis er einen kleinen Bach erreichte. Hier hatte der niederländische Fallensteller an einem geeigneten Ort ein Kanu versteckt. Dorthin gelangten sie und folgten dem Bach über eine Strecke von dreißig Meilen, bevor sie wieder zu Fuß weiterzogen, dieses Mal über die Hügel, die in das wunderschöne Mohawk Valley führten.

Tag für Tag verging, ohne dass etwas Ungewöhnliches passierte. Wild gab es in Hülle und Fülle, und es bereitete Henry oft Herzschmerz, wenn er es zurückließ, ohne einen Schuss zu machen.

„Ein ganz normales Paradies!" er sagte. „Wenn dieser Krieg vorbei ist, würde ich am liebsten hierher kommen und ein paar Wochen hier herumsitzen. Ich schätze, es könnte sich lohnen . "

„Auf Vaters Posten im Kinotah gibt es genauso viel Wild ", antwortete Dave. „Wenn Vater jemals die Post zurückbekommen kann, musst du mit mir einen Ausflug dorthin machen."

Seitdem Dave sein Zuhause verlassen hatte, wollte er einen Bären sehen, und eines Tages, kurz bevor die Sonne unterging, wurde sein Wunsch erfüllt. Aber das Wild war zu weit entfernt, um zu schießen, und bevor sie näher kommen konnten, rannte der Bär davon und verschwand krachend im Unterholz.

„Macht nichts, Junge, wir gehen, Bär „Jagd an einem anderen Tag", sagte Barringford tröstend. „Nur für die Gegenwart haben wir anderen Boden als den Pflug, wie man so schön sagt."

Nach zehn Tagen begann die Reise für die Jungen ermüdend zu werden, und sie waren froh, als Schnitzer verkündete, dass sie höchstwahrscheinlich an einem weiteren Tag in Sichtweite von General Johnsons Lager kommen würden.

In dieser Nacht schlugen sie ihr Lager am Ufer des Mohawk auf, an einem idealen Ort, der mit Buschwerk und etwas Holz bedeckt war. Alle waren völlig müde, denn die Wanderung des Tages war lang gewesen, und Dave und Henry waren froh, als die Vorbereitungen für das Abendessen abgeschlossen waren und es nichts mehr zu tun gab, als zu essen und schlafen zu gehen.

Es war ein klarer Tag gewesen, aber als die Nacht hereinbrach, hatte sich der Himmel bewölkt, was zeigte, dass ein Sturm nicht mehr weit war, obwohl weder Barringford noch Hans, der Fallensteller, damit rechneten, dass es vor dem Morgen regnen würde.

„Wenn es kommt, glaube ich, dass es hart kommt " , sagte Schnitzer. „ Vielleicht regnet es zwei oder fünf Tage lang, was?"

„Oh, ich hoffe, dass es so lange nicht regnet!" rief Dave. „Warum, wir werden ertrinken."

Das Holz wurde auf dem Feuer aufgestapelt, und wenig später legten sich alle zur Ruhe, und es dauerte nicht lange, bis Henry und Dave das Land der Träume erreichten. Sie lagen auf der einen Seite des fröhlichen Feuers, während die beiden Männer auf der anderen lagen. Der Wind wehte den Rauch des Feuers direkt über den Fluss, sodass sie das nicht störte.

Dave hatte drei Stunden geschlafen, als er plötzlich aufwachte und hustete. Da er glaubte, vom Rauch erstickt zu werden, setzte er sich auf und blickte ins Feuer. Der Wind hatte leicht gedreht, aber nicht genug, um Schaden anzurichten.

„Es hat keinen Sinn, die anderen aufzuwecken", dachte er. „Sie brauchen so viel Schlaf wie möglich. Das Holz ist sowieso so gut wie ausgebrannt, also wird es nicht mehr viel Rauch geben."

Er wollte sich gerade wieder hinlegen, als er das Knacken von Reisig hinter sich hörte. Als er sich umdrehte, erblickte er einen Indianer, der im Gebüsch kauerte und ihn anstarrte. Dann ertönte ein Geräusch aus einer anderen Richtung und vier weitere Redmen kamen in Sicht. Alle waren mit Waffen bewaffnet und Dave erkannte sofort, dass das Lager umzingelt war.

KAPITEL XXIII

HINAUF DAS MOHAWK-TAL

„Henry! Sam! Schnitzer! Wach auf! Das Lager ist von Indianern umzingelt!"

Dave stieß den Schrei laut aus, und im selben Moment sprang Barringford auf und griff dabei nach seiner stets griffbereiten Waffe. Auch der niederländische Fallensteller war nach kurzer Zeit wach und Henry folgte ihm.

„Injuns?" fragte Barringford . „ Was ?"

„In diesen Büschen und hinter den Bäumen. Was sollen wir tun?"

Bevor der alte Grenzgänger diese Frage beantworten konnte, erklang eine Stimme aus der Dunkelheit:

„Sind die weißen Männer Engländer?"

„Ja, wir sind Engländer", antwortete Barringford .

„Dann freuen sich die Rotmänner , ihre Brüder kennenzulernen. Die Rotmänner hatten Angst, dass die Schlafenden Franzosen wären."

"Wer bist du?" fragte Henry.

„Pfeilspitze der Miamis . Wir haben uns dem großen englischen Krieger Johnson angeschlossen, um gegen die Franzosen zu kämpfen. Lasst uns Freunde sein."

Es folgten noch ein paar Worte, und Barringford forderte die Indianer auf, vorzutreten. Daraufhin gingen acht Rotmänner zum Lagerfeuer, auf das die Jungen noch etwas Reisig warfen, damit sie die Neuankömmlinge sehen konnten. Die Indianer hatten ihre Waffen als Zeichen des Friedens über die Schulter gehängt, und unsere Freunde taten es ihnen gleich.

Schnitzer hatte Arrow Head schon einmal getroffen und sagte, er würde dafür bürgen, dass es dem Krieger gut gehe. Vom Unterbefehlshaber erfuhr man, dass General Johnson mit siebenhundert Indianern bereits zu General Prideaux marschiert war und dass das Lager der Armee etwa vierzig Meilen entfernt flussaufwärts lag. Arrow Head war zurückgeblieben, um ein paar Nachzügler „aufzutrommeln", war aber nun bereit, mit den Redmen unter seiner Führung vorwärts zu gehen.

„Das Kriegsgespräch auf der Burg Canajoharie war großartig", sagte der Unterkrieger. „Ihr General Johnson hat uns wie Brüder behandelt, und wir werden bis zum bitteren Ende für ihn kämpfen. Wir haben unsere Kriegslieder gesungen und unsere Kriegsbemalungen angelegt, und kein französischer Soldat wird sich gegen uns stellen. Von nun an werden die Engländer unser sein." Brüder für immer."

„Yah, jetzt bist du Vos „ Ich spreche von gesundem Menschenverstand", warf Schnitzer ein. „ Wenn du mitten unter den Franzosen kämpfst, bist du alle Narren – für die Franzosen ." Vill pe leckte so sicher die Kehle, als Henry Hudson New York entdeckte. „Ich bin ein niederländischer Prophet, und ich weiß es", und er sagte dies so ernst, dass Arrow Head gebührend beeindruckt war. Schnitzer, der später als Pionier in Ohio berühmt wurde, konnte ein paar Taschenspielertricks machen , und das aus diesem Grund Viele der Redmen betrachteten ihn als eine Art Zauberer.

Alle ruhten bis zum Tagesanbruch, und dann, nach einem hastigen Frühstück, bei dem sich die Indianer den Weißen anschlossen, wurde der Vormarsch wieder aufgenommen. Bald begann es zu regnen, aber die Tropfen fielen nicht stark, und Barringford sagte, der Sturm habe sich nach Westen verlagert. Damit hatte er Recht, denn gegen Mittag schien die Sonne so hell wie immer.

Während sie weiter stapften, befragten Dave und Henry Arrow Head über die französischen Indianer und ihre Gefangenen sowie über Jean Bevoir . Sie konnten jedoch wenig Genugtuung finden, außer dass Arrow Head gehört hatte, dass alle Gefangenen an die Ufer des Eriesees und des Ontariosees gebracht worden seien und dass eine allgemeine Bewegung in Richtung Montreal und Quebec in Betracht gezogen werde.

Während unsere Freunde durch den Wald nach Norden stapften, war General Prideaux nach Schenectady gegangen. Er hatte seine eigene Division der Armee bei sich, die aus zwei Regimentern englischer Soldaten und 2600 Amerikanern bestand, hauptsächlich aus New York, obwohl sich bei den New Yorkern eine gute Handvoll Ranger aus Vermont, Massachusetts, New Jersey, Pennsylvania und anderen befanden Virginia, Männer, die von einer Kolonie zur nächsten zogen, auf der Suche nach einer Chance, sich zu verbessern und immer bereit für einen Kampf, sei es mit den Franzosen oder den Indianern.

Von Schenectady aus zog General Prideaux das Mohawk Valley hinauf, das den direktesten Weg zu den Seen darstellte. Dieser alte Indianerpfad wurde durch Fort Herkimer, Fort William, Fort Stanwix, Fort Bull und andere Befestigungen entlang des Flusses und des Lake Oneida geschützt. Aber diese große Wildnis war immer noch eine Wildnis, es gab nur wenige Rastplätze, und wenn die Freundlichkeit der Indianer nicht gewesen wäre – dank der guten Arbeit von General Johnson – wäre es für die Engländer möglicherweise schlecht gelaufen. Mehr als einmal gab es Alarm und nachts wurden Wachposten so sorgfältig postiert, als ob sie sich mitten im feindlichen Land befänden.

Erst drei Tage nach dem Treffen mit Arrow Head und seinen Anhängern kamen unsere Freunde in Sichtweite des Kommandos von General Prideaux , der sich mühsam um einige Stromschnellen des Flusses quälte. Dieser erste Anblick der Armee war aufregend, denn Uniformen und Waffen leuchteten hell im klaren Sonnenlicht. Daves Herz machte einen Satz.

„Das erinnert mich an die Zeit, als ich mit Braddock marschierte", sagte er zu Henry. „Tatsächlich könnte es fast die gleiche Szene noch einmal sein."

„Nun, hoffen wir, dass es nicht noch einmal die gleiche Niederlage ist", erwiderte sein Cousin grimmig.

Eine halbe Stunde später kam die Armee zum Stehen, und dann erfuhren sie, dass General Johnson und seine Indianer meilenweit entfernt waren. Sie besprachen die Angelegenheit und kamen schließlich zu dem Schluss, mit den Soldaten weiterzumachen, in der Hoffnung, Johnson später interviewen zu können.

Barringford und Hans Schnitzer war es leicht, eine Reihe von Freunden unter den Rangern ausfindig zu machen, und sie wurden herzlich willkommen geheißen, und Dave und Henry fühlten sich wohl. Ein alter Soldat fragte Dave, ob er viel vom Krieg gesehen habe, und als der Junge ihm erzählte, dass er sowohl mit Braddock als auch mit Forbes an den Angriffen auf das heutige Fort Pitt teilgenommen hatte, schüttelte der alte Soldat ihm herzlich die Hand und „überlegte, wie." „Er würde am liebsten gegen die Franzosen in Fort Niagara kämpfen."

Unsere vier Freunde wurden einer Kompanie unter Kapitän John Mollett zugeteilt, der in Barringford bekannt war , und fühlten sich innerhalb weniger Tage rundum zu Hause.

Damals war der Mohawk River mit Kanus und Batteaux bis auf vier Meilen vor dem Lake Oneida befahrbar. Von diesem Punkt an mussten die Boote auf dem Rücken von Pferden, Indianern und Soldaten über die Wasserscheide zum See getragen werden. Vom Lake Oneida aus war es klar, den Oswego River hinunter zum Ontariosee zu segeln.

Wie so oft in der Vergangenheit neigten einige der englischen Soldaten dazu, die Provinziale zu verspotten, was zu mehr als einem wortreichen Streit und nicht selten zu Schlägen führte.

„Sie machen mich krank!" erklärte Henry eines Tages, nachdem er dem Getöse mehrerer Grenadiere zugehört hatte. „Wenn man sie reden hört , könnte man meinen, nur sie wären in der Lage zu kämpfen. Ich denke, wir können unseren vollen Beitrag leisten."

mir etwas sagen, erzähle ich ihnen , was unter Braddock passiert ist", erwiderte Dave. „Und sie können es nehmen, wie sie wollen."

Barringford riet zur Mäßigung, aber insgeheim war er genauso verärgert wie die Jungen, obwohl einige der Engländer seine herzlichen Freunde waren. Er hatte beinahe einen Streit mit einem englischen Leutnant namens Naster gehabt und war darüber immer noch sehr beunruhigt.

Noch in dieser Nacht hörte Dave während seines Streikpostendienstes, wie Leutnant Naster einen alten Ranger namens Campwell bemängelte . Campwell war ein Pionier im Alter von über 65 Jahren, und obwohl ein guter Schütze und ein guter Kämpfer manchmal nicht ganz in seiner Vorstellung vorkamen, konnte man ihn keineswegs als verrückt bezeichnen. Das Paar näherte sich der Stelle, an der Dave Wache hielt, und der junge Soldat hörte, wie der Leutnant den alten Mann auf jede erdenkliche Weise verspottete.

„Gehen Sie besser nach Hause und kümmern Sie sich um die Babys, Campwell ", sagte der englische Leutnant. „Es gehört doch eher zu Ihren Pflichten, nicht wahr?"

"Lassen Sie mich allein!" rief der alte Mann. „Wenn ich mich um Babys kümmern müsste , würde ich mich um eines wie dich nicht kümmern, das versichere ich. Es wäre besser gewesen, wenn du in England geblieben wärst."

„Ha! Du nennst mich also ein Baby?" brüllte Leutnant Naster säuerlich. „Wenn ja, wie gefällt dir das von mir?" Und er gab dem alten Pionier einen Stoß, der ihn kopfüber über die Wurzeln eines nahegelegenen Baumes schleuderte.

Die Aktion war so feige und so völlig unangebracht, dass Dave sofort wütend wurde und er ungeachtet der Konsequenzen zu Leutnant Naster sprang und ihn an der Schulter packte.

„Lass ihn in Ruhe, du Unmensch!" er ejakulierte. „Wie kannst du es wagen, einen alten Mann so zu behandeln?"

In plötzlicher Angst wirbelte der englische Leutnant herum. Als er sah, dass nur ein Junge gesprochen hatte, und zwar ein verhasster Provinzler, kam seine Wut zurück.

„Was meinst du damit, deine schmutzige Hand auf mich zu legen!" er brüllte. „Ich lasse Sie sofort verhaften! Das ist für mich – ein Offizier der Königsgarde! Absurd!"

„Es war nicht richtig, den alten Campwell zu belästigen ", erwiderte Dave energisch. „Er ist genauso mutig wie jeder von uns, und ich habe gehört, dass er den ganzen Krieg über gut gekämpft hat. Du solltest –"

„Sag mir nicht, was ich tun soll, du dreckiger kleiner Plantagenarbeiter! Sag noch ein Wort und ich melde dich im Hauptquartier."

„Wie es Ihnen gefällt", antwortete Dave rücksichtslos. „Aber wenn Sie Campwell noch mehr beunruhigen, müssen Sie eine Rechnung mit Colonel Haldimand begleichen – und ich kann Ihnen sagen, dass er sich das genauso wenig gefallen lassen wird wie jeder von uns."

Bei der Erwähnung des für die Provinziale verantwortlichen Offiziers war der englische Leutnant zunächst verblüfft. Er wusste, dass Colonel Haldimand ein Schweizer Amerikaner mit strenger militärischer Haltung war und zu dem viele der Pioniere eine herzliche Bindung hatten.

„Du – du bedrohst mich?" fragte er nach einer hässlichen Pause.

„Du kannst es nehmen, wie du willst."

„Meine Affäre mit diesem alten Mann war meine eigene – nicht deine."

„Ja, aber ich bin froh, dass er meinen Teil übernommen hat", kam von Campwell , als er langsam aufstand, denn der Sturz hatte ihm den Atem genommen. „Du hast mich gemein ausgenutzt. Ich bin gut drauf, dich mit Schrot vollzustopfen!" Und er ergriff drohend seine Waffe.

Jetzt zeigte Leutnant Naster sein wahres Wesen. Vieles von seiner Farbe verließ ihn und er zog sich alarmiert zurück.

„Nicht – nicht!" er weinte hastig. „Ich – ich wollte es nicht – äh – ernst meinen. Die ganze Sache war nur zum Spaß gemeint."

„Es macht keinen Spaß, mich runterzuschubsen."

„Ich – ach – ich wollte Sie nicht so sehr unter Druck setzen – bei meiner Ehre, das habe ich auch nicht getan, Campwell . Lassen wir es lieber sein, nicht wahr?"

Der alte Pionier grunzte. Er war zu offenherzig, um eine so gemeine, hinterhältige Natur wie die des Engländers zu verstehen.

„Wir lassen es fallen – aber lasst in Zukunft die Finger von mir", sagte er schließlich.

„Ich werde Sie nicht stören. Aber Sie …" Der Leutnant wandte sich an Dave. „Ich werde an dich denken, mein feiner junger Kerl , und ich werde dich ein oder zwei Mal runterziehen, bevor ich mit dir fertig bin. Denk daran, was ich sage!" Und mit einem Faustschlag eilte er in der Dunkelheit davon.

Eine Minute später kam Barringford und fragte, was los sei. Als ihm das gesagt wurde, zog er die Stirn zusammen.

„Dieser Leutnant ist ein ganz normaler Schleicher", sagte er. „Halte die Augen offen für ihn, Dave – und vertraue ihm keinen Cent wert. Er ist genau der Typ, der dich bei der ersten Gelegenheit schmutzig macht."

KAPITEL XXIV

HEINRICH WIRD ANGRIFFEN

Die folgenden Tage waren für die jungen Soldaten voller harter Arbeit. Sie wurden dem Gepäckkorps zugeteilt und hatten alles, was sie tun konnten, um die vielen Dinge, die ihnen noch anvertraut waren, durchzubringen. Obwohl Dave die Wahrheit nicht kannte, war es Leutnant Naster , der einen Großteil dieser Arbeit auf den Schultern des jungen Soldaten lastete.

Die Fahrt auf dem Oneida-See war eine Zeit der Ruhe, für die sowohl Dave als auch Henry wirklich dankbar waren. Beide machten die Reise in einem langen und breiten Batteau, das heute allgemein als Plattbodenboot bezeichnet wird. Es war jetzt Ende Juni und das Wetter war heiß. Einmal gingen die Jugendlichen baden, aber dieses Mal störte sie nichts. Sie gingen auch angeln und brachten so viele Fische hervor, wie das klare Wasser dieses Sees zu bieten hatte.

„Es ist ein idealer Ort für ein Zuhause", sagte Dave. „Erinnert mich an die Kinotah ."

„Wenn der Kinotah so gut ist, würde ich mir nichts Besseres wünschen", antwortete Henry.

Das übergroße Batteau war mit Gepäck gefüllt, und außer den Jungen waren zehn Ranger an Bord, darunter der alte Campwell . Der alte Mann saß hinten im Boot und beäugte kritisch das Ufer.

„Mein Sehvermögen ist nicht besonders gut", sagte er schließlich gedehnt. „Aber wenn ich mich nicht irre, sehe ich scherzhaft eine Menge Indianer hinter dem Gebüsch."

Alle schauten in die Richtung, und plötzlich sagte einer der anderen Ranger, dass auch er mindestens zwei Indianer gesehen habe. Sie schienen die Boote zu verfolgen und taten gleichzeitig alles, was sie konnten, um sich zu verstecken.

„Was halten Sie davon?" fragte Heinrich von Barringford , der neben ihm ein Ruder zog.

Der alte Grenzgänger zuckte mit den Schultern. „Hängt davon ab, ob es Freunde oder Feinde sind, Henry", sagte er. „Wenn sie Freunde sind, ist es wahrscheinlicher, dass sie uns beistehen , wenn wir den Fluss erreichen."

"Und wenn nicht?"

„Dann sollten sie gefangen genommen werden, denn wenn sie keine Freunde sind, spionieren sie für die Franzosen."

Offensichtlich waren die Indianer von denen auf den anderen Batteaux nicht entdeckt worden, und nach einem kurzen Gespräch beschloss der Verantwortliche für das Lager unserer Freunde, den Fall seinem Vorgesetzten zu melden, der sich in einem Boot in einiger Entfernung vor uns befand . Mit aller Kraft ziehend, wurde das schwerfällige Fahrzeug in einer Viertelstunde neben Kapitän Molletts Boot gebracht.

„Indianer, was?" sagte der Kapitän nachdenklich. „Konntest sie nicht sehr gut erkennen, oder?"

„Nein, Kapitän."

„Hm! Wir müssen das untersuchen."

Die Nachricht wurde an mehrere andere Batteaux weitergeleitet, und bald darauf drehte ein Boot mit fünfzehn Rangern an Bord, darunter Barringford und Henry, in Richtung Küste. Dave und Schnitzer wollten die anderen begleiten, aber das war nicht erlaubt.

„Auf Wiedersehen, bis wir uns wiedersehen!" rief Henry, als er ging.

„Pass gut auf dich auf", erwiderte Dave und so trennten sich die beiden Cousins mit einer Handbewegung.

Es dauerte nicht lange, bis das Batteau das Nordufer des Sees erreichte, und sobald das Schiff auf Grund ging, sprangen alle heraus. Die Ranger befestigten das Boot an einem nahegelegenen Baum und machten sich auf die Suche nach den Indianern.

Die Gruppe stand unter dem Kommando von George Harvey, der als alter Indianerkämpfer des Mohawk-Tals und ebenso kluger wie mutiger Mann bekannt war. Er hatte die Waldläufer mutig an Land gebracht, doch als er im Schutz des Waldes angekommen war, hielt er seine Männer an, um ihnen Ratschläge zu geben.

„Wir werden uns in einer geraden Linie nach Norden ausbreiten", sagte er. „Jeder Mann etwa dreißig Meter vom nächsten entfernt. Dann können wir das Holz gründlich zerschlagen. Schießen Sie nicht, bis Sie sicher sind, was Sie tun, denn gerade jetzt einen befreundeten Indianer zu töten wäre das Schlimmste, was wir tun könnten." . General Johnson würde es Ihnen niemals verzeihen. Er hatte genug Arbeit, um sie dazu zu bringen , zu uns zu kommen.

Es fiel Henry zu, am Ufer des Sees entlangzugehen, mit Barringford an seiner Seite. Der Weg war dort, wo der Weg nahe am Wasser verlief, einfach, an anderen Stellen war er jedoch äußerst schwierig, da ihm häufig große Steine und dichtes Gestrüpp den Weg versperrten.

„Puh! Aber das ist doch kein Kinderspiel!" murmelte er vor sich hin, als er an einer Stelle des Ufers herauskam, wo die Sonne heftig brannte. „Ein Kerl könnte sich nicht heißer fühlen, wenn er Mais pflügt oder Heu dreht. Ich gehe lieber schwimmen, als Indianer zu jagen, das muss ich gestehen."

Sein Monolog wurde unterbrochen, als in einiger Entfernung etwas von einem Baum zum anderen huschte. Die Bewegung war so schnell und die Entfernung so groß, dass er sich nicht vorstellen konnte, um welches Objekt es sich gehandelt hatte.

„War das ein Indianer oder ein großer Wildvogel?" fragte er sich. Er zog sich in den Schutz einiger Büsche zurück, hielt sein Gewehr einsatzbereit und blickte mit großem Interesse nach vorn.

Die Sonne stand mittlerweile tief im Westen, sodass sein Schatten vor ihm fiel, als er nach Osten blickte. Plötzlich tauchte neben seinem eigenen ein weiterer Schatten auf. Er drehte sich um, aber bevor er sich wehren konnte, wurde er zurückgezogen und seine Waffe wurde ihm aus der Hand gerissen. Er versuchte zu schreien, aber sofort wurde eine rote Hand auf seinen Mund gelegt.

Henry versuchte sein Bestes, um sich zu befreien, aber es war nutzlos. Zwei muskulöse Krieger hatten ihn angegriffen, und nun hielt ihm einer der Rotmänner ein langes Jagdmesser ins Gesicht und murmelte gleichzeitig ein paar warnende Worte in gutturalem Ton. Henry verstand die gesprochene Sprache nicht, aber er wusste, was gemeint war – dass er getötet werden würde, wenn er versuchte, entweder zu kämpfen oder zu schreien – und so lag er vorerst still.

In der Ferne hörte der junge Soldat Schritte und vermutete zu Recht, dass Barringford zusammen mit den anderen Rangern seine Reise vorwärts fortsetzte. Bald verstummten die Geräusche und alles wurde so still wie das Grab.

Doch die Indianer wollten kein Risiko eingehen und so blieb der Mann mit dem Messer weiterhin über dem jungen Soldaten stehen, bis sein Begleiter sicher war, dass die Weißen weitergezogen waren. Dann stieß er einen kurzen, eigenartigen, vogelähnlichen Pfiff aus.

In weniger als zwei Minuten erschien ein Dutzend Krieger am Tatort, die hinter Baumstämmen und Steinen und aus Löchern zwischen den Baumwurzeln hervorkrochen. Alle traten vor und blickten den Gefangenen neugierig an.

Es folgte eine nur wenige Minuten dauernde Verhandlung. Henry versuchte sein Bestes zu verstehen, was gesagt wurde, aber dieser indische Dialekt war für ihn völlig neu. Er vermutete halb, dass diese Redmen vom Nordufer des

Ontariosees nach New York gekommen waren, und darin täuschte er sich nicht. Es handelte sich, wie sich lange später herausstellte, um Spione, die von Saint Luc de la Corne , dem französischen Befehlshaber der Isle Royal, die später Chimney Island genannt wurde, ausgesandt wurden.

Das Landen der Engländer hatte die Indianer offensichtlich verunsichert und sie zögerten, was ihr nächster Schritt sein sollte. Doch schließlich machten sie sich auf den schnellen Marsch nach Norden und nahmen Heinrich mit. Dem jungen Soldaten wurden die Hände auf dem Rücken gefesselt und ihm wurde zu verstehen gegeben, dass er auf der Stelle getötet werden würde, wenn er sich nicht so bewegte, wie es ihnen gefiel .

„Ich stecke in einer schönen Situation, und kein Fehler", sinnierte er, während die Gruppe sich einen langen Hügel hinauf und durch ein dichtes Waldstück quälte, wo das Unterholz fast jeden Fortschritt versperrte. „Diese Rothäute werden mir nicht die geringste Chance geben zu entkommen , und wohin sie mich bringen, kann ich nicht ahnen. Ich frage mich, was Barringford sagen wird, wenn er feststellt, dass ich vermisst werde?"

Einige Zeit später ertönte ein Fernschuss, bei dem alle Indianer stehen blieben. Dem Schuss folgten mehrere weitere, die alle aus Richtung des Sees kamen.

„Vielleicht sind es Signale, die für mich bestimmt sind", dachte Henry. „Oh, wenn Barringford und die anderen nur die richtige Spur finden würden!"

Nachdem die Schüsse zu Ende waren, wurde der Vormarsch wieder aufgenommen und die Gruppe hörte erst lange nach Einbruch der Dunkelheit wieder auf. Henry wurde an einen Baum gefesselt und einer der Indianer, der weniger blutrünstig schien als die anderen, gab ihm ein Stück Fleisch, ein paar Maiskuchen und einen Schluck Wasser. Der junge Soldat dankte dem Rothäuten und versuchte, ihn in ein Gespräch zu verwickeln, aber der Indianer schüttelte nur den Kopf und ging weg.

Als sich die Indianer für die Nacht zurückzogen, wurde Henry an einen kurzen Pflock gebunden, der tief in den Boden getrieben wurde. Dies ermöglichte es ihm, sich auf die eine oder andere Seite zu legen, aber dennoch die Hände hinter sich zu lassen – eine höchst unbequeme Position. Aber sich hinzulegen, auch so, war besser, als sich an den Baum zu stellen, und er war so müde, dass er bald fest einschlief.

Ein Tritt in die Rippen weckte ihn bei Tagesanbruch, und nach einem leichten Frühstück setzten die Indianer ihre Reise fort. In kurzer Zeit erreichten sie einen kleinen Bach und holten aus einem Versteck mehrere Kanus hervor. Henry wurde aufgefordert, in eines der Kanus zu steigen, und die ganze Gruppe begann, schnell und in größter Stille den Bach hinunterzupaddeln.

Der Wasserlauf war weniger als fünf Meter breit und an vielen Stellen verflochten sich die Äste der Bäume am gegenüberliegenden Ufer und bildeten eine lange, niedrige Laube, unter die das Sonnenlicht kaum eindringen konnte. Draußen war es heiß und trocken, aber an diesem Bach war es herrlich kühl, und unter anderen Umständen hätte Henry die Kanufahrt sehr genossen. Das Wild war reichlich vorhanden und tauchte häufig in leichter Schussweite auf. Die Indianer setzten ihre Waffen jedoch nicht ein, obwohl ein Indianer im vorderen Kanu mit Hilfe von Pfeil und Bogen eine Reihe von Vögeln und ein Reh erlegte.

Bevor die Fahrt auf dem Fluss zu Ende ging, schätzte Henry, dass sie mindestens sechzehn Meilen zurückgelegt hatten. Sie gingen knapp oberhalb eines kleinen Wasserfalls an Land und nun nahmen die Indianer ihre Kanus mit. Die Gruppe wandte sich nach Westen, und Henry vermutete, dass sie zum Ostufer des Ontariosees unterwegs waren.

„Wenn sie mich einmal auf den See bringen, werde ich mit Sicherheit für Kanada gebucht", sinnierte er düster. „Wenn ich nur eine halbe Chance hätte, würde ich davonlaufen, auch wenn ich riskieren würde, erschossen zu werden."

KAPITEL XXV

Ein Sturm auf dem Lake Ontario

Als die Soldaten unter General Prideaux Oswego erreichten , fanden sie die Festung in Trümmern vor. Drei Jahre zuvor hatten die Franzosen und Indianer unter Montcalm dort einen Sieg errungen und vor ihrer Abreise jedes große und kleine Gebäude sowie jedes Schiff im Hafen niedergebrannt und auf andere Weise zerstört und alle Kanonen und Munition sowie ein großes Schiff mitgenommen Teil des Besitzes der Siedler in dieser Umgebung. Auf allen Seiten lagen Haufen von Asche und verkohlten Baumstämmen, einige von Unkraut überwuchert, und in der Mitte stand ein riesiges Holzkreuz, das von Piquet, dem französischen Priester, errichtet worden war, und an einer hohen Stange hingen die zerfetzten Wappen Frankreichs. Die Szene war von unbeschreiblicher Einsamkeit und Trostlosigkeit geprägt, und man muss zugeben, dass Dave beim Anblick so etwas wie einen Schauer überlief.

„Das zeigt, was der Krieg bewirken wird", sagte er zu einem Kameraden, der in der Nähe stand . „Denken Sie daran, wie wohlhabend der Handelsposten Oswego vor drei Jahren war, und schauen Sie sich jetzt Folgendes an: Warum sogar ein wildes Tier diesen Ort meiden würde – nachdem diese Skelette sauber gepflückt wurden."

„Das stimmt, Junge", war die Antwort. „Aber ich glaube nicht, dass es noch einmal so sein wird. General Prideaux meint es ernst, und General Johnson auch, und die Franzosen werden jetzt einige harte Kämpfe führen müssen, um zu gewinnen."

Die ersten Soldaten trafen etwa Mitte Juni auf dem Gelände von Oswego ein, und nur wenige Tage später kam der Rest der Armee vom Oneida-See herauf und brachte Vorräte und Gepäck, darunter viele Fässer Schweinefleisch Damals gehörte es zu den Grundnahrungsmitteln der Soldaten.

Dave wollte Henry und Barringford unbedingt wiedersehen, und als die letzten Soldaten herbeikamen und ihr Lager unweit des Sees und des Flusses aufschlugen, eilte er in diese Richtung, sobald er dienstfrei hatte.

„Oh, Sam!" er weinte, als er den alten Grenzgänger erblickte und den ernsten Ausdruck auf seinem Gesicht sah. „Wo ist Henry?"

„Das kann ich dir nicht sagen, Dave."

„Kann ich nicht sagen?"

„Nein, Junge. Nachdem wir am Oneida-See an Land gegangen waren, verschwand er, als hätte sich die Erde geöffnet und ihn verschlungen.“

„Aber – aber hast du nicht nach ihm gesucht?“

„Dave, du solltest es besser wissen und auch keine Frage stellen. Schau? Ich bin kilometerweit gelaufen und habe nach ihm gesucht – und nach den Indianern. Aber die Rothäute sind entkommen, und wir konnten Henry nicht finden. lebendig oder tot."

„Dann müssen sie ihn gefangen genommen haben.“

„ Das ist es, es sei denn –“

„Es sei denn, was, Sam?“

„Wall, das sage ich nicht gern, Junge. Hoffen wir auf das Beste.“

„Du meinst, sie hätten ihn töten und seine Leiche in den See werfen können?“

"Ja."

Dave holte tief Luft. Der Gedanke war schrecklich. Er schüttelte düster den Kopf.

„Sie haben keine Schüsse gehört, auch kein Gedränge?“

„Kein Geräusch, Dave. Wir gingen so still wie Geister und mit offenen Ohren. Ich weiß, dass Henry dabei war, als wir den See hinaufzogen, aber ich vermisste ihn scherzhaft, sobald wir uns umdrehten, um zurückzukommen. Er war da gewesen neben dem Seeufer und ich ging hinüber, um herauszufinden, ob er etwas von den Indianern gesehen hatte. Aber er war weg – und das war das Ende – obwohl ich und die anderen herumjagten, bis wir es einfach aufgeben mussten und Kommen Sie zurück, um zu berichten.

Es waren düstere Neuigkeiten, und alles, was Barringford tun konnte, konnte Dave nicht aufmuntern. „Zuerst war es die kleine Nell und jetzt ist es Henry“, sagte er nüchtern. „Wenn keiner von ihnen zurückkommt, was wird Tante Lucy sagen?“

Sobald die Armee in Oswego stationiert war, ließ General Prideaux alle Batteaux und andere Boote für die Reise entlang des Seeufers nach Fort Niagara vorbereiten, eine Entfernung von etwa hundertdreißig Meilen. In der Zwischenzeit wurde Oberst Haldimand mit der Leitung der Garnison beauftragt, die in Oswego zurückgelassen werden sollte, mit dem Befehl, die Festung so schnell wie möglich wieder aufzubauen und den Ort auf andere Weise zu stärken. Haldimand, der während der Revolution Gouverneur von Kanada wurde, war ein fähiger und energischer Offizier und erledigte die ihm übertragene Arbeit unverzüglich. Bald war das Klingeln der Axt im Wald zu hören und die großen Balken für die neue Festung wurden so schnell herausgebracht, wie die Pioniersoldaten sie bewältigen konnten.

Prideaux hatte erwartet, sich innerhalb weniger Tage nach seiner Ankunft in Oswego nach Niagara einzuschiffen, wo sich ihm Johnson mit seinen siebenhundert Indianern anschloss, doch es kam zu zahlreichen Verzögerungen und erst am 1. Juli wurde seine neuartige Flottille aus Booten, Batteaux und Kanus fertiggestellt Setzen Sie die Segel nach Westen über die mächtigen Gewässer des Ontariosees. Die ganze Zeit, während die Armee in Oswego war, wurde scharf auf das mögliche Auftauchen französischer Kriegsschiffe oder Transporter mit französischen Truppen geachtet, aber es war nichts zu sehen.

„Niemand ein Segel in Sicht", sagte Dave eines Tages zu Schnitzer, als die beiden am Strand waren. „Wenn die Franzosen in der Nähe sind , halten sie sich gut versteckt."

„Vielleicht da vos „ Ich warte auf einen Chanct , um uns zu schnappen", antwortete der holländische Soldat . Von da nicht vos schmart den dis var hätte so lange nicht pinkeln können , hey?"

„Oh, sie wissen, was sie tun, daran besteht kein Zweifel. Es würde mich nicht wundern, wenn sie Colonel Haldimand angreifen würden, nachdem wir weg sind."

„Yah, genau das ist es, Tave – da vaits bis ve peen sphlit by two bieces und den da kämpft zuerst gegen einen Barden und den der Euterbard – und ve peen hat uns die Poots ausgeleckt, hey – vielleicht – von da peen schmart genug." Und Hans Schnitzer nickte energisch mit seinem struppigen Kopf.

Dave hatte sich gefragt, ob ihm befohlen würde, bei den in Oswego Zurückgebliebenen zu bleiben, oder ob er nach Fort Niagara weiterziehen sollte. Halb wünschte er, man würde ihm sagen, er solle zurückbleiben, damit er eine Chance hätte, sich auf die Suche nach Henry zu machen.

Dies sollte jedoch nicht geschehen, und einige Tage später wurde bekannt, dass die Kompanie, der er angehörte, unter General Prideaux weitermachen würde .

„Aber ich werde zurückbleiben", sagte Sam Barringford . „Ich habe den Befehl, das Kommando über die Scharfschützen zu übernehmen und werde hier draußen aufpassen, während Colonel Haldimand die alte Festung wieder aufbaut."

„Oh Sam, wenn du zurückbleibst, würdest du dann nicht nach Henry Ausschau halten?"

„Natürlich werde ich das tun, Junge – daran habe ich selbst gedacht ."

„Glauben Sie, dass diese Indianer immer noch herumschleichen?"

„ Eher nicht, Dave. Nicht, wenn sie gegen französische Spione kämpfen. Sie sind über den See gegangen, um uns vor unserem Kommen zu warnen."

„Wenn sie Henry gefangen hätten , würden sie ihn mitnehmen."

„ Ja – oder noch schlimmer."

Dave schüttelte traurig den Kopf und ging seiner Arbeit nach, die darin bestand, für die Beladung zweier Batteaux zu sorgen, die vollgepackt waren mit Utensilien, die zur kulinarischen Abteilung der Armee gehörten – denn Soldaten müssen wie gewöhnliche Sterbliche essen, und wenn sie es tun nicht richtig serviert werden, kann es zu heftigem Meckern kommen.

Einen Tag später machte sich die Armee auf den Weg, in einer langen Reihe von Schlachtschiffen und anderen Fahrzeugen, die sich über eine Distanz von über einer Meile erstreckte. Es war wirklich ein imposanter Anblick, denn das führende Batteau wehte unter der Flagge Englands, und an anderen Bannern mangelte es keineswegs. Es gab auch Musik, um die Herzen der Soldaten zu erhellen, und es erklangen Jubelrufe für den Erfolg des Unternehmens.

Es war der Plan von General Prideaux , das Ufer des Sees zu umarmen, weshalb die Reise etwas länger dauern würde, als wenn sie in direkter Linie von Oswego zur heutigen Küstenstadt Carlton segeln würden. Der Grund für die Annäherung an die Küste bestand darin, dass die Franzosen jeden Moment, wenn sie außer Sichtweite des Landes waren, auf die Flottille herabstürzen könnten, wohingegen die Engländer, wenn sie in Küstennähe blieben, jederzeit in eine der zahlreichen Buchten einbiegen könnten Bäche und verstecken sich dort oder errichten eine vorübergehende Verteidigung.

Das Südufer des Ontariosees ist heute übersät mit Dörfern und Städten, aber als die Armee von General Prideaux an dieser Küste entlang segelte, zeigte sie eine fast ununterbrochene Front aus riesigen Baumstämmen, rauen Felsen und Sandwüsten. Hier und da gab es ein Indianerdorf, aber die Krieger waren fort, entweder mit den Franzosen oder den Engländern.

Sehr zu Daves Missfallen wurde Leutnant Naster mit der Leitung des Batteaus beauftragt, in dem sich neben Dave noch mehrere Soldaten befanden, die unser junger Soldat kaum kannte. Als Naster Dave sah, runzelte er die Stirn, sagte aber nichts.

„Er hat es auf mich abgesehen, das ist sicher", dachte Dave. „Ich muss die Augen weit offen halten."

„Ich möchte nichts von Ihrer Faulheit", sagte der Leutnant eine Stunde später zu Dave, als alle Hände auf den Rudern ruhten. „Ich sehe, du ziehst nicht so gut wie die anderen, und das wird nicht gehen."

„Ich dachte, ich leiste meinen vollen Beitrag", antwortete Dave.

„Hallo, antworte nicht zurück, Junge! Tu, was ich dir sage!"

Nach ein paar Minuten wurde das Rudern wieder aufgenommen. Einer der Soldaten zwinkerte Dave zu, ohne dass der Leutnant es bemerkte.

„Er ist ein ganz normaler Bär", flüsterte er. „Pass auf, sonst macht er dir Ärger."

„Er hat schon früher versucht, mir Ärger zu machen", antwortete Dave ebenso leise. „Er mag mich nicht, weil ich mich für den alten Campwell eingesetzt habe , als er den Mann einschüchterte."

„Oh, Sie waren also der Soldat, der sich eingemischt hat, nicht wahr? Ich habe von diesem Fall gehört. Es heißt –"

„Ruhe hier drüben und kümmere dich um dein Rudern!" rief der Leutnant von seinem bequemen Sitz im Heck aus. „Sehen Sie nicht, wie wir im Rückstand sind? Halten Sie alle an, sonst bekommt heute Abend jemand die Peitsche statt seines Abendessens."

Danach wurde nur noch wenig gesprochen, und das Rudern ging stetig weiter, bis zum Mittag eine kurze Pause zum Abendessen eingelegt wurde. Der See war fast wie Glas, sodass einige der Batteaux zwar zusammendrifteten, aber keinen Schaden anrichteten.

„Wenn ich etwas darüber weiß, wird dieses Wetter nicht von Dauer sein", sagte einer der Soldaten, nachdem er den Himmel sorgfältig untersucht hatte.

„Für mich sieht es auch nach einem Sturm aus", sagte Dave. „Aber es könnte herumfliegen, bevor es hier ankommt."

Doch der Tag verging, ohne dass der Sturm kam, und in dieser Nacht schliefen die Bewohner der Batteaux tief und fest am Ufer einer winzigen Bucht, die sich vom See aus öffnete. Bei Sonnenaufgang war die Armee wieder in Bewegung und die Flottille setzte erneut ihre Reise nach Westen fort.

Mehrere Soldaten, die auf dem Marsch nach Oswego krank geworden waren, waren zurückgeblieben, aber nun wurden andere von der Hitze und dem grellen Sonnenlicht auf dem Wasser überwältigt, und ein Batteau musste in ein schwimmendes Krankenhaus umgewandelt werden. Einmal war Dave selbst schwindelig, aber er sagte nichts, denn er wusste genau, dass Leutnant Naster keine Gnade mit ihm haben würde, ob krank oder gesund.

Die Sonne war wie ein großer Feuerball über dem Wasser aufgegangen, und gegen neun Uhr versprach der Tag heißer als gewöhnlich zu werden. Doch eine Stunde später begannen im Westen Wolken aufzutauchen und es wurde rasch kühler.

„Dieser Sturm steht uns jetzt bevor", sagte ein Soldat zu Dave. „Sehen Sie, wie der Wind stärker wird."

„Ja, und wir sind jetzt auch ziemlich weit vom Land entfernt", fügte Dave hinzu. „Ich denke, wir sollten nachgeben."

Einer der Soldaten wandte sich an den Leutnant, doch dieser wollte nicht auf Ratschläge hören. „Geradeaus", brüllte er. „Du willst nur hineingehen, damit du dich ausruhen kannst. Wir haben keine Zeit, herumzualbern. Ein bisschen Regen kann niemandem schaden."

Der Wind nahm immer stärker zu, und bald überschatteten die schwarzen Wolken die Sonne und ließen die Oberfläche des Sees dunkel und bedrohlich aussehen. Dann kam eine Böe, die das Boot herumwirbelte, obwohl die Ruderer alles tun konnten, um das Boot im Wind zu halten. Die Wellen schlugen hoch und durchnässten alle.

"Oh!" schrie Leutnant Naster , denn er hatte etwas Wasser voll ins Gesicht bekommen. „Bleibt ruhig, ihr Idioten ! Lasst sie nicht herumschwingen!"

„Wenn wir nicht ans Ufer ziehen , werden wir überschwemmt!" rief einer der Soldaten. „Ich war sechs Jahre lang Seemann und weiß, dass das ein schwerer Schlag sein wird. Geben Sie den Befehl, Leutnant, es sei denn, Sie wollen schnell den Grundputz sehen."

Bei diesen Worten wurde Leutnant Naster blass. „Sehr gut, drehen Sie um und halten Sie an Land", sagte er. „Und verlieren Sie keine Zeit", fügte er hinzu, als er sah, wie die Weißkappen wie verrückt auf sie zujagten.

Mit großer Mühe wurde das schwerfällige Batteau herumgeschwenkt und die Reise an Land begann. Aber es war wertvolle Zeit verloren gegangen, und jetzt regnete es in Strömen und versperrte die Sicht nach allen Seiten. Der Wind pfiff einen Sturm und inmitten des Regengusses ertönte ein lebhafter Blitz und ein ohrenbetäubender Donnerschlag.

Sowohl zu seiner eigenen Sicherheit als auch zur Sicherheit der anderen beugte sich Dave energisch zum Ruder und zog mit voller Kraft. Die Sicht auf das Land war nun ausgeschlossen und die Aufgabe war daher eine blinde. Sie fuhren weiter, der Wind blies die Wellen in das Batteau, bis das Boot schnell Gefahr lief, durchnässt zu werden.

„Hilft sie raus!" brüllte der Leutnant, der jetzt genauso beunruhigt war wie alle anderen. „Heilt sie raus, sonst gehen wir unter!"

„Befreien Sie sie", brüllte der Leutnant.

„Befreien Sie sie selbst;" kam eine Stimme von der Vorderseite des Fahrzeugs. „Keiner von uns kann die Ruder verlassen. Zieht weg, Jungs — das ist unsere einzige Chance!"

Es war der Mann, der einmal Seemann gewesen war, der sprach, und alle anderen Soldaten gehorchten ihm und überließen es dem Leutnant, einen eisernen Löffel zu nehmen und mit dem Wasserlassen zu beginnen, so gut er konnte.

Einen Moment später ertönte ein wilder Schrei von jenseits des Batteaus. „Pass auf, du rennst uns über den Weg! Rückstau!" Dem Schrei folgten ein dumpfer Schlag und ein Krachen und ein halbes Dutzend

Schmerzensschreie, und dann folgte ein wildes Ringen um Sicherheit, denn zwei der Batteaux waren mit solcher Kraft zusammengestoßen, dass der Boden von jedem auf einer Seite abgebrochen war. strömend das Wasser des Sees hereinlassen.

Als es zum Zusammenstoß kam, wurde Dave rücklings in den Schoß des Soldaten geschleudert, der einst Seemann gewesen war. Jeder umklammerte den anderen und beide rappelten sich auf und fragten sich, was als nächstes passieren würde. Dann begann sich das Batteau zu beruhigen und einen Moment später fand sich Dave in den Gewässern des Ontariosees wieder.

KAPITEL XXVI

DER ANGRIFF AUF OSWEGO

„Ich frage mich, wann das enden wird?"

Das war die Frage, die sich Henry stellte, nachdem er eine Woche und länger ein Gefangener der Indianer gewesen war.

Die Krieger hatten ihn zum Ostufer des Sees geführt, und hier hatte man ihm die Verantwortung für zwei junge Krieger überlassen, während der Rest der Gruppe Kanus nahm und in Richtung Frontenac verschwand.

Die Tage waren langsam vergangen. Die Krieger hatten so etwas wie eine Höhle am Seeufer gefunden und Henry wurde darin untergebracht. Seine Hände waren fast ständig auf dem Rücken gefesselt und wurden nur dann losgelassen, wenn er aß oder wenn seine beiden Häscher mit ihren Waffen da waren, um ihn zu beobachten.

Der junge Soldat fragte sich oft, was aus Sam Barringford und den anderen der Gruppe geworden war, die am Ufer des Oneida-Sees gelandet war. Waren auch sie gefangen genommen und verschleppt worden, oder waren sie getötet worden?

„Sam hätte in der Lage sein sollen, ihrer Spur zu folgen", argumentierte er. Er wusste nicht, dass die Spur bis zu dem Bach verfolgt worden war, wo die Indianer zum ersten Mal ihre versteckten Kanus hervorgebracht hatten.

In der Zwischenzeit waren die Indianer nach Saint Luc de la Corne gegangen und hatten ihm die Situation erklärt. Der französische Befehlshaber versammelte sofort zwölfhundert Mann, bestehend aus kanadischen Pionieren und Indianern, und machte sich auf den Weg zur englischen Schlacht. Er hatte das Gefühl, dass bei Oswego eine Streitmacht zurückbleiben würde, und beschloss, diese zu vernichten, sobald General Prideaux mit dem Hauptteil der englischen Armee weitergezogen war.

Dass über hundert Indianer zum Lager am Seeufer kamen, überraschte Henry und er fragte sich, was da wohl der Wind war. Aber er fand es bald heraus, denn einige der Neuankömmlinge konnten Englisch sprechen und zögerten nicht, über den geplanten Angriff auf Oberst Haldimands Kommando zu sprechen und über ihre großen Hoffnungen, Fort Oswego erneut in Asche zu legen und alle zu skalpieren, die zur Verteidigung übrig blieben Es.

Nachdem er diese Rede gehört hatte, brannte in Henry der Wunsch, seine Freiheit zu erlangen und Haldimand vor dem zu warnen, was kommen würde. Zu diesem Zweck griff er auf eine List zurück, die besser funktionierte, als er erwartet hatte. Er gab vor, sehr krank zu sein, und wann immer die Indianer näher kamen, stöhnte er kläglich und legte seine Hand auf seinen Kopf und dann auf seine Brust, als hätte er starke Schmerzen.

Zuerst achteten die Krieger nicht darauf, denn es war ihnen egal, wie sehr er litt. Aber nachdem sie ihn während der Essenszeit freigelassen hatten, achteten sie nicht mehr darauf, ihn wieder zu fesseln, und ließen ihn nach Belieben auf dem Boden wälzen. Er tat nun so, als wäre er kränker als je zuvor und kroch zu einem nahegelegenen Wasserbecken, wo er seinen Kopf wusch und sich dann wie völlig erschöpft hinlegte.

Hinter dem Teich befand sich eine Gruppe von Büschen und dahinter ein Stück dichter Baumbestand. Im Wald hatte er das Gefühl, er könne sich bis zum Einbruch der Dunkelheit verstecken und dann das Seeufer hinunter in Richtung Fort Oswego machen. Vielleicht fand er sogar ein Kanu, denn die Indianer hatten eine große Anzahl dieser Boote, versteckt in verschiedenen Buchten und Bächen.

Henry musste äußerst vorsichtig vorgehen, denn ihm war klar, dass ein Fehler ihn das Leben kosten könnte. Ein- oder zweimal sah er, wie die Krieger ihn anstarrten, und jedes Mal ließ er sie glauben, dass er so große Schmerzen hatte wie eh und je.

Plötzlich erklang am Seeufer ein Geschrei, das die Ankunft weiterer Indianer ankündigte, und alle Krieger an Land schauten in diese Richtung. Jetzt war seine Chance gekommen, und mit der Schnelligkeit eines aus der Falle befreiten Hirsches sprang er über den Teich und tauchte in die Büsche. Er blieb nicht stehen, aber auf die Gefahr hin, sich an einem Dutzend Stellen zu kratzen, bahnte er sich seinen Weg durch das Holz und ging weiter und weiter, durcheinander, stieß dabei an mehr als einem Baum und stolperte über eine große Wurzel nach der anderen. Einmal geriet er in ein kniehohes Loch und brach sich beinahe das Bein, was ihn am Ende zweifellos das Leben gekostet hätte. Doch er befreite sich und blieb nicht stehen, sondern setzte seinen Weg fort und humpelte immer tiefer in den Wald hinein.

Ein Wutschrei verriet ihm, dass seine Flucht entdeckt worden war, und bald hörte er, wie mehrere Indianer durch das Unterholz schlugen, während andere sich auf die Suche nach dem Wald machten. Es bestand kein Zweifel, aber dass sie ihn zurückerobern wollten, war so etwas möglich.

„Aber sie werden es nicht tun", murmelte er mit zusammengebissenen Zähnen. „Ich muss irgendwie entkommen!"

zurückgelegt hatte, war er überrascht, den See in Sichtweite zu finden. Zuerst stellte er sich vor, er sei im Kreis herumgegangen und an dem Punkt angelangt, von dem er angefangen hatte, aber bald erkannte er, dass es sich um eine seltsame Stelle handelte, etwas weiter südlich des Indianerlagers.

Sein verletztes Schienbein tat ihm ziemlich weh und er war froh, sich bis zu den Knien ins Wasser zu stürzen. Er war in einer kleinen Bucht herausgekommen und hier boten ihm mehrere überhängende Bäume und Büsche guten Schutz. Er versteckte sich so gut er konnte und wartete auf die Entwicklung.

Die Indianer kamen bis auf hundert Meter an die Stelle heran, aber nicht näher, und noch vor Einbruch der Dunkelheit blieb er völlig allein. Mittlerweile fühlte sich das aufgeschürfte Schienbein besser an, und er watete hinaus zum eigentlichen See, dessen Wasser ihm kaum bis zu den Knien reichte.

Als die Nacht hereinbrach, konnte er am Ufer ein schwaches Licht sehen, das ihm verriet, wo das Indianerlager lag. Um ihn herum war es still und verlassen, nur der gelegentliche Schrei eines Vogels durchbrach die Stille.

Henry hatte das Gefühl, er müsse etwas schlafen, sonst könne er morgens nicht die Reise nach Oswego antreten, und suchte sich deshalb einen bequemen Platz, wo er sich hinlegen konnte. Während der Nacht störte ihn nichts, und als der Sonnenaufgang aufging, fühlte er sich ausgesprochen erfrischt.

Ein Sturm näherte sich – derselbe, der sich für die Batteaux auf dem See als so verheerend erweisen sollte, und Henry hatte noch nicht viele Meilen am Seeufer zurückgelegt, als er mit seiner ganzen Wucht über ihn hereinbrach und ihn dazu veranlasste, unter einer Klippe Schutz zu suchen aus Felsen in einiger Entfernung vom Wasser. Der Blitz war scharf und er hörte, wie mehr als ein Baum im Wald krachend umstürzte. Aber der Sturm hielt in dieser Gegend nicht an und nach zwei Stunden war er vorbei, obwohl die ziehenden Wolken die Sonne immer noch verdeckten.

Für Heinrich war der Sturm ein großer Segen, denn als er vorüber war , traf er auf zwei Eichhörnchen, die der Sturm getötet hatte, und auch auf eine Reihe von Vögeln. Er hatte vierundzwanzig Stunden lang nichts gegessen und machte sich nun daran, ein Feuer anzuzünden und das Wild zu kochen. Er hatte einen Feuerstein und Stahl, die ihm die Indianer nicht abgenommen hatten, und bald hatte er ein Feuer in einer Mulde, wo man es nicht bemerken würde.

Nachdem er das Verlangen seines Magens gestillt hatte, setzte er seine Reise am Seeufer fort. Der Sturm hatte eine Reihe von Dingen an Land gespült, und bald stieß er auf ein umgedrehtes Indianerkanu, eines der raueren Sorte , das aus einem ausgehöhlten Baumstamm bestand.

„Hallo, das ist besser als nichts", sagte er sich und richtete das Kanu wieder auf, wenn auch nicht ohne Schwierigkeiten. Es gab auch ein Paddel am

Strand, und bald war er an Bord des Bootes und paddelte mit all seinem Können südwärts.

Während er sich über das Wasser des Sees bewegte , blickte er sowohl nach hinten als auch nach vorne und fragte sich, ob die Indianer entdecken würden, was er tat. Aber sie waren außer Sicht, und kein einziger Krieger zeigte sich irgendwo.

Es wurde schon wieder dunkel, als Henry sein Kanu plötzlich zum Stehen brachte und dann hastig Richtung Ufer drehte. Weit vor sich hatte er ein anderes Fahrzeug gesehen, das zwei Männer an Bord hatte. Er war sich sicher, dass es Weiße waren, aber ob Französisch oder Englisch, musste noch geklärt werden. Er bewegte sein Kanu in eine Bucht und versteckte sich im Gebüsch, um auf die Annäherung der Fremden zu warten.

Bald kam das Boot so nah heran, dass er die Stimmen der Neuankömmlinge hören konnte. Eine Stimme kam ihm seltsam bekannt vor, und als Henry durch die Büsche spähte, war er überglücklich, als er Sam Barringford erkannte , der mit dem Gewehr in der Hand im Bug des Bootes saß, während sein Begleiter ruderte.

„Sam! Sam!" er weinte, als er vorwärts stürmte. „Oh, Sam, wie froh ich bin, dich zu sehen!"

„Na ja, beim Ewigen, wenn es nicht Henry ist!" schrie der Grenzer mit fast gleicher Freude. „Das ist reines Glück und kein Fehler. Gangley und ich sind absichtlich rausgekommen, um nachzusehen, ob wir nicht herausfinden können, was aus dir geworden ist! Bist du allein?"

"Ja."

„Irgendwelche Indianer hier?"

„Es gibt einige am Ufer – etwa zehn oder fünfzehn Meilen von hier entfernt."

Das Boot wurde in die Bucht gedreht und bald schüttelten Henry und sein alter Freund die Hand, und dann schüttelte der junge Soldat Gangley , einen alten Jäger aus Pennsylvania, die Hand. Der Jugendliche erzählte seine Geschichte vollständig, die anderen hörten aufmerksam zu.

„Ich denke, das Beste, was wir tun können, ist, zurückzukommen und Colonel Haldimand zu erzählen, wie die Dinge stehen", sagte Barringford . „Wenn die Franzosen hierher kommen, wird er es wissen wollen."

von Barringford und Gangley besetzte Schiff war groß genug für drei Personen und bald war Henry an Bord. Dann wurde das Boot gewendet und die Fahrt nach Oswego begann.

Auf dem Weg nach Barringford erzählte von Daves Abreise mit der Truppe unter General Prideaux . Er fragte auch, ob Henry etwas über die kleine Nell erfahren habe.

„Kein Wort, obwohl ich die Indianer so viel befragt habe, wie ich konnte", antwortete der Jugendliche.

Gangley war ein Experte im Umgang mit einem kleinen Boot, und das Fahrzeug flog unter seinem Kommando und dank der vereinten Anstrengungen aller an Bord ziemlich gut durch das Wasser.

Sie kamen gerade in Sichtweite der Festung von Oswego, als die Geräusche entfernter Schüsse ihre Ohren erreichten. Zuerst gab es ein paar verstreute Schüsse, einige Minuten später folgte ein regulärer Volleyschuss.

„Die Franzosen sind da!" rief Henry. „Das ist ein normaler Kampf!"

„Du hast recht, Junge", erwiderte der Grenzer. „Sehen Sie, da sind ihre Boote – auch eine ganze Menge davon ! "

"Was sollen wir tun?"

„Es ist besser, ein Stück weiter oben am Ufer zu landen und in den Wald zu gehen. Es reicht nicht aus, wenn wir uns dort unten im Freien zeigen – sie würden uns im Handumdrehen erwischen."

Gangley stimmte auch zu, dass dies das Beste sei, und das Boot wurde sofort in Richtung Ufer gedreht. Sie sprangen ohne Verzögerung heraus, versteckten das Fahrzeug und setzten ihren Weg ohne Zeitverlust in die Richtung fort, aus der die Schüsse gekommen waren.

KAPITEL XXVII

NACHRICHTEN VON WICHTIGKEIT

Als General Prideaux Oswego in Richtung Fort Niagara verließ, war ihm klar, dass die Franzosen höchstwahrscheinlich einen Angriff auf das neue Fort starten würden, das Oberst Haldimand baute, und ermahnte den Offizier daher, zu jeder Tages- und Nachtzeit auf der Hut zu sein .

Aber Haldimand brauchte kein Wort der Warnung. Seine militärische Ausbildung war von hohem Niveau, und das allererste, was er tat, bevor er seine Männer an die Arbeit schickte, um Baumstämme für die neue Festung zu fällen, war, sie die Schweinefässer, die einen großen Teil ihrer Lebensmittel enthielten, in einem Kreis anordnen zu lassen. und außerhalb davon lag eine dichte Masse von Reisig, so dass es keine leichte Aufgabe wäre, darüber oder hindurch zu klettern.

Diese „Schweinefestung", wie sie später genannt wurde, sorgte für viele Lacher, erwies sich jedoch als keine schlechte Verteidigung, wie wir gleich sehen werden. Hinter den Läufen platzierte Haldimand die Kanonen, die Prideaux ihm hinterlassen hatte; und machte sich dann ohne Zeitverlust an die Arbeit, um die eigentliche Festung zu bauen.

Die Franzosen kamen unter größtmöglicher Geheimhaltung über den See. In der Dunkelheit landeten sie hinter Reisig und hohen Balken und nahmen eine ihrer Meinung nach vorteilhafte Position ein.

Die Schlacht begann am nächsten Tag, während die Engländer hart daran arbeiteten, Bäume zu fällen und sie in die richtige Größe für die neue Festung zu schneiden. Ein Späher löste Alarm aus, woraufhin sofort mehrere Schüsse der Franzosen und das markerschütternde Kriegsgeschrei der feindlichen Indianer folgten.

Als Haldimand sofort erkannte, dass der Feind versucht hatte, ihm den Vormarsch zu verschaffen, befahl er seinem Kommando, die Arbeit einzustellen und sich auf den Weg zur „Schweinefestung" zu machen. Die Soldaten und Pioniere ließen ihre Äxte fallen, ergriffen ihre Waffen und rannten in den Schutz von Fässern und Reisig. Mehrere wurden verwundet, einer davon schwer, und als sie dies sahen, wurde der Befehl gegeben, im Gegenzug zu schießen, und es kam zu einer Art offenem Gefecht. Aber die Franzosen zwischen den Engländern und der improvisierten Festung wurden leicht zerstreut, und dann brachte Haldimand seine Truppen innerhalb der Laufbarrikade zusammen und besetzte seine Geschütze mit solcher Kraft, dass der gesamte Feind keine Zeit verlor und den Schutz des so nahe gelegenen Waldes suchte Hand.

Es war diese erste Begegnung, die Henry und seinen Freunden zu Ohren kam. Als sie am Ufer ankamen, hatte das Feuer aufgehört und es herrschte völlige Stille, während sie langsam in Richtung Haldimands Kommando vordrangen.

„Halten Sie es für möglich, dass sich die Franzosen zurückgezogen haben?" fragte Henry plötzlich, als Barringford seine Hand zum Anhalten hob.

„Ich glaube, sie haben einen Trick im Schilde", lautete die leise Antwort. „Hist! Nieder mit euch!"

Barringford hatte einen großen französischen Soldaten gesehen, der auf sie zukam. Der Kerl war ein Scharfschütze und hatte sein Gewehr zum sofortigen Einsatz bereit.

Der Soldat kam direkt auf sie zu und einen Moment später hatte Henry das Gefühl, dass sie entdeckt würden. Dann sprang Barringford ohne Vorwarnung wie ein Blitz nach vorne, packte den Soldaten an der Kehle und riss ihn zu Boden.

Bevor Henry sich von seiner Verwirrung erholen konnte, war alles vorbei, und der Soldat lag flach auf dem Rücken, denn als er über den Kopf ging, war er gegen einen spitzen Stein gestoßen und hatte das Bewusstsein verloren. Barringford nahm die Waffe und die Munitionskiste des Mannes und reichte sie dem Jugendlichen. „Jetzt bist du genauso gut bewaffnet wie wir alle", flüsterte er. „Ein Glück, dass ich ihn richtig erwischt habe, sonst hätten wir vielleicht ein kräftiges Rasseln machen müssen , was? Komm."

Noch einmal gingen sie vorwärts, bis sie das Gefühl hatten, dass die Barrikade aus Schweinefässern nicht weiter als hundert Meter entfernt sein durfte. Dann brach zu ihrer Linken ein neuer Schuss aus, und bald tauchten fünfzig oder mehr französische Soldaten in Sichtweite auf, als sie einen Umweg von einer Seite der Haldimand-Verteidigung zur anderen machten.

„Komm, wir müssen hier raus!" schrie Barringford , und als der Feind näher kam, schoss er auf den führenden Soldaten. Henry und Gangley feuerten ebenfalls ihre Geschütze ab und drei der Feinde gingen zu Boden, alle schwer verwundet.

Unsere Freunde rannten so schnell wie möglich und erreichten bald einen Punkt, an dem sie einige der Schweinefleischfässer sehen konnten. Barringford hob die Hände und wurde erkannt.

"Komm herein!" war der Schrei. „Bleib nicht da draußen!" Und dann gingen die drei wieder vorwärts. Aber auch die Franzosen hatten sie bemerkt und ein halbes Dutzend Gewehre waren in diese Richtung gerichtet. Henry spürte, wie eine Kugel unangenehm nah an seinem Kopf sang, und sah dann, wie Barringford , der dicht neben ihm stand, taumelte und zusammenfiel.

„Oh, Sam!" Er schrie in tiefem Entsetzen: „Bist du getroffen?"

Darauf kam keine Antwort, und Henry sah, wie sich das Blut am Hals des alten Jägers abzeichnete. In seiner Verzweiflung packte er Barringfords Leiche und begann, sie zum Eingang zwischen den Schweinefässern zu zerren. Gangley half ihm und bald befanden sie sich mit ihrer Last hinter der provisorischen Unterkunft.

„Ich hoffe, er ist nicht tot?" sagte Henry, als er die regungslose Gestalt betrachtete. „Ist da kein Chirurg zur Hand?"

Bald erschien ein Amtsarzt, und Barringford wurde in ein nicht weit entferntes improvisiertes Krankenhaus gebracht, wo der Arzt eine hastige Untersuchung durchführte.

„Er ist nicht tot, aber er ist ziemlich schwer getroffen", lautete das Fazit des Chirurgen. „Ich werde für ihn tun, was ich kann. Nein, Sie können mir nicht helfen. Gehen Sie besser an die Front und erfüllen Sie Ihre Pflicht. Man kann nicht sagen, wie stark die Franzosen sind, und wenn sie uns besiegen, wissen Sie, was wir tun." können alle erwarten – ein trostloses Leben in einem kanadischen Gefängnis – oder Schlimmeres."

Es blieb keine Zeit, mehr zu sagen, denn die Schießerei hatte nun wieder begonnen. Es kam von drei Seiten. Der Feind blieb hinter den Bäumen verborgen und nur gelegentlich konnten die Engländer einen Gegenschuss abfeuern.

„Glauben Sie, dass sie einen Generalangriff starten werden?" fragte Henry aus Gangley .

„Das hängt davon ab, wie stark sie sind", war die Antwort.

Es war ein furchtbar heißer Tag und die Menschen hinter der improvisierten Festung litten sehr unter Hitze und Durst. Nur gelegentlich tauchte ein französischer Soldat oder ein Indianer auf und oft wurde er abgeholt, bevor er wieder Schutz finden konnte.

Plötzlich, gegen zwei Uhr nachmittags, ertönte westlich der Festung heftiges Geschrei der Indianer, und man konnte die Rothäute durch den Wald ziehen sehen, obwohl sie darauf achteten, sich keinem allzu großen Angriff auszusetzen.

"Sie kommen!" war der Schrei.

Aber Haldimand ließ sich nicht durch irgendeinen Trick fangen und teilte seine Streitkräfte auf, eine Hälfte, um dem erwarteten Angriff der Redmen zu begegnen , und die andere, um die Seite zu schützen, auf der sich die Franzosen noch befanden.

Doch der Angriff scheiterte. Nicht mehr als ein Dutzend Redmen rannten ins Freie, und als drei von ihnen von den Rangern oder den Royal Americans, wie sie offiziell genannt wurden, leblos hingerichtet wurden, rannte der Rest mit aller möglichen Geschwindigkeit zurück.

Danach kam eine weitere Ruhepause, und Henry rannte dorthin, wo Barringford untergebracht worden war. Er fand den alten Grenzgänger an einem Reisig gelehnt, über dem ein Paar Decken ausgebreitet war. Er versuchte, den Jugendlichen anzulächeln.

„Ich habe es ganz schlecht hinbekommen", sagte Barringford mit leiser Stimme. „Im – im – Nacken – kann nicht sprechen."

„Dann sag kein weiteres Wort, Sam", erwiderte Henry zärtlich. „Ich bin froh zu erfahren, dass es nicht schlimmer ist. Du schweigst. Ich denke, wir sind bis jetzt in Sicherheit." und das war alles, was zwischen ihnen gesagt wurde.

„In ein paar Tagen wird es ihm wieder gut gehen", sagte der Chirurg. „Aber er konnte nur knapp entkommen. Wäre die Kugel einen halben Zoll tiefer eingedrungen, wäre sie durch seine Luftröhre gegangen."

Langsam vergingen die Stunden danach, nur ab und zu gab es einen Schuss. Aber jetzt schmiedete Haldimand seine Pläne, gegen den Feind vorzugehen. Einige Geschütze wurden auf einem bestimmten Stück Wald vor der Festung aus Schweinefässern ins Spiel gebracht, und als diese abgefeuert wurden, verrieten die darauf folgenden Schreie, dass die Franzosen überrascht worden waren.

„Sie rennen zu ihren Booten!" war die Ankündigung, eine Weile später. „Sie sind auf dem Rückzug!"

Bei dieser Ankündigung ging Jubel los, und ungeachtet der Befehle sprangen einige der Ranger über die Fässer und das Unterholz hinaus und machten sich auf den Weg zu den Franzosen, die plötzlich in Panik zu geraten schienen.

Es zeigte sich, dass La Corne sich tatsächlich zurückzog. Die französischen Soldaten und die Indianer rannten in alle Richtungen, und in der Aufregung wurden ein Dutzend oder mehr am Ufer liegen gelassen.

„Nach ihnen ! Nach ihnen !" war der Schrei. „Lass sie nicht entkommen!" Und dann kam das schnelle Krachen von Gewehren, Gewehren und Langpistolen, und dreißig der Feinde wurden getötet und verwundet. La Corne wurde unter der Menge getroffen, aber nicht ernsthaft verwundet.

Mit den Rangern, die die Festung verließen, war Henry, und bald eilten er, Gangley und vier weitere Pioniere einer Reihe von Indianern nach, die das

Seeufer hinaufflohen. Dies waren die Redmen , die Henry gefangen genommen hatten, und er war bestrebt, mit ihnen „abzurechnen".

Die Indianer hatten drei Kanus im Gebüsch versteckt und wollten unbedingt in den Besitz des Bootes gelangen. Nach einem schnellen Lauf von zehn Minuten kamen sie in Sichtweite der Stelle, an der sich die Kanus befanden. Doch nun eröffneten die Ranger das Feuer auf sie und zwei der Indianer gingen zu Boden, beide verwundet. Die Indianer erwiderten das Feuer mit einem Gewehrschuss und mehreren Pfeilen, doch niemand wurde getroffen.

„Sie werden nicht so leicht davonkommen!" rief Gangley , und als die Redmen in ihre Kanus sprangen, eröffnete er erneut das Feuer. Die anderen luden mit voller Geschwindigkeit nach, und eine Salve wurde abgefeuert, als das leichte Fahrzeug in den See hinausschoss. Ein weiterer Redman wurde in die Tiefe gebracht und fiel mit lautem Platschen ins Wasser, und dann zogen die Kanus mit aller möglichen Geschwindigkeit außer Reichweite.

Der Indianer, der ins Wasser gefallen war, war für Henry ein Fremder. Er war nicht ernsthaft verwundet und wollte nicht ertrinken. Er kam an Land, obwohl er offensichtlich Angst vor den Weißen hatte.

„Erschieß ihn nicht!" schrie Henry, als zwei der anderen ihre Waffen richteten.

"Warum nicht?" sagte einer der Ranger gedehnt. „Schätzen Sie doch, wie sehr er es verdient hat , nicht wahr?"

„Ich möchte ihn befragen."

Wenige Minuten später war der Indianer gefangen, und dann richteten die Ranger ihre Aufmerksamkeit auf das Paar, das in einiger Entfernung verwundet lag. Einer lag im Sterben, der andere erlitt nur eine leichte Wunde am Bein. Der sterbende Redman wurde dort zurückgelassen, wo er gefallen war, und die anderen wurden zurück zur Festung gebracht.

Erst einige Zeit später bekam Henry Gelegenheit, die gefangenen Indianer zu befragen. Man konnte ziemlich gut Englisch sprechen, aber der junge Soldat konnte ihn nur mit Mühe dazu bringen, etwas über die Indianer im Allgemeinen und die Gefangenen, die sie festhielten, zu sagen.

Aber nachdem Henry sich die Mühe gemacht hatte, den Verwundeten zu versorgen und ihn mit Wasser und Essen zu versorgen, lockerte sich die Zunge des Roten Mannes und er hörte mit wachsendem Interesse zu, was Henry zu sagen hatte.

„Ja, Missapaw hat die kleinen Mädchen gesehen", sagte er. „Zwei sind von derselben Geburt und die andere heißt ‚Nell'."

„Und wo sind sie jetzt?" forderte Henry eifrig.

„Sie sind bei einigen Indianern und einigen französischen Händlern im Westen – am gewaltigen Wasserfall."

„Du meinst Niagarafälle?"

Der Inder nickte.

„Und wer sind die französischen Händler?"

„ Missapaw kennt nur einen von ihnen – einen Händler der Kinotah ."

„Was, du meinst nicht Jean Bevoir ?" rief der junge Soldat.

„Ja, das ist sein Name."

„Und sie helfen den Indianern, die kleinen Mädchen gefangen zu halten. Was ist ihr Ziel?"

„Damit die Väter der kleinen Mädchen für die Rückkehr der Kleinen gut bezahlen", lautete die Antwort.

KAPITEL XXVIII

ETWAS ÜBER FORT NIAGARA

Wir kehren nun zu Dave zurück, als er mitten im Sturm in das Wasser des Sees geworfen wurde.

Für den Moment, nachdem sich das Wasser über ihm geschlossen hatte, war der junge Soldat zu verwirrt, um mehr zu tun, als wild die Hände auszustrecken. Er versuchte zu schreien, aber das Wasser lief ihm in den Mund und ertränkte ihn fast. Dann stotterte und wehrte er sich, und mehr instinktiv als durch irgendetwas anderes begann er zuzuschlagen.

Als er wieder hochkam, holte er tief Luft und wischte sich das Wasser aus den Augen. Er konnte in der Dunkelheit nur wenig sehen, und obwohl er viele Schreie und ein oder zwei Rufe von entfernten Booten hörte, blieb das Fahrzeug für ihn unsichtbar.

Schließlich zeigte ihm ein weiterer Blitz, dass ein Batteau untergegangen war, und zeigte ihm auch den Matrosen-Soldaten, der in seiner Nähe kämpfte.

„Hallo!" schrie der andere, dessen Name Simon Lapp war. "Können Sie schwimmen?"

„Ja, aber nicht besonders gut", keuchte Dave.

„Dann gehen Sie hier entlang – das Ufer ist dort drüben, und ich denke, wir werden bald mit unseren Füßen den Grund erreichen."

Dave tat wie vorgeschlagen und stellte sich neben Simon Lapp auf. Die Nähe des Matrosensoldaten gab dem Jugendlichen Selbstvertrauen und er tat sein Bestes, um mit dem Mann Schritt zu halten.

Es war das härteste Schwimmen seines Lebens und mehr als einmal hatte Dave das Gefühl, als würde ihn das Gewicht seiner Uniform nach unten tragen. Die beiden waren allein in der Nähe, die anderen waren entweder untergegangen oder hatten sich auf die Suche nach den unverletzten Booten gemacht, die ihnen am nächsten waren.

Als Dave fast erschöpft war , spürte er den Boden unter sich und Hand in Hand watete er mit Simon Lapp an Land. Der Regen fiel jetzt stärker als je zuvor und beide krochen trotz der Gefahr durch Blitze in den Schutz einiger überhängender Bäume.

„Wir stecken in der Klemme, das ist sicher", bemerkte Dave, als er das Gefühl hatte, sprechen zu können. „Glauben Sie, dass jemand für uns an Land kommen wird?"

„ Es ist wahrscheinlicher, dass einige der Boote an Land gefahren wurden“, antwortete Lapp. „Lasst uns dankbar sein, dass unser Leben verschont wurde.“

Dave war dankbar, und als sie dort in der Dunkelheit kauerten, sprach er ein Gebet zu Gott um Seine Gnade und betete, dass dieses Abenteuer schnell zu einem sicheren Ende gebracht werden möge.

Wie wir wissen, war der Sturm nicht von langer Dauer, und als die Nacht hereinbrach, gingen Dave und Lapp am Ufer entlang auf der Suche nach Freunden oder nach Hinweisen auf die anderen Batteaux.

Aber so seltsam es auch klingen mag, es waren weder Boote zu sehen, noch war ein einziger Mensch zu sehen.

„Ich könnte es genauso gut aufgeben“, sagte der Matrose-Soldat schließlich. „Ich bin zu müde, um meine Nadeln noch eine Minute länger festzuhalten . Machen wir ein Feuer und trocknen uns ab.“

Dave war einverstanden und das Feuer wurde gelegt, allerdings nicht ohne große Schwierigkeiten. Als sie am Ufer entlanggingen, waren sie auf ein paar kleine Fische gestoßen, die der Wind in die Luft geworfen hatte, und sie kochten und aßen sie.

Am nächsten Tag fanden Dave und Lapp immer noch im Wald. Irgendwie waren sie vom Seeufer abgekommen und hatten vor Einbruch der Dunkelheit viele Meilen zurückgelegt, um sich wieder in Ordnung zu bringen. Sie hatten kein Wild mehr gefunden, und da sie keine Möglichkeit hatten, etwas zu schießen oder auch nur angeln zu gehen, waren sie aus Mangel an Nahrung fast verhungert.

„Wir müssen etwas tun“, sagte Dave am nächsten Morgen. „Wenn wir das nicht tun, werden wir verhungern. Ich werde versuchen, ein paar Vögel mit Stöcken und Steinen zu erlegen.“

Er versuchte sein Bestes, aber obwohl er seinen Plan eine ganze Stunde lang durchführte, traf er keinen einzigen Vogel, und zu diesem Zeitpunkt war sein Arm so müde, dass ein weiteres Werfen nicht mehr in Frage kam. Mittlerweile hatte ihn sein Kurs wieder ans Seeufer geführt, und während er sich ausruhte, versuchte Simon Lapp sich im Angeln, mit einem Haken aus einem Dorn und einer Leine, die er aus Fäden seines Hemdes geknüpft hatte.

Aber der Fisch wollte nicht anbeißen, und eine Stunde später gab Lapp angewidert den Versuch auf. Jeder sah den anderen fragend an.

„Der See ist voller Fische und der Wald voller Wild – und doch sieht es so aus, als ob wir verhungern sollten, Morris“, sagte Lapp langsam.

„Oh, sag das nicht!" rief Dave. „Es könnte etwas auftauchen – es muss auftauchen!"

Er hatte kaum gesprochen, als Lapp aufsprang und auf das Seeufer zeigte. "Ein Boot!" er weinte.

Da war ein Fleck auf dem Wasser, und als er größer wurde, sah Dave, dass es tatsächlich ein Boot war, ein ziemlich großes Ding, das ein kleines Segel und außerdem mehrere Männer an den Rudern trug.

Waren die im Handwerk Freunde oder Feinde? Das war die interessante Frage und Dave spürte, wie sein Herz schneller schlug. Wenn sie Freunde wären, wäre alles in Ordnung, aber wenn Feinde –? Sie wollten sich nicht bloßstellen, und doch kam ein Verhungern nicht in Frage.

Als das Boot näher kam, krochen sie hinter ein paar Büsche und duckten sich außer Sichtweite. Langsam glitt das Fahrzeug nach oben, bis es weniger als hundert Meter entfernt war. Dann sprang Simon Lapp auf und schwang wild die Arme.

„Boot ahoi!" er weinte. „Boot ahoi!"

Die Leute im Boot hörten den Ruf und die Ruderer hörten auf zu rudern, während alle interessiert zum Ufer blickten. Dann stieß Dave einen Schrei aus.

„Henry! Henry!"

„Hallo, Dave, bist du das?" war die Antwort.

„Ja. Kommen Sie herein und nehmen Sie uns an Bord. Wir sind fast verhungert!"

„Wie viele von euch sind da?" befragte den für das Boot verantwortlichen Offizier.

„Nur zwei", antwortete Simon Lapp. „Und noch dazu unbewaffnet."

„Es ist alles in Ordnung, Sir", sagte Henry zum kommandierenden Offizier. „Das ist mein Cousin, der Oswego unter dem Kommando von General Prideaux verlassen hat . Ich weiß allerdings nicht, was er hier macht."

Das Boot kam an Land und bald schüttelte Henry Dave die Hand. Die Hungrigen wurden mit Essen versorgt, und obwohl dieses aus nichts Besserem als gekochtem Schweinefleisch mit Bohnen und Crackern bestand, die alles andere als frisch waren, hatte es für beide noch nie eine Mahlzeit geschmeckt, die süßer war.

Der Beamte und die anderen hörten interessiert zu, was Lapp und Dave zu erzählen hatten. Sie waren auf die wasserdurchtränkten Überreste der zerstörten Batteaux gestoßen und hatten aufmerksam nach Anzeichen von schwimmenden Körpern Ausschau gehalten. Erst vor wenigen Stunden waren sie auf das Grab von Leutnant Naster gestoßen und hatten es vergraben. Die Nachricht, dass der Leutnant tot war, ließ Dave erschauern.

Prideaux ausgesandt worden waren , in der sie diesem von der Niederlage und dem Rückzug von La Corne berichteten . Es war möglich, dass La Corne nun weitermachen würde, um bei der Verteidigung von Fort Niagara mitzuhelfen. In diesem Fall müssten Maßnahmen ergriffen werden, um ihn abzuschneiden. Aber La Corne war zu gründlich gepeitscht worden, um sich nach Westen zu bewegen, und außerdem wurde er bald darauf in anderen Richtungen gebraucht.

Natürlich waren die Neuigkeiten, die Henry über die kleine Nell und Jean Bevoir zu erzählen hatte , für Dave von großem Interesse.

„Hat Ihnen der Indianer genau gesagt, wo sie festgehalten wurde?" er hat gefragt.

„ Er sagte, soweit er wusste, befanden sich die Gefangenen und die Händler in einem Indianerdorf namens Shumetta , nicht mehr als zwei Meilen von den Niagarafällen entfernt. Er sagte, Jean Bevoir habe einen Teil seiner Zeit in Shumetta und den Rest in Venango verbracht, wo er auch lebt Anklage gegen eine Handelskompanie, die beabsichtigt, in der französischen Armee zu kämpfen, falls der Krieg in dieses Gebiet hineingetragen wird."

„Ich hoffe , dass Bevoir kämpft und dass wir eine Chance auf ihn bekommen!" rief Dave. „Ich glaube wirklich, dass es mir Freude bereiten würde, ihn zu Fall zu bringen – so ein Schlingel wie er doch ist!"

Nach den Entbehrungen der letzten zwei Tage begnügte sich Dave damit, es ruhig angehen zu lassen, während das Boot am dunklen und stillen Ufer des Ontariosees entlang raste und dann eine fast ununterbrochene Reihe von Wäldern und Felsen präsentierte, die heute die Standorte von sind viele Dörfer und blühende Städte. Während das Schiff weiterfuhr, wurde ständig nach einem möglichen französischen Segel Ausschau gehalten, aber es tauchte keines auf.

von General Prideaux brauchte zwischen sechs und sieben Tage für die Reise nach Westen, und erst bei der Landung der Truppen erreichte das Boot mit Dave und Henry die Hauptarmee. General Prideaux wusste sofort, was in Oswego geschehen war, und schien sich darüber zu freuen, dass La Cornes Strategie ihm nichts genützt hatte. Er wusste bereits vom Verlust von Leutnant Naster und vier weiteren Personen, die vom Sturm mitgerissen wurden.

Dave und Lapp waren von ihren Freunden, die der Zerstörung des Batteaus entkommen waren, als verloren aufgegeben worden, und ihr Wiederauftauchen wurde mit Freude begrüßt.

Es war der Plan von General Prideaux , in einiger Entfernung von Fort Niagara zu landen und den Ort dann zu belagern. Die Soldaten gingen so lautlos wie möglich von Bord, da die Bäume, Felsen und Büsche sie vor den Bewohnern der Festung gut versteckten. Während dann mehrere Kompanien zurückgelassen wurden, um die Boote und das Gepäck zu bewachen, zog der Rest der Armee mit dem Pionierkorps voran durch den Wald, um Schanzen zu errichten, sobald ein solcher Schritt notwendig schien.

Die alte Festung, die unter französischer Herrschaft bald ihre letzten Tage erleben sollte, stand am rechten Ufer des Niagara River, wo dieser malerische Bach in den Ontariosee mündet. Es war sowohl groß als auch stark gebaut, ganz im Stil der französischen Befestigungsanlagen jener Zeit. Innerhalb der äußeren Verteidigungsanlagen befanden sich mehrere Gebäude von erheblicher Bedeutung, da diese Festung viele Jahre lang als Wächter von See und Fluss gedient hatte.

Der Kommandant der Festung war Kapitän Pouchot , ein fähiger französischer Offizier, der viele Feldzüge im Einsatz war. Er verfügte über eine Streitmacht von etwa sechshundert Soldaten – ausgebildete Veteranen, die sich mit mehr als einem Sieg rühmen konnten. Bis vor Kurzem waren noch andere Soldaten in dieser Gegend gewesen, doch ohne von einem Angriff zu träumen – denn diesmal hatten seine indianischen Spione ihn im Stich gelassen –, hatte der französische Offizier ihnen erlaubt, abzureisen – nach Venango und zu anderen Handelsposten usw zu mehreren der nahegelegenen Indianerdörfer. Es war mitten im Sommer, und Händler und Indianer hassten es, Militärdienst zu leisten, wenn sie Wild erlegen und Geschäfte machen konnten.

KAPITEL XXIX

DIE SCHLACHT IN DER NÄHE DER FÄLLE

„Uns steht jetzt ganz bestimmt ein Kampf bevor, Henry!"

Es war Dave, der sprach, während er die Zündung seiner neuen Waffe untersuchte, um sicherzustellen, dass die Waffe einsatzbereit war. „Dieses kleine Gestrüpp vorgestern hat die Franzosen aufgeweckt, und sie werden schwer in uns hineinsegeln – wenn sie können", fügte er hinzu.

„Nun, wir sind gekommen, um zu kämpfen", erwiderte Henry, während auch er seine Waffe musterte. „Und ich denke, wir können unter allen Umständen dankbar sein, dass wir hier sind, um sie zu bekämpfen, und nicht getötet oder liegengelassen werden, wie Sam Barringford es ist."

„Ich hoffe, Sam schafft es und das schnell."

„Der Chirurg sagte, er würde es tun – wenn er eine Weile still bleibt. Aber es ist, als würde man eine Fackel an Schießpulver richten, um ihn ruhig zu halten, wenn ein Gefecht in Sicht ist – er ist so ein geborener Kämpfer."

Die beiden jungen Soldaten standen hinter einer Brustwehr , die am frühen Morgen hochgeworfen worden war. Die ersten vom englischen Ingenieurkorps errichteten Werke hatten sich als unhaltbar erwiesen und die Franzosen hatten auf sie geschossen, was eine verheerende Wirkung hatte. Aber jetzt waren sie vergleichsweise sicher; und die englischen Kanoniere bedienten ihre verschiedenen Kanonen stetig und effektiv und schlugen bei fast jedem Schuss die Baumstämme der Festung in Stücke.

Die Festung war mehrere Tage lang bombardiert worden, und die jungen Soldaten waren dreimal in der Schusslinie gewesen. Aber nur eines dieser Ereignisse hatte irgendwelche Konsequenzen gehabt, und zwar als eine französische Kanonenkugel ein paar lose Steine traf und diese ihnen ins Gesicht schleuderte, sie beide an beiden Wangen kratzte und einen zwischen ihnen stehenden Soldaten blendete.

Die Bombardierung erfolgte aus ziemlich großer Entfernung, da General Prideaux die genaue Stärke der französischen Garnison nicht kannte. Nun war der würdige englische General tot, nachdem er am zweiten Tag durch die unerwartete Explosion einer Granate getötet worden war, die von einigen englischen Kanonieren aus einem kleinen Bronzemörser, allgemein Coe-Horn genannt, abgefeuert wurde .

Die Ermordung von General Prideaux legte das Kommando über die Expedition in die Hände von Sir William Johnson, der bis zu diesem Zeitpunkt seine ganze Aufmerksamkeit den Indianern gewidmet hatte, die sich freiwillig bereit erklärt hatten, ihren englischen Brüdern zu helfen. Johnson handelte ebenso schnell wie mutig, und nachdem er seine Indianer dort stationiert hatte, wo er sie jederzeit anrufen konnte, machten die Engländer am nächsten Tag einen weiteren Vormarsch, der die Kanonen direkt auf die wichtigsten Teile richtete der Festung.

Kapitän Pouchot war nun völlig alarmiert und sandte im Schutz der Dunkelheit Boten in verschiedene Richtungen aus, um die Soldaten, Händler und befreundeten Indianer aus Venango, Presqu'île , Detroit und anderen Orten herbeizuholen . Diese verschiedenen Kräfte sollten sich irgendwann in der Nähe des Eriesees vereinen und dann den Niagara River hinunter in die Nähe der Wasserfälle segeln, wo sie von Bord gehen und dann vorwärts marschieren sollten, mit der Idee, die Engländer von hinten anzugreifen.

Nachdem er seine Boten ausgesandt hatte, verpflichtete sich der französische Befehlshaber nun, sein Bestes zu geben, bis die Verstärkung eintraf. Der englische Angriff wurde mit Mut beantwortet, so dass Tag für Tag die Luft mit Kugeln und Granaten gefüllt war, die entweder in die Festung oder von dort aus geschleudert wurden.

Der Angriff, den Dave erwähnt hatte, ereignete sich am späten Nachmittag, gefolgt von einem weiteren am nächsten Tag und einem weiteren zwei Tage später.

Es war eine heiße Arbeit, denn die Julisonne brannte mit unnachgiebiger Kraft, und wenn die jungen Soldaten nicht an ein Leben im Freien gewöhnt worden wären, wären sie wie viele der englischen Grenadiere erschöpft in den Schanzen gefallen. Es bestand ein ständiger Bedarf an Wasser und es war ein Glück für alle, dass eine gute Versorgung in unmittelbarer Nähe war. Dieselbe Versorgung rettete die Festung mehr als einmal vor dem Abbrennen.

Sowohl Dave als auch Henry hatten gehofft, von General Johnson die Erlaubnis zu erhalten, sich auf die Suche nach der kleinen Nell zu machen und mehrere Freunde mitzunehmen. Doch als sie das Thema ansprachen, schüttelte der mutige irische Kommandant den Kopf.

„Es wird euch nichts nützen, junge Männer", sagte er freundlich. „Bleiben Sie bei mir, und wenn wir gewinnen – was wir müssen – werde ich alles tun, was in meiner Macht steht, um die Kinder zu retten."

Der General war sich eines Sieges sicher und sein Geist erwies sich als ansteckend für alle unter ihm. Im Laufe der Tage wurde die Festung weiterhin bombardiert, bis Kapitän Pouchot ein halbes Hundert seiner Garnison verloren hatte. Ungeduldig wartete er auf die Verstärkung flussaufwärts.

Aber wenn er damit gerechnet hatte, Sir William Johnson beim Nickerchen zu erwischen , dann hatte er sich leider getäuscht. Der Befehlshaber der englischen Streitkräfte war völlig wachsam und hatte seine Späher in alle Richtungen geschickt, darunter ein Dutzend alte Hinterwäldler und ganze zwanzig Indianer, von denen man sich darauf verlassen konnte, dass sie ihr Bestes gaben, ganz gleich, wie hoch das Risiko war. Es wäre vielleicht angebracht zu erwähnen, dass unter diesen Spähern auch White Buffalo war, der von Oswego nach Fort Niagara gefolgt war, nicht nur, um Sir William Johnson zu helfen, sondern auch, um den Morrises bei der Suche nach der kleinen Nell zu helfen.

Der Angriff auf die Festung hatte am 7. Juli begonnen. Am 24. kam durch die Spione die Nachricht, dass eine Streitmacht aus Franzosen und Indianern vom Eriesee flussabwärts käme. Diese Truppe aus Soldaten, Händlern und Indianern war zwölfhundert Mann stark und wurde von mehreren angesehenen französischen Offizieren kommandiert. Die Händler waren von der wildesten und gesetzlosesten Sorte und viele von ihnen pflegten sich wie die Indianer zu kleiden und ihre Gesichter mit der gleichen Kriegsbemalung zu beschmieren.

Die Nachricht über diese Leiche traf spät am Tag ein, und in dieser Nacht befahl General Johnson, einen großen Teil seiner Streitmacht, darunter einige Grenadiere, einige Ranger und seine Indianer, vorzurücken. Die Truppen wurden ermahnt, ohne unnötigen Lärm voranzuschreiten und sich vor der Eröffnung des Feuers über das Geschehen im Klaren zu sein.

„Jetzt zum echten Kampf!" rief Dave. „Das wird kein Spiel wie die Belagerung der Festung sein."

„Nun, das hat meiner Vorstellung nicht entsprochen", antwortete Henry. „Wenigstens war es kein Spiel, als die Kanonenkugel kam und den armen Campbell blendete."

„Nun, ich stimme euch zu, Jungs!" erklang eine Stimme hinter ihnen, und als sie sich schnell umdrehten, sahen sie Sam Barringford da stehen, das Gewehr in der Hand und mit einem Verband um den Hals.

„Wo in aller Welt kommst du her?" rief Henry. „Warum, du solltest im Krankenhaus sein!"

„Nicht im Geringsten, Henry! Mir geht es wieder ganz gut , das kann ich dir sagen – obwohl ich zugeben muss, dass mein Nacken etwas steif ist."

"Wie bist du hier her gekommen?"

„Bin mit einem Boot hergekommen, das etwas Munition mitgebracht hat. Ich schätze, ich bin auch ein Scherz in der Zeit, oder?"

„Du solltest es ruhig angehen lassen, Sam", sagte Dave. „Du hast genug getan –"

„Mach es kurz, Junge; ich kann nicht still sitzen, wenn es hart auf hart kommt – daran gibt es keinen Zweifel. Außerdem habe ich deinen Leuten versprochen, bei dir zu bleiben, denk daran – und ich bin verpflichtet, mein Versprechen zu halten . Kommen Sie mit und erzählen Sie mir, was Sie vorgehabt haben, als wir gespürt haben, dass wir uns getrennt haben.

Während sie den Indianerpfad entlang stapften, der an der Klippe auf der Ostseite des Niagara River entlangführte, erzählten die Jugendlichen ihre verschiedenen Abenteuer. Barringford war erstaunt, als er erfuhr, dass Dave beinahe ertrunken und verhungert wäre und wie Henry und andere gerade noch rechtzeitig aufgetaucht waren.

„Es ist das Werk einer allweisen und allmächtigen Vorsehung, das ist es, Jungs", sagte er ehrfürchtig. „Wenn wir nicht anders können, kommt es uns wie ein Scherz vor, als würde ein Arm aus den Wolken herabgreifen, um uns mitzunehmen."

Die Soldaten marschierten immer weiter, einige folgten dem Pfad, andere umrundeten den Fluss und den dichten Wald dahinter. Für diejenigen, die tagsüber Wachdienst geleistet hatten, war es ein ermüdender Spaziergang, aber das Leben eines Soldaten besteht, wie ich schon früher gesagt habe, nicht nur aus Ruhm, sondern ist normalerweise eine Mischung aus einem Zehntel Ruhm und neun -Zehntel Arbeit und Pflichterfüllung.

Endlich kam der willkommene Befehl zum Anhalten. Die Soldaten waren jetzt weniger als eine Meile von den Wasserfällen entfernt und in der Stille des frühen Morgens konnte man deutlich die große Menge fallender Wassermassen hören – ein gedämpftes Brüllen, das Tag und Nacht anhält, genau wie damals und in dieser Zeit wie es wahrscheinlich schon seit Jahrhunderten der Fall ist.

Die Ranger, zu denen unsere Freunde gehörten, blieben in einem kleinen Wäldchen stehen und sowohl Dave als auch Henry waren froh, dass sie nicht zum Streikposten aufgefordert wurden. Sie ließen sich nieder, um sich auszuruhen, und fielen trotz der überall spürbaren Aufregung in einen leichten Schlaf, aus dem Barringford sie erst dann weckte, wenn es unbedingt nötig war.

Als sie aufwachten, ertönte in der Ferne ein heftiges Geschrei, gefolgt von mehreren vereinzelten Schüssen. Der Kampf zwischen den Mohawks auf der einen und den Irokesen auf der anderen Seite hatte begonnen. Bald stürzten sich die französischen Händler in den Kampf, und dann folgten die Soldaten beider Seiten.

Die Franzosen und ihre Verbündeten waren auf dem Transportweg um die Wasserfälle herumgekommen und die Schlacht begann in einiger Entfernung unterhalb der Wasserfälle. Die Indianer kämpften wie Dämonen, wobei beide Seiten so viele Skalps wie möglich erbeuteten. Bald waren der Wald und die offene Fläche mit Schießrauch gefüllt.

"Nach vorne!" kam der Schrei. „Vorwärts! Wir müssen sie zurücktreiben! Sie dürfen die Festung niemals erreichen!" Und vorwärts gingen unsere Freunde, und einen Augenblick später befanden sich Dave, Henry und Barringford mitten im Getümmel.

Kinotah wurden sie von schmutzig aussehenden Händlern konfrontiert, von denen Dave schon mehrere gesehen hatte , und einige von ihnen versuchten ihr Bestes, um den Sohn des englischen Händlers zu Fall zu bringen, den sie so hassten. Aber Dave blieb unverletzt, obwohl eine Kugel seine Jacke durchschlug. Der Angriff der englischen Ranger war erfolgreich und bald zerstreuten sich die Franzosen nach rechts und links.

Aber jetzt rückte eine Abteilung französischer Soldaten im Eiltempo vor. Die Ranger hatten keine Zeit, ihre Waffen nachzuladen, und so stürmten sie zu einem Nahkampf, von dem die Soldaten von heute wenig oder gar nichts wissen, bei dem Bajonett auf Keulenmuskete und Schwert auf das lange und ebenso gefährliche Jagdmesser traf des Pioniers, und wo so mancher Wettbewerb in kurzer Zeit mit bloßer Faust entschieden wurde, wenn keine bessere Waffe zur Hand war. Es war an der Zeit, „echten Mut" im besten Sinne des Wortes zum Vorschein zu bringen.

Henry hatte seine Waffe abgefeuert und versuchte nun, zwei französische Soldaten niederzuschlagen, die ihn mit ihren Bajonetten angegriffen hatten. Er traf einen der Feinde am Kopf und ließ ihn taumeln, aber die Wucht des Schlags ließ ihn das Gleichgewicht verlieren und auch er fiel, allerdings nur auf die Knie.

„Ha! Jetzt haben wir dich!" rief ein anderer französischer Soldat in der Nähe, als er sah, wie Heinrich ausrutschte, senkte sein Bajonett und stürmte auf den Jungen los, in der Absicht, ihn auf der Stelle zu durchbohren!

KAPITEL XXX

IN DIE NIAGARA-STROMSCHNELLEN

Für den Moment sah es so aus, als ob der letzte Moment des armen Henry auf Erden gekommen wäre und der junge Soldat schloss die Augen, um dem Schicksal zu begegnen, von dem er glaubte, dass es nicht mehr abgewendet werden könne.

„Zurück bei dir!" ertönte ein Schrei von Dave, und er machte einen wilden Satz nach vorne und schwang seine Keulenmuskete auf den Kopf des französischen Soldaten. Der Schlag streifte jedoch lediglich die Mütze des Feindes, die auf den Waldrasen fiel. Dann zog sich der Franzose zurück und machte einen weiteren verzweifelten Satz nach vorne.

Er schwang seine Keulenmuskete auf den Kopf des französischen Soldaten.

In diesem Moment ertönte ein Gewehrfeuer. Sam Barringford , der gerade seine Waffe nachgeladen hatte, hatte gesehen, wie Henry zu Boden ging, und handelte genauso schnell wie Dave. Er war in einer solchen Position, dass er den Franzosen nicht vollständig sehen konnte, aber er konnte die ausgestreckten Arme und die Waffe mit dem Bajonett sehen und auf diese feuern.

Er zielte genau und mit einem Schmerzensschrei ließ der Feind die Waffe fallen, als die Kugel sein Ellenbogengelenk durchschlug, gerade als die Bajonettspitze in den Stoff von Henrys Jacke eindrang. Dann, da er verwundet und wehrlos war, zog sich der Franzose sofort zurück und verschwand bald hinter den Bäumen aus der Sicht.

Barringford für das zu danken , was er getan hatte, denn die Kämpfe gingen auf allen Seiten immer noch weiter. Dave half seinem Cousin auf die Beine, und bald waren die beiden und der treue alte Grenzer wieder mitten im Getümmel. Der Wald war voller Gewehrrauch, so dass man stellenweise nur wenig sehen konnte, und mehr als einmal kam es vor, dass die eine oder andere Seite in die Reihen ihrer Freunde schoss.

Innerhalb einer Viertelstunde befanden sich unsere Freunde an einer Art offenen Stelle am Flussufer, an einer Stelle, an der die Stromschnellen auf ihrem Weg zum See wild an den Felsen entlang rauschten. Als sie sich hier vorwärts bewegten, um sich fünfzig Meter entfernt einer Truppe englischer Soldaten anzuschließen, wurden sie plötzlich mit einer Truppe Irokesen konfrontiert, die mit den schrecklichsten Kriegsschreien, die die Jugendlichen je gehört hatten, auf sie zukam und ihre Tomahawks schwang Skalpiermesser.

„Auf der Hut!" kam aus Barringford . „Jetzt jagen sie uns heißblütig hinterher!"

Er drehte sich um, und als der nächste Irokese nur noch ein Dutzend Schritte von ihm entfernt war, ließ er den Wilden den Inhalt seiner Waffe in die Brust spritzen und tötete ihn sofort. Dann schossen auch die Jungen und verletzten zwei weitere. Dies hielt die Indianer für einen Moment auf, doch als sie sich schnell erholten, stürmten sie mit noch größerer Wut vorwärts, entschlossen, die Skalps der drei Weißen an ihren Gürteln zu befestigen, bevor die Schlacht zu Ende gehen würde.

Es war Dave, der als erster angegriffen wurde. Ein großer, pfeilgerader Irokese sprang auf ihn zu und versuchte, ihn mit einem Jagdmesser zu erstechen. Der junge Soldat wehrte den Schlag mit seinem Gewehr ab, und im Handumdrehen waren die beiden in den Armen des anderen eingeschlossen und schwankten über den Felsen hin und her. Der Indianer murmelte etwas zwischen seinen zusammengebissenen Zähnen, aber Dave verstand nicht, was gesagt wurde.

Henry und Barringford wurden angegriffen, so dass sie nichts für ihren Gefährten tun konnten. Die Irokesen waren zehn Mann stark, und bald sah es so aus, als würden zweifellos alle unsere Freunde getötet und skalpiert werden.

Der Indianer, der Dave angegriffen hatte, hatte verzweifelt nach der Kehle des jungen Soldaten gegriffen. Aber Dave hatte das Handgelenk so schnell aufgefangen, und nun kämpften die beiden, indem sie jeweils einen Arm nach oben streckten und den anderen fest um den Hals des Feindes schlangen. So schwankten sie hin und her, jeder tat sein Bestes, um sich einen Vorteil zu erzwingen, und jeder scheiterte. Beide sahen sich um und dachten, dass möglicherweise Hilfe in der Nähe sei, aber alle anderen, die am Kampf beteiligt waren, waren zu beschäftigt, um sie zu bemerken.

Langsam aber sicher näherte sich das Paar dem Ufer des Flusses, der sich zu diesem Zeitpunkt etwa fünfzehn bis zwanzig Fuß unter dem Felsvorsprung befand, auf dem der Kampf stattfand. Im Bach wirbelten und brodelten die Stromschnellen in alle Richtungen und schickten ihnen gelegentlich einen Gischtregen bis zu den Füßen. Die Feuchtigkeit machte die Felsen rutschig und beide konnten nur mit Mühe den Halt behalten.

Endlich schien Dave einen leichten Vorteil zu erlangen. Der Indianer ließ für einen Moment seine Lebenskraft nach, und in diesem Bruchteil der Zeit packte ihn der junge Soldat am Hals und drückte ihn so fest, dass die Luftröhre des Indianers fast ausgerenkt war.

Daraufhin stieß der Indianer ein Grunzen aus und begann zurückzuweichen, hielt Dave aber immer noch fest. Dies brachte das Paar näher als je zuvor an den Rand der Felsen.

"Achtung!" ertönte plötzlich ein Schrei von Henry, der zufällig die Bewegung sah. „Dave! Dave! Pass auf!“

Dave hörte den Schrei, konnte ihn aber nicht beherzigen. Am äußersten Rand waren die Felsen glattgeschliffen, und plötzlich rutschte der Indianer rückwärts und riss den jungen Soldaten mit sich! Beide gingen über, in die Gischt, um einen Moment später unter der Oberfläche der reißenden Stromschnellen zu verschwinden.

Henry sah den Sturz und sein Herz schlug ihm bis zum Hals, denn er hatte das Gefühl, dass es für seinen Cousin nur eines bedeuten konnte: den Tod. Aber selbst wenn er in der Lage gewesen wäre, etwas zu tun, was zweifelhaft war, hatte man ihm keine Chance gegeben, denn jetzt umzingelten die vorrückenden Irokesen ihn und Barringford von allen Seiten.

Die Szene, die folgte, war für die Feder schwer zu beschreiben. Barringford hatte das Gefühl, dass dies sein letzter Kampf auf Erden sein könnte, und stellte seine ganze Willenskraft auf die Gelegenheit ein, und wieder einmal war er die Verkörperung von rücksichtslosem Mut, genau wie er es gewesen war, als die Indianer den Handelsposten am Kinotah angegriffen hatten . Mit der Keulenmuskete wirbelte er so schnell von rechts nach links und von links nach rechts, dass das menschliche Auge ihm kaum folgen konnte.

„Kommt, ihr roten Sarpinten aus dem Wald!" er schrie. „Komm schon, und ich zeige dir den wahren Trick des Kämpfens ! Du weißt nicht, was für ein tosender , tosender Hurrikan der alte Sam Barringford ist, wenn er aufgewacht ist, oder? Das ist einer für dich, und ' Das ist noch einer, noch einer! Lasst mich los, ja! Ich werde zeigen, was ein echter alter Indianer-Kämpfer macht! Yer Er ist wirklich groß, aber ziemlich dürftig , das ist das , was du bist, und geh nicht los, um so einen brüllenden Bergmaler wie mich aufzuwecken !"

Barringford hatte gerade seinen dritten Indianer erlegt und war immer noch dabei, wobei Henry jede erdenkliche Hilfe leistete, als aus dem Wald nördlich der Öffnung plötzlich ein Kriegsschrei ertönte. Es war der Schrei der den Engländern gegenüber freundlich gesinnten Indianer, und kaum war er verstummt, als White Buffalo in Sicht kam, gefolgt von einer Reihe seiner Tapferen.

Ein Blick verriet dem Häuptling, was los war, und ohne Verzögerung sprang er ein, um unseren Freunden zu helfen, und einen Augenblick später lieferten sich die Redmen auf beiden Seiten einen ebenso hitzigen Kampf wie der gerade zu Ende gegangene. Aber die Irokesen hatten so viel gelitten, wie sie nur ertragen konnten, und bald waren diejenigen, die sich bewegen konnten, auf dem Rückzug, während die anderen ebenso schnell von den Rotmännern , die sie in die Flucht getrieben hatten, erledigt und skalpiert wurden.

Sobald er die Freiheit dazu hatte, näherte sich Heinrich dem Rand der Felsen, um nach Möglichkeit zu erfahren, was aus seinem Vetter geworden sei. Während er hier eifrig in die Stromschnellen und die fliegende Gischt blickte, gesellte sich Barringford zu ihm. Beide litten unter mehreren kleinen Wunden, aus denen das Blut frei floss, aber diesen Verletzungen schenkten sie in diesem Moment keine Beachtung.

„ Was ist Dave?“ war die Frage des Grenzgängers, als er sein Gewehr nachlud.

„Warum hast du ihn nicht gesehen, Sam? Er und ein Rothäuter packten sich gegenseitig und gingen beide in den Fluss.“

„ Scheiße , Henry, das meinst du nicht so! Wann war das ?“

„Kurz bevor White Buffalo und seine Tapferen auftauchten.“

„Und sie sind genau hier rübergegangen?“

"Ja."

Barringford spähte fast eine halbe Minute lang scharf den Bach hinunter, während Henry dasselbe tat.

sie nicht , oder?“ sagte er langsam.

"NEIN." Henry holte tief Luft und schauderte. „Oh, Sam, ich – ich hoffe, Dave ist nicht ertrunken!“

Daraufhin zuckte der Hinterwäldler mit den Schultern.

„Das hoffe ich auch, Junge. Aber Krieg ist Krieg, das darfst du nicht vergessen, und wir können nicht damit rechnen, den Feind auf der Stelle zu töten. “ Es passiert uns nichts .

„Ja, aber-“ Henry konnte wegen des Kloßes, der sich in seinem Hals bildete, nicht zu Ende sprechen. „Ich werde dem Fluss folgen und sehen, ob ich die Wahrheit herausfinden kann“, platzte er schließlich heraus.

„Sicher. Komm schon.“

Die Kämpfe in dieser Gegend schienen nun zu Ende zu sein, und obwohl man in Richtung der Wasserfälle und weiter südlich Schüsse hören konnte, war weder ein französischer Soldat noch ein feindseliger Indianer in Sicht.

Denn der Tag war für den Feind unwiederbringlich verloren gegangen, und nachdem einhundertfünfzig Franzosen und Indianer getötet und über hundert Franzosen gefangen genommen worden waren, war der Rest der angreifenden Streitmacht in wilder Verwirrung an den Wasserfällen und oberen Stromschnellen vorbei geflohen wo die Boote lagen, die sie vom Eriesee heruntergebracht hatten. In diese Boote stürzten sie mit aller möglichen Geschwindigkeit und rasten in die Richtung, aus der sie gekommen waren. Ihnen folgten einige Engländer und Indianer, die eine halbe Meile lang am Ufer entlang liefen und jeden Feind abschossen, den eine Kugel oder ein Pfeil erreichen konnte.

KAPITEL XXXI

FALL VON FORT NIAGARA

Dave und sein Feind waren so sehr darauf bedacht, sich gegenseitig zu besiegen, dass sie ihre unmittelbare Nähe zum Fluss erst bemerkten, als es zu spät war, etwas zu tun, um sich selbst zu retten.

Sie gingen durch die fliegende Gischt hinab, um auf das kochende Wasser zu treffen, das so schnell am Fuß der Felsen floss. Beide gingen wie ein Blitz unter und wurden mit gleicher Schnelligkeit von jener tückischen Strömung mitgerissen, die in der Vergangenheit den Tod so vieler Menschen bewiesen hatte und höchstwahrscheinlich in Zukunft noch vielen weiteren den Tod bescheren wird.

Der Redman lockerte seinen Griff nicht, selbst als beide schon seit einiger Zeit unter der Wasseroberfläche waren. Für ihn war es ein Kampf auf Leben und Tod, und es war ihm egal, wie der schreckliche Schrecken kommen würde, solange der verhasste Weiße mit ihm unterging.

Aber Dave, der viel jünger war und die Hoffnung auf Jugend in seinen Adern trug, hatte nicht vor, so schnell aufzugeben. Als sich das Wasser des Flusses über ihm schloss, endete der Gedanke an einen weiteren Kampf mit seinem Gegner, und sein einziger Gedanke war nun, wie er sich vor dem Ertrinken retten konnte. Er war vor dem Verrat des Baches gewarnt worden und wusste, dass es keine leichte Aufgabe sein würde, vor dem Untergang zu bewahren.

Mit aller Kraft, die ihm zur Verfügung stand, versuchte er, den Indianer von sich wegzustoßen. Aber der Krieger klammerte sich fester an ihn, denn er konnte nicht schwimmen und wusste, dass er nichts gewinnen würde, wenn er sich selbst überlassen bliebe. So kämpfte das Paar weiter, und in der Zwischenzeit trug die Strömung sie immer weiter von der Stelle weg, an der es zu dem unglücklichen Sturz gekommen war.

„Ich muss irgendwie loskommen!" dachte die Jugend. „Wenn ich nur diesen Griff um meine Kehle lösen könnte!" Aber der Halt war wie der eines Stahlbandes, und anstatt sich zu lockern, schien er immer fester zu werden, bis dem armen Dave Schwindel im Kopf begann und er sich selbst verloren aufgab. Er zog sein Knie an und drückte es gegen die Brust des Indianers, aber seine Bemühungen hatten noch immer keine Wirkung. Und nun begann das Wasser in seinen Mund und seine Nase einzudringen und er spürte, wie er bewusstlos wurde. Tausend Gedanken schossen ihm durch den Kopf – an Henry und Sam, an seinen Vater und die anderen lieben Menschen, die zurückgeblieben waren. Sollte dies das Ende von allem sein – dieses Ertrinken in den Armen eines scheußlich bemalten Indianers?

Plötzlich kam es zu einem schrecklichen Schock, der Dave im wirbelnden Wasser über den Kopf warf. Bei ihrer schnellen Fahrt flussabwärts war der Kopf des Indianers direkt unter der Wasseroberfläche direkt auf einen zerklüfteten Felsen aufgeschlagen. Die schreckliche Wucht des Schlags hatte den Schädel des Kriegers wie eine Eierschale zerschmettert, und augenblicklich lockerte sich sein Griff, und einen weiteren Augenblick später verschwand der Körper außer Sichtweite.

Der Schock warf Dave auf einen anderen Felsen, der weniger als einen Fuß über die Bachoberfläche ragte. Inmitten des Schaums und der Gischt spürte er die Kante des Steins, und mehr aus Instinkt als aus Vernunft klammerte er sich wild daran fest und hielt ihn fest. Dann, als er wieder zu Atem kam, richtete er sich auf, bis sein Kopf und sein Rücken aus dem Wasser waren. Seine Füße schwangen mit der Strömung hin und her, und dort blieb er stehen, während das Wasser so stark zerrte, dass es ihn von seinem vorläufigen sicheren Ort nach unten zog.

Er befand sich in dieser Position, als er von den scharfen Augen von Henry und Sam Barringford entdeckt wurde, und mit aller möglichen Geschwindigkeit rannten sie zu dem Stück Küste hinunter, das bis auf dreißig Fuß an Daves Ruheplatz heranragte.

„Dave! Dave!" namens Heinrich. "Geht es dir gut?"

„Henry! Hilf mir! Ich – ich kann diese Belastung nicht mehr lange ertragen", war die Antwort, die mit einem Ruck und einem Keuchen vorgetragen wurde .

„Wir müssen ein Seil holen", kam von Barringford . Er erhob seine Stimme. „Halt dich fest, Dave, und wir werden dich retten!"

Da war er auf der Flucht und Henry hörte ihn auf der Spur des Trägers krachen. Dave konnte nur das Rauschen und Rauschen des Wildbachs auf allen Seiten hören. Er schaute durch die fliegende Gischt zu seinem Cousin und der Appell ging Henry direkt ins Herz.

Der junge Soldat sah sich um. Nicht weit entfernt wuchsen zahlreiche Setzlinge. Er sprang auf das nächste Tier zu und begann es mit seinem Jagdmesser niederzuhacken. Die Aufgabe war fast erledigt, als Barringford wieder auftauchte.

„Ich dachte, ich wüsste es „Wo ich ein Seil bekommen könnte ", sagte der Hinterwäldler, während er den Artikel hochhielt. „Ich habe einen toten Franzosen damit gesehen, einen Zauber zurück. Ich werde einen Baum fällen , was? Vielleicht brauchen wir das auch. Versuchen wir es mal mit dem Seil.

Er machte eine Schlinge und warf sie vorsichtig hinaus. Es glitt nahe an die Stelle heran, an der Dave lag, aber der Junge konnte es nicht fassen. Dann wurde das Seil ein zweites und ein drittes Mal geschleudert.

Endlich fing Dave die Schlinge auf und schaffte es, wenn auch nicht ohne große Schwierigkeiten, sie an seinem linken Arm über den Ellbogen hinaufzuziehen. Dadurch hatte er die Hände frei, um mit jedem Hindernis zu kämpfen, das ihn auf dem gefährlichen Weg vom Felsen zum Ufer bedrohen könnte.

„Bist du bereit, hereingezogen zu werden?" fragte Barringford .

„Ja, aber seien Sie vorsichtig. Direkt unter diesem Punkt befindet sich ein scharfer Stein. Ich habe ihn gerade erst gesehen", antwortete Dave.

„Wir ziehen Sie flussaufwärts – wenn wir können", antwortete der Hinterwäldler.

Im nächsten Moment war Dave wieder in der wilden Strömung. Henry und Barringford setzten ihre Füße fest zwischen die Felsspalten am Ufer und zogen so schnell wie möglich an.

Wie alle vermutet hatten, schleuderte die Strömung Dave den Bach hinunter und schleuderte ihn dann an den Felsen entlang, die das Ufer säumten. Barringford, der immer noch das Seil hielt, sagte zu Henry, er solle hinunterlaufen und seinem Cousin aus dem Wasser helfen, und der junge Soldat tat dies.

Der arme Dave war mehr tot als lebendig und fühlte sich eine gute halbe Stunde lang zu schwach, um das Flussufer zu verlassen. Während er sich mit den anderen an seiner Seite ausruhte, näherte sich eine kleine Abteilung englischer Grenadiere.

„Der Kampf ist vorbei", antwortete einer von ihnen auf Barringfords Frage zu diesem Punkt. „Wir haben sie gut gepeitscht , und es ist zweifelhaft, ob sie jemals zurückkommen, um es noch einmal zu versuchen."

„Wenn das stimmt, dann bedeutet das den Fall von Fort Niagara", warf Henry ein. „Der Kommandant dort hat zweifellos auf Verstärkung gewartet."

„Nun, wir sind hier, um die Festung zur Kapitulation zu bewegen", antwortete der Soldat aus England.

Die Soldaten hatten einige Rationen bei sich, darunter auch etwas Kaffee, und nachdem Barringford ein Feuer angezündet hatte, damit Dave sich trocknen konnte, bekam der Jugendliche etwas Heißes zu trinken, was ihn sehr belebte.

Was Henry über den Fall der Festung gesagt hatte, war wahr. Noch am selben Abend schickte General Johnson einen Major Harvey zum Kommandanten der Festung mit der Nachricht von der Niederlage an den Wasserfällen und der Erklärung, dass die Festung sich besser sofort ergeben sollte, da die den Engländern freundlich gesinnten Indianer sonst auf die Idee kommen könnten, ein Massaker zu verüben alle französischen Gefangenen.

Pouchot konnte zunächst nicht glauben, dass die Katastrophe für die französische Sache so groß gewesen war, und um ihn davon zu überzeugen, durfte er einen Adjutanten ins britische Lager schicken. Der Adjutant berichtete, dass der Kampf tatsächlich verloren war, und daraufhin ergab sich Fort Niagara früh am nächsten Morgen und sechshundertachtzehn Offiziere und Männer wurden englische Gefangene. Später wurde der Großteil der Gefangenen nach England geschickt, während den Frauen und Kindern, die zum Schutz in die Festung getrieben worden waren, auf eigenen Wunsch die Ausreise nach Montreal gestattet wurde.

Der Fall von Fort Niagara erfüllte alles, was die englische Regierung und die Kolonisten erhofft hatten. Es durchbrach die Verteidigungskette, die die Franzosen zwischen den Seen und dem unteren Mississippi errichtet hatten, und kurz nach dieser Katastrophe war der Feind gezwungen, Venango, Presqu'île , La Bœuf und andere Punkte zu räumen, einschließlich der Handelsposten am Ohio und die Kinotah . Sie zogen sich nach Detroit und an das obere Ufer des Sankt-Lorenz-Stroms zurück, und die Engländer und Kolonisten nahmen schnell die frei gewordenen Orte in Besitz.

Es wurde nicht als notwendig erachtet, dass Dave und seine Freunde am nächsten Tag in die Nähe der Festung zurückkehrten, und sie und eine achtzehnköpfige Gruppe von Rangern lagerten am Ufer des Niagara. Zwei der Ranger litten unter Wunden an den Schultern und es wurde ihnen und Dave so bequem wie möglich gemacht, sodass sich der junge Soldat am nächsten Abend wieder wie er selbst fühlte.

„Aber ich möchte nie wieder in diesen Fluss stürzen", sagte er schaudernd zu Henry. „Ich hatte das Gefühl, dass jede Minute meine letzte sein würde."

„Ja, aber du hattest Glück", antwortete sein Cousin. „Denken Sie daran, was diese Rothaut hat. Es könnte Ihr Kopf gewesen sein statt seines."

„Ich habe diesen Indianer schon einmal gesehen, Henry. Ich kann nicht genau sagen, wo, aber ich glaube, er war draußen am Handelsposten meines Vaters."

„Das ist nicht unwahrscheinlich. Ich nehme an, all diese schurkischen französischen Indianer sind mit den französischen Soldaten und Händlern zusammengekommen, um uns auszulöschen. Nun, sie haben bekommen, was sie am wenigsten erwartet hatten."

Während sich die meisten Ranger ausruhten, machten sich einige von ihnen auf die Suche nach Wild, da die Vorräte nun zur Neige gingen. Die meisten Vögel und Wildtiere waren durch den Kampflärm verscheucht worden, und die Jäger mussten mehrere Meilen umherziehen, bevor sie fanden, was sie suchten.

Als sie zum Lager am Fluss zurückkehrten, hörten sie einen Mann, der schwach auf Französisch rief, und als sie sich der Bucht näherten, entdeckten sie einen französischen Händler, der in einem Unterholz lag, bedeckt mit Blut und Schmutz, ein Bild von Schwäche und Verzweiflung. Der Händler war ins Bein geschossen worden, konnte nicht gehen und litt unter dem Mangel an Nahrung und Wasser sowie an der Pflege seiner Wunde.

„Aus Liebe zum Himmel, lass mich nicht hier", bettelte er mitleiderregend. „Helfen Sie mir, meine Herren, und ich werde es tun Ich verehre dich sehr .

Der Händler war offensichtlich ein grober Mann, dennoch hatten die Waldläufer Mitleid mit ihm, obwohl er zu den Reihen des Feindes gehörte. Für Essen und Trinken wurde gesorgt, die Wunde wurde gewaschen und verbunden, und dann trugen die Ranger den Gefangenen mit ins Lager.

Dave und Barringford sahen die Ranger zurückkehren, und als Barringford den Gefangenen sah , sprang er aufgeregt auf.

„Jean Bevoir !" er rief aus. „Jean Bevoir , Scherz so sicher wie das Schicksal!"

„ Bevoir !" rief Dave.

„ Bevoir ?" wiederholte Henry, der in der Nähe stand . „Wollen Sie damit sagen, dass dieser Kerl Bevoir ist ?"

"Es ist!" antwortete Barringford . „Er ist auch verwundet."

Ohne abzuwarten, bis er mehr hörte, rannte Henry, gefolgt von Dave, zu der Stelle, an der der Gefangene auf einer moosbewachsenen Bank abgelegt worden war.

„Sie sind Jean Bevoir ", begann er streng.

„Ah! Du kennst mich, was?" gab der französische Händler zurück. „Ich scheine dich nicht zu kennen?" und ein verwirrter Ausdruck huschte über sein Gesicht.

„Dann sage ich dir, wer ich bin!" brüllte Henry und ballte die Fäuste. „Ich bin Henry Morris aus Will's Creek. Das ist mein Cousin Dave Morris. Du hast geholfen, meine kleine Schwester Nell zu stehlen. Wo ist sie? Sag es mir gleich!"

Als Henry fertig war, kam er näher, als wollte er den Gefangenen dort niederschlagen, wo er saß. Jean Bevoir wurde blass und zitterte vor Angst.

Beachte mich nicht !" er weinte. „ Das tue ich nicht . Eet ." Ees von Fehler! Ich sehe das Mädchen nicht! ICH--"

„Sprich nicht so mit mir!" unterbrach Henry, dessen Blut völlig erregt war. „Du sagst mir sofort, wo sie ist, oder ich – ich –" Er zögerte, sah sich um und hob dann eine Waffe auf, die in der Nähe stand . „Ich blase dir den Kopf weg, das werde ich tun!"

Es ist zweifelhaft, ob Henry seine Drohung wahr gemacht hätte, aber sein Verhalten war so ernst, dass Jean Bevoir , obwohl er verwundet war, ausnahmsweise fast zu Tode erschrocken war. Er hob flehend die Hände. Dann blickte er auf die um ihn versammelten Ranger; Aber niemand kam ihm zu Hilfe, denn alle hatten von seinen Taten gehört und davon, wie die kleinen Nell und die Rose-Zwillinge von den Indianern in die Gefangenschaft verschleppt worden waren und wie Bevoir geplant hatte, sie als Lösegeld festzuhalten. Viele betrachteten ihn als einen Räuber oder Piraten und hätten es nicht bedauert, wenn seine elende Existenz auf der Stelle beendet worden wäre.

„Nein! Nein!" rief der Händler und faltete zitternd die Hände vor sich. „Kein Schuss, bitte!"

„Dann sag mir, wo meine kleine Schwester ist!"

„Ich – ich weiß es nicht – jetzt. Ich – ich – die Indianer sollen weglaufen, und –"

Bevoir brach kurz ab. Die Waffe war gesenkt worden, aber jetzt wurde sie wieder hochgezogen und die Mündung berührte seine Stirn. Er stieß einen Schreckensschrei aus und rollte rückwärts.

„Halt! Nein, erschieß mich! Ich werde dir alles erzählen!" Er hat geschrien. „Kein Schießen! Das Mädchen ist in einer Höhle oben am Fluss, in der Nähe der Wasserfälle. Die Indianer bringen ihr Mut. Kein Schießen! Ich zeige den Ort. Kein Schießen!"

„In einer Höhle in der Nähe der Wasserfälle?" fragte Henry.

„Ja , ja ! Nicht weit von hier. Sie wagt es jetzt, wenn nicht geflohen verfügbar . Ich zeige, du erschießt mich nicht!"

„Dann zeige den Weg", befahl Henry. „Und denken Sie daran: Wenn Sie lügen, wird es Ihnen schwer fallen."

KAPITEL XXXII

LITTLE NELL – SCHLUSSFOLGERUNG

Jean Bevoir war nun völlig eingeschüchtert, und nachdem er sich bloßgestellt hatte, tat er alles in seiner Macht stehende, um sich bei denen einzuschmeicheln, denen er so großes Unrecht zugefügt hatte, in der Hoffnung, dass sie in ihrer Behandlung gegen ihn nachgeben und ihm vielleicht seine endgültige Freiheit gewähren würden. Aber weder Henry noch die anderen wollten ihm irgendwelche Versprechungen machen, denn niemand hatte die Absicht, ihn freizulassen.

„Er hat es verdient, ein Gefangener zu werden", sagte Dave. „Und er sollte in Einzelhaft gesteckt werden und auf Brot und Wasser angewiesen sein."

„Stimmt, Junge", sagte Barringford . „Er ist weder ein Weichei noch eine Schlange im Gras. Ich wundere mich nicht, dass Henry Lust hatte, ihn auf der Stelle zu überwältigen ."

Es war bereits mitten am Nachmittag, und die Ranger, die auf der Jagd gewesen waren, waren vollkommen müde, doch es wurde vereinbart, dass diejenigen, die im Lager geblieben waren, unverzüglich zu der Höhle in der Nähe der Wasserfälle aufbrechen sollten, nachdem sie genaue Anweisungen erhalten hatten von Jean Bevoir , so dass es keine Chance geben sollte, einen Fehler in der Route zu machen. Über den Händler wurde eine strenge Bewachung angeordnet, und ihm wurde zu verstehen gegeben, dass die Schuld bei ihm liegen würde, wenn denen, die sich auf die Suche nach der kleinen Nell und den anderen machten, etwas schiefginge.

Es muss gesagt werden, dass die Herzen von Henry und Dave schneller schlugen, als sie den Weg entlang zu den Wasserfällen gingen. Wie wir wissen, liebte Henry seine kleine Schwester sehr, und Daves Zuneigung zu seiner kleinen Cousine war kaum weniger stark. Während des gesamten Feldzugs hatte es keinen Tag gegeben, an dem sie nicht an sie gedacht hätten und daran, was sie leiden musste.

Barringford führte den Vormarsch an, nachdem er Bevoir so eingehend befragt hatte, dass er sagte, er habe das Gefühl, er könne die Höhle im Dunkeln finden. Während die Gruppe weiterzog, hielten alle ihre Augen und Ohren offen für eine mögliche Überraschung durch den Feind.

Aber wie wir bereits wissen, waren Franzosen und Indianer in Richtung ihrer Boote jenseits der oberen Stromschnellen geflohen, und die einzigen Personen, denen man begegnete, waren ein halbes Dutzend tapferer Soldaten unter White Buffalo, die für General Johnson Spionagedienste leisteten.

„Ich freue mich sehr, dass es Dave gut geht", sagte White Buffalo, als sie sich trafen. „Hören Sie, wie Dave in rauschende Gewässer geht. Ich bin froh, dass Dave rauskommt."

„Das freut mich, White Buffalo. Und wie hast du dich in der Schlacht geschlagen?"

Als Antwort deutete der Häuptling auf seinen Gürtel, an dem zwei frisch erbeutete Indianerskalps hingen. Dann zeigte er auf die Gürtel seiner Anhänger, die alle ähnlich geschmückt waren. Dave nickte, um zu zeigen, dass er es verstand.

Heutzutage ließ eine solche Vorführung einen erschaudern, aber in der Kolonialzeit kam es so häufig vor, dass die Indianer Skalps abnahmen, dass sie wenig oder gar keine Kommentare hervorriefen, insbesondere wenn sie an einem Feind derselben Farbe durchgeführt wurden. Einige der französischen Soldaten waren skalpiert worden, aber nicht viele, da General Johnson streng befohlen hatte, keine Verstümmelung der Weißen zuzulassen. Andererseits hatten die französischen Indianer, die an der Schlacht beteiligt waren, alle möglichen Gräueltaten begangen, bevor sie sich in den oberen Fluss und in die Wälder zurückzogen.

Als White Buffalo erfuhr, was vor sich ging, bat er um das Privileg, mit einem seiner Tapferen an der Party teilnehmen zu dürfen, und dies wurde ihm bereitwillig gewährt. Sie gingen wieder weiter, durch das dichte Unterholz und um die rauen Felsen herum, denn damals herrschte dort, wo heute die Stadt Niagara Falls steht, kaum etwas anderes als völlige Wildnis.

Schließlich rief White Buffalo Halt und deutete auf den Boden. Barringford hatte die Spur aufmerksam beobachtet.

„Frische Fußspuren, was, White Buffalo?" fragte der Grenzer.

„Indianer in der Nähe", antwortete der Häuptling ernst. „Keine Freunde der Engländer."

„Dann machen wir es langsam."

Der Indianer grunzte, und jeder Soldat wurde aufgefordert, auf der Hut zu sein. Barringford berechnete nun, dass sie weniger als eine Viertelmeile von der Stelle entfernt waren, von der Jean Bevoir gesagt hatte, dass sich die Höhle befand.

Plötzlich ertönte ein Schuss, und anschließend sauste ein Pfeil über Barringfords Kopf hinweg. Einer der Ranger war an der Schulter getroffen worden, obwohl die Wunde nur unbedeutend war.

„Hier lang", rief Barringford , der als Anführer ausgewählt worden war, und alle folgten ihm in ein Dickicht. In einem anderen Moment hatten sie mehrere Indianer und zwei französische Händler erblickt, die einen Pfad entlang eilten, der zum Flussufer oberhalb der Wasserfälle führte.

"Sieh an!" rief Dave plötzlich. „Da ist jetzt die kleine Nell! Ein Indianer hat sie in seinen Armen!"

Er hatte recht, und bald sahen sie zwei weitere Indianer, die die Rose-Zwillinge trugen. Das düstere Trio erschien nur für einen Moment und verschwand dann im Holz.

Dave forderte die anderen auf, ihm zu folgen, und rannte hinter dem Redman her , der die kleine Nell festhielt, und Henry, Barringford und White Buffalo folgten ihm dicht auf den Fersen. Weiter ging es durch Dickichte, die ihnen fast die Kleidung vom Körper rissen, und über raue Felsen. Die Indianer schienen den Weg zu kennen und hielten trotz ihrer Lasten einen guten Abstand voraus.

Doch nun mussten die Vordermänner eine kleine Lücke überqueren, und dabei feuerten Barringford und White Buffalo auf sie und brachten zwei Spieler zu Fall. Es waren die Indianer, die die Rose-Zwillinge hielten , und wenige Minuten später waren die Zwillinge, die vor Angst schluchzten, in der Obhut der Ranger in Sicherheit.

Der Indianer, der die kleine Nell festhielt, sprang nun mit erhöhter Geschwindigkeit weiter und steuerte direkt auf die Klippe mit Blick auf die mächtigen Wasserfälle zu. Er kannte die Öffnung unter den Wasserfällen und hoffte, seine Verfolger durch eine Chance abzulenken und dieses Versteck zu finden.

Doch die Verfolger waren zu schlau für ihn, und ratlos drehte er sich wie ein gejagter Hase um und machte sich auf den Weg zur Klippe. Dann, als er wieder ins Freie kam, schwang er die kleine Nell auf seinen Rücken und hielt sie dort fest.

„Er macht sich auf den Weg zu den Wasserfällen!" schrie Henry.

„Was! Glaubst du, er will rüberspringen?" fragte Dave mit neuem Entsetzen.

„Es sieht so aus. Ich schätze, er hat Angst, dass wir ihn foltern, wenn er gefangen genommen wird."

Das war wahrscheinlich die Wahrheit, und nachdem der Indianer einmal einen Blick zurückgeworfen hatte, um zu sehen, ob sie ihn noch verfolgten, ging er weiter, bis er weniger als fünfzig Fuß vom Rand des Katarakts entfernt war.

„Oh, Dave – sollen wir – wir schießen?" schwankte Henry.

"Wir müssen!" war die schnelle Antwort. „Das ist unsere einzige Chance, Nell zu retten!"

Seine Waffe kam hoch, und auch die Waffen von Henry und mehreren anderen aus der Gruppe kamen hoch. Vier Berichte erklangen fast wie ein einziger. Der Indianer stolperte ein Dutzend Schritte und stürzte kopfüber, wobei er die kleine Nell mit sich riss. Beide lagen völlig reglos am Rande des Katarakts.

Im Moment trauten sich weder Henry noch Dave, vorwärts zu gehen. Angenommen, eine dieser vier Kugeln hätte die Leiche der kleinen Nell und nicht die des Indianers gefunden?

Es war Barringford , der zusammen mit mehreren Rangern vorrückte. Ein Blick zeigte ihm, dass der Indianer tot war, mit zwei Kugeln durch den unteren Teil seines Rückens. Die kleine Nell lag bewusstlos neben dem gefallenen Indianer, und das Blut floss aus einem Kratzer an ihrem rechten unteren Glied. Der Schock machte sie nur fassungslos und als Barringford sie hochhob, öffnete sie wild die Augen.

„Lass mich gehen! Bitte lass mich gehen!" Sie schrie, und als sie dann ihren Retter erblickte, starrte sie erstaunt auf. „Oh, Mr. Barringford , sind Sie es wirklich? Oh, ich bin so froh! Retten Sie mich vor dem ungezogenen Indianer."

„Der Indianer ist tot, Nell", antwortete er, und als Henry und Dave herbeistürmten, fügte er hinzu: „Jetzt bist du in Sicherheit."

Henry nahm seine kleine Schwester in die Arme und beide umarmten sich fest. Der junge Soldat war zu überwältigt, um ein Wort zu sagen, und Dave konnte auch nicht sprechen, als er seinen Cousin umarmte. Es war wirklich ein glücklicher Moment.

Nach kurzer Zeit kamen die anderen Ranger mit den Rose-Zwillingen zusammen, die genauso erfreut waren wie die kleine Nell, wieder unter Freunden zu sein. In der Zwischenzeit waren die anderen unfreundlichen Indianer und die französischen Händler verschwunden, und obwohl White Buffalo und einige der Ranger ihnen nachgingen, konnten sie nicht gefangen genommen werden.

An diesem Abend erzählten die kleine Nell und ihre Gefährten, als sie um ein großzügiges Lagerfeuer saßen und nach dem besten Abendessen, das sie seit vielen Tagen genossen hatten, die Geschichte ihrer Gefangenschaft – wie die Indianer sie zunächst entführt hatten, wie sie es geschafft hatten von einem Ort zum anderen verlegt worden waren und wie Jean Bevoir sie schließlich in ihre Obhut genommen hatte. Die kleinen Mädchen waren zu jung, um zu verstehen, wie der schurkische Händler gehofft hatte, Geld zu verdienen, indem er sie freikaufte, aber die Jungen und die anderen Soldaten verstanden es und beschlossen, dass Bevoir ihnen nicht entkommen sollte und dass die ganze Sache geschehen sollte zum frühestmöglichen Zeitpunkt den zuständigen Behörden vorgelegt werden.

„Aber ich bin so froh, wieder bei dir zu sein!" murmelte die kleine Nell, als sie sich zwischen Henry und Dave schmiegte. „Ich hoffe, die bösen Indianer entführen mich nie wieder!"

„Sie werden es nie tun, wenn ich es verhindern kann", antwortete Henry; und Dave wiederholte die Meinung.

Lassen Sie mich noch ein paar Worte hinzufügen und dann diese Geschichte über die Abenteuer zweier junger Soldaten beim „Marching on Niagara" abschließen.

Am Tag nach der Rettung der kleinen Nell und der Rose-Zwillinge begaben sich alle unsere Freunde nach Fort Niagara, das nun gemeinsam von Franzosen und Engländern besetzt war. Mit der Gruppe ging Jean Bevoir , ein durch und durch elender Kriegsgefangener. Der Händler flehte heftig um seine Freiheit und bot denjenigen, die ihn anführten, alle möglichen Anreize, aber niemand hörte auf ihn, und ein Ranger drohte, ihn zu verprügeln, wenn er jemals wieder von Bestechung sprechen würde. Im Fort wurde die Angelegenheit Sir William Johnson vorgelegt, und Bevoir wurde im Militärkrankenhaus unter Bewachung gestellt; und das war für einige Zeit das letzte Mal, dass man ihn sah oder hörte.

Die kleine Nell wollte unbedingt nach Hause zurückkehren, um ihren Vater und ihre Mutter sowie Rodney und ihren Onkel James zu sehen, und schließlich wurde beschlossen, sie zusammen mit den Rose-Zwillingen und einer Reihe anderer Gefangener zurückzuschicken war aufgetaucht. Der Gruppe wurde die Leitung einer Kompanie von Rangern übertragen, darunter Hans Schnitzer, der bei der Belagerung der Festung ein Ohr verloren hatte, und Barringford , der Joseph Morris sein Wort gegeben hatte, dass er die kleine Nell nicht verlassen würde, wenn er sie fände aus seinem Blickfeld, bis das Fräulein wieder bei ihren Eltern war.

„Aber was werdet ihr Jungs tun?" fragte der Hinterwäldler von Dave und Henry.

„Wir haben beschlossen, in der Armee zu bleiben und dafür zu sorgen, dass dieser Krieg zu Ende geht", sagte Dave. „Wir haben die Franzosen und ihre indischen Verbündeten auf der Flucht, wie sie es nennen, und wir beide haben das Gefühl, dass es unsere Pflicht ist, an der Front zu bleiben."

„Dieses Gefühl ehrt euch beide ", war Barringfords Antwort. „Nun, ich schätze, du wirst genug kämpfen, bevor du fertig bist. Wenn es noch viel länger anhält , erlaube ich mir, dass ich früher oder später wieder bei dir sein werde." Was Barringford darüber sagte, dass er genug kämpfen könne, stimmte, und die weiteren Abenteuer unserer jungen Freunde werden in einem anderen Band mit dem Titel „At the Fall of Montreal; Or, A Soldier Boy's Final Victory" erzählt. In diesem Band werden wir alle unsere alten Freunde wiedersehen und erfahren, was sie getan haben, um in Kanada einen dauerhaften Sieg über Frankreich zu erringen.

Es dauerte nicht lange nach der Einnahme von Fort Niagara, dass die Jungen gute Nachrichten aus der Heimat erhielten. Allen Zurückgebliebenen ging es gut und sie waren erfreut zu erfahren, dass die kleine Nell in Sicherheit war und bald bei ihnen sein würde. Daves Vater war ebenfalls erfreut, als er erfuhr, dass Jean Bevoir ein Gefangener war und dass die französische Kontrolle über den Ohio River und seine Nebenflüsse gebrochen war. Er war sich sicher, dass die französischen Händler und die ihnen unterstellten Indianer das Verlorene nie wieder zurückgewinnen würden und dass er spätestens in einer weiteren Saison vollkommen sicher sein würde, seinen Handelsposten an der Kinotah wieder zu errichten , und zwar zu diesem Zeitpunkt Die Dinge wären in der richtigen Verfassung, um mehr Handel als je zuvor zu betreiben.

„Ich hoffe, dass sich das, was er sagt, als wahr erweist", sagte Dave, als er und Henry den Brief zu diesem Thema lasen. „Ich denke, wir verdienen alles, was wir aus diesem Handelsposten herausholen können, wenn man bedenkt, wie hart wir gearbeitet haben, um unseren eigenen Posten in Besitz zu nehmen."

„Ich bin froh, dass es zu Hause so gut läuft", erwiderte Henry. „Meine Güte, aber wird Mutter nicht froh sein, Nell wiederzusehen? Sie werden sich zu Tode umarmen." Und er wischte sich so etwas wie eine Träne aus dem Auge, während er sich die Szene vorstellte.

In der Dunkelheit des Abends schlich sich Daves Hand in die seines Cousins. „Ich bin darüber genauso froh wie du, Henry", sagte er leise. Und dann, nach kurzem Schweigen, fügte er hinzu: „Das lässt sich nicht bestreiten. Gott war sehr gut zu uns, finden Sie nicht auch?"

Als Antwort drückte Henry seine Hand fest. „Wir können dankbar sein, dass wir am Leben sind, wenn man bedenkt, was wir durchgemacht haben. Krieg ist kein Feiertag."

„Da hast du recht, das stimmt nicht. Aber ich bin trotzdem froh, dass ich Soldat bin – und ich habe vor, meine Pflicht bis zum Ende zu erfüllen, egal, was kommt."

Ein paar Minuten später legten sich beide zum Schlafen nieder, die Hand des einen ruhte in der des anderen; Und hier lassen wir sie, lieber Leser, vorerst mit unseren besten Wünschen zurück.